체코 형제단의 역사

모라비안 선교 연대기

체코 형제단의 역사
— 모라비안 선교 연대기

2023년 4월 20일 처음 펴냄

엮은이 | 에발트 루츠키
옮긴이 | 이종실
펴낸이 | 김영호
펴낸곳 | 도서출판 동연
등 록 | 제1-1383호(1992년 6월 12일)
주 소 | 서울시 마포구 월드컵로 163-3
전 화 | 02-335-2630
팩 스 | 02-335-2640
이메일 | yh4321@gmail.com
인스타그램 | www.instagram.com/dongyeon_press

ISBN 978-89-6447-845-5 03230

체코 형제단의 역사

모라비안 선교 연대기

에발트 루츠키 엮음 • 이종실 옮김

동연

한국어판 서문

유럽 한복판, 바로 그 심장의 작은 나라 체코는 독일과 러시아 양대 국가에 의해 국경이 그어졌다. 두 강대국은 자신의 역사에서 커다란 영적 순간을 맞이하였다. 독일에서 16세기 초에 루터 프로테스탄트가 일어났다. 러시아는 역사적으로 소위 정교회의 제3로마가 되었다. 이 작은 보헤미아 분지 안에서 어쩌면 더 큰 거대한 영적 현실이 세상에 빛을 발했다. 14세기와 15세기에 이곳에서 처음으로 세계 종교개혁의 여명이 밝아 오고 있었다. 종교개혁은 처음에 순교자의 피로 덮였다. 예로 콘스탄츠에서 1415년에 화형당한 미스트르 얀 후스가 있다. 독일에서 프로테스탄트가 일어나기 70년 전에 이들 희생의 피로부터 형제단이 첫 세계 개혁교회로서 등장했다. 형제단은 자신의 고국뿐 아니라 주변 국가에게 당시 로마교회의 적그리스도적인 활동의 포로 상태에서 자유를 가져다주었으며, 후에 마르틴 루터가 극찬하고 강조했던 사도의 초대교회로 다시 돌아가는 삶을 실천에 옮겼다.

십여 세대가 지난 18세기에 형제단에서 고국의 종교 억압을 피해 떠나기로 결정한 새로운 세대가 일어났다. 형제단은 수세기 동안 완고한 합스부르크 왕가의 노예가 되었으며, 1620년 빌라 호라(백산)의 불운한 전투 이후 100년이 채 되지 않아 열 번째 세대가 300년 전인 1722년에 자신의 새로운 고향 “예루살렘”, 독일어로 헤른후트, 체코어로 오흐라노프Ochranov를 세우기 위해 신앙과 양심의 자유를 위해 작센(오늘날 동독)으로 떠났다.

그러나 하나님은 이 세대를 오랫동안 평화롭게 두지 않으셨다. 10년 후인 1732년(금년 290주년)에 하나님은 평범한 기술자, 사업가, 개척자 들을 선교에 독특하게 사용하셨다. 이 선교는 실제로 당시 세계 모든 프로테스탄트의 첫 번째 조직적인 선교가 되었다. 형제들, 즉 모라비안들은 그리스도에 대한 그들이 체험한 사랑으로 당시 알려진 모든 대륙에 영향을 끼쳤으며, 그 대륙의 원주민—이누이트, 인디언, 흑인, 아시아 에스키모 인, 부시먼, 호텐토트 등—을 그리스도께로 인도하였다.

10년 전 나는 보헤미아 민족이 이 세상에 남긴 가장 좋은 수출품인 이 교회의 역사 자료를 편찬하려고 노력했다. 그 책 이름이 『체코 형제단의 역사—모라비안 선교 연대기』이다. 2022년 올해에 우리는 형제단 출발 565년을 축하한다.

오직 온전히 하나님 자신만을 의지하는 평범한 사람들을 세상 끝날까지 사용하시는 역사의 창조자 하나님, 우리 주 하나님의 행적을 한국 독자들이 기뻐하게 하소서.

에발트 루츠키

추천의 글

"역사와 선교"라는 주제는 이종실 선교사의 평생 과제일 것입니다. 대학에서 역사를 전공하고, 대학원에서 신학과 선교학을 공부한 후에 지금까지 체코 선교사로 살고 있기 때문입니다. 이 선교사님은 이전에 프라하의 종교개혁자 얀 후스의 목소리를 담은 전기를 번역하고, 체코의 신학자 흐로마드카의 전기를 번역 출판한 후에, 지금 추천하는 『체코 형제단의 역사—모라비안 선교 연대기』를 번역하였습니다. 앞의 책들도 그러하지만, 우리에게 생소한 체코어로 쓰인 역사를 영어나 독일어로 된 번역보다 먼저 우리말로 읽게 해준 이종실 번역자의 노고를 높이 평가합니다. 이것은 이종실 선교사가 아니면 하기 어려운 작업입니다.

이 책은 형제단 역사 555년을 편년체 역사 서술 방식으로 기록한 책입니다. 일반적인 책과 다른 형식 때문에 읽기 불편한 점도 있지만, 형제단의 세밀한 역사를 관찰하기에는 더없이 훌륭한 교과서가 될 것입니다. 그리고 원저자가 말하듯이 이렇게 세밀한 역사를 기록으로 남겨 후세에 전해줄 자료들이 있다는 것이 참 놀랍습니다.

독일 종교개혁사를 연구하는 저의 입장에서 보면, 체코의 개혁자 후스와 연관된 보헤미아 형제단의 역사는 매우 흥미롭습니다. 동시에 교회사 속의 중요 주제인 경건주의 연구에서도 헤른후트 형제단 연구는 빼놓을 수 없는 내용입니다. 원고를 읽으면서 루터보다 100년 이상 앞선 체코 개혁운동의 상세한 정보에 많은 도움을 받았고, 헤른후트 형제단의 선교 활동이 얼마나 광범위하고 영향력이 큰 것이었는지 새삼 감탄하게 되었습니다.

2년 전에 이종실 선교사의 안내를 받으면서 형제단의 숨겨진 역사 현장을 따라간 탐방 여행이 생각납니다. 남체코에서 출발하여 슬로바키아, 폴란드를 거쳐 체코 지역 형제단 운동의 중심 지역 교회와 숨겨진 유적지를 방문하고, 헤른후트로 갔던 여정이 이 책에 그대로 등장합니다. 형제단이 박해를 피하여 눈물로 걸었던 그 여정이 오늘 어떤 결실을 맺었는지 이 책은 그대로 보여주고 있습니다.

555년 동안 온갖 박해를 겪으며 신앙을 지켜온 형제단의 긴 역사를 우리말로 번역하고, 꼼꼼하게 역주를 달아 독자의 이해를 돕는 이 책이 교회사와 선교학 연구에 도움이 되기를 바라며, 출판을 선뜻 허락해준 동연 출판사의 김영호 대표님과 번역자 이종실 선교사님께 독자들의 관심과 격려가 넘치기를 바라는 마음으로 이 책의 일독을 추천합니다.

홍지훈 교수

(호남신학대학교, 교회사)

추천의 글

모라비안 형제단의 선교 역사는 우리에게 매우 중요한 교훈을 제공합니다. 바로 하나님의 선교는 항상 변방에서 이루어진다는 사실입니다. 개신교 기독교의 중심인 독일과 정교회의 중심 자리를 차지하였던 러시아 사이에서 수백 년 동안 차별과 고난과 상처입은 존재로 살아온 모라비안 형제단들의 역사는 변방의 역사입니다. 양대 기독교 왕국의 사이에서 수백 년 동안 변방적 존재로 살아온 이들의 이야기는 또한 쉬지 않고 일하시는 하나님의 선교 동역자들의 이야기입니다. 이 보헤미안 분지에서 일어난 하나님의 위대한 선교 사역은 복음을 지키기 위해 장렬하게 순교하였던 얀 후스의 후예들에 의해 이루어졌습니다. 이후 헤른후트 공동체를 통한 세계 선교의 불길이 이들에 의해서 이어졌습니다. 모라비안의 선교 이야기는 고난과 상처입음이 어떻게 선교에 필수적인 것인지를 보여주고 있습니다.

이번에 모라비안 선교에 대한 원자료가 될 만한 역작 『체코 형제단의 역사―모라비안 선교 연대기』가 출간되어 매우 기쁘게 생각합니다. 사실 선교학을 공부하거나 선교 실천가들이라면 모라비안들의 선교 사역에 대하여 한 번씩은 들어왔을 것입니다. 종교개혁이 끝난 후 이 지역에서 새롭게 불타오른 모라비안들의 선교는 지금도 감동적으로 선교 지망생들의 가슴에 선교 열정을 불태우곤 합니다. 그러나 정작 모라비안 형제단의 선교 활동이 구체적으로 어떻게 전개되었는지 학문적으로 살피는 일은 쉽지 않습니다. 학술적 가치가 있는 연구 자료를 발견하는 것이 어렵기 때문입니다. 그런데 이번에 모라비안 형제단의 선교 사역에 대한 방대한 역사적 사료가 번역되었다는 것은 참으로 반가운 일입니다.

이 책의 번역자 이종실 선교사는 이 방면에서 최고의 전문가입니다. 그는 30년간 체코 공화국에서 대한예수교장로회 통합 교단의 에큐메니컬 선교사로 사역한 현장 전문가입니다. 또한 모라비안 형제단의 신앙의 역사를 다루는 많은 책을 지속적으로 집필하고 번역하여 한국교회에 소개한 학문적 열정을 지닌 분이기도 합니다. 이번에 오랜 시간과 성실함으로 이렇게 번역을 함으로써 한국의 신학도들이 모라비안 형제단의 선교를 좀더 자세히 들여다 볼 수 있게 되었습니다.

이 책은 모라비안 형제단의 555년 역사를 기술하고 있지만, 많은 분량이 이들의 선교 역사를 다루고 있습니다. 연도별로 중요한 일들을 나열하는 방식의 글쓰기로 구성되어 있어 책을 읽을 때는 필요한 부분을 발췌하여 읽어도 좋겠습니다. 이 중에서도 특히 모라비안 형제단의 선교 역사를 살피고자 하는 학자들이나 선교 신학자들에게는 이보다 더 소중한 자료가 없을 것입니다. 이 책이 선교 역사를 전공하는 신학도들에게 꼭 필요한 자료가 되기에 선교 역사에 관심을 두고 연구하는 학자들에게 일독을 권합니다.

박보경 목사

(International Association for Mission Studies 회장, 장로회신학대학교 선교학과 교수)

옮긴이의 글

한국 개신교회들은 교회의 모범으로 초대교회를 언급하듯이, 모라비안 선교를 개신교 선교의 시작과 모델로 여기고 있다. 많은 연구자가 그들의 선교가 세계 선교에 끼친 영향과 배경은 물론 선교 정신과 선교 방법과 원리까지 탐구하고 있다. 이처럼 모라비안 선교는 한국교회에 널리 알려졌지만, 그들 신앙의 뿌리와 전체 선교적 유산을 하나로 연결한 거대한 숲을 전망할 자료들은 한국 개신교회에 그리 소개되지 않았다.

모라비안 선교사들의 신앙의 뿌리는 15세기 보헤미아 종교개혁 신앙에서 비롯되었다. 한국 개신교회에 생소할 뿐 아니라, 그 역사 발전 과정조차도 매우 복잡한 체코 종교개혁 전체를 파악할 참고 도서도 접하기가 쉽지 않다. 오스트리아 합스부르크 왕국의 통치 아래 있던 유럽 변방의 힘없는 소수 민족의 역사는 거대한 게르만 민족의 역사의 물결에 묻힐 수밖에 없었다. 체코 종교개혁은 루터와 칼뱅의 종교개혁보다 한 세기를 앞서 일어나 루터에게 많은 영감을 주었지만, 역사책들은 "종교개혁 이전의 종교개혁"으로 언급할 뿐이다. 모라비안 선교에 대한 언급도 "재건형제단"의 역사를 이어간 체코 종교개혁보다, 친첸도르프 백작과의 관계가 더 조명되고, 톨스토이와 간디가 극찬하고, 재세례파, 침례파, 아미쉬 공동체 운동, 퀘이커 공동체 운동 그리고 현대의 마틴 루터 킹, 만델라 등 수많은 경건주의와 평화운동에 영향을 끼치고, 모라비안 선교 원리의 토대를 제공한 헬치츠키 보헤미아 종교개혁가의 사상

보다 독일 경건주의와 모라비안 선교와의 관련성이 더 크게 알려졌다.
이러한 부분을 늘 문제의식으로 생각하고 있던 역자에게 약간의 갈증을 해소해 줄 자료가 출간되었다. 모라비안의 신앙의 뿌리는 너무나 얽히고설켜 있어 체코 크리스천들도 그 전모를 파악하기란 쉬운 일이 아니다. 이것은 저자의 저술 동기이기도 하다. 모라비안의 신앙 선조들은 역사 기록자를 "형제단"이라는 교회를 조직할 때부터 선출하여 공식화하였고, 교회 조직 이전에 당시 정통 교회였던 로마교회 교구 주교들에게 자신들의 신앙을 변증하기 위해 보낸 서신들과 짧은 글들이 현존하고 있다. 아울러 신앙의 박해를 피해 디아스포라로 흩어져 독일 헤른후트와 미국 베들레헴에서 "모라비안"으로 살아가면서 기록한 문서들 그리고 "모라비안교회"로 발전한 역사 자료들을 저자는 모두 모아 "모라비안 역사"의 모습을 한눈에 알아볼 수 있도록 편사 형식으로 편집하였다.
저자는 '세계 모라비안' 교회의 체코 슬로바키아 폴란드 지역을 관장하는 '체코 관구'의 주교이다. 모라비안교회의 '주교' 선출의 역사적 뿌리는 중세 로마교회의 사도직 계승의 전통인 교계 제도에 정면으로 도전하는 것이었다. 그래서 모라비안교회의 역사는 주교의 신앙과 실천에 근거할 만큼 중요하다. 모라비안 형제들은 자신들의 주교의 이름과 그들의 행적을 기억하는 것을 당연하고 소중하게 여기고 있다. 이 책에서 주교인 저자의 교회 사랑과 사명을 충분히 읽어볼 수 있다.
이 책을 통해 모라비안 선교의 거대한 숲을 높은 전망대 위에서 한눈에 조망할 수 있다. 모라비안 형제들의 신앙의 뿌리와 유산, 거기에서 비롯된 복음 증언의 열정과 이어지는 선교 그리고 성공과 좌절, 고난과 핍박 등 그들의 선교 일생이 영상처럼 축약되어 펼쳐진다. 교회 개혁과 박해와 신앙의 자유를 위한 망명과 목숨을 건 해외 선교 등 이들의 신앙 행적들의 상호 연관성을 상상해 볼 수 있다. 그리고 기근, 자연재해, 국제관계, 문화장벽, 전쟁과 같은 외적 환경에 의해 그들의 열정에 의해 세워진 선교지가 파괴되고 폐허가 되어가는 장면들을 보며 선교사와 교회는 자신들의 선교 앞에서 겸손해지게 된다.

그리고 이 책은 일종의 모라비안 형제들 신앙 역사의 백과사전이다. 모라비안 선교에 대한 신화와는 거리를 두면서, 다양한 언어로 흩어져 있는 1차 사료들을 저자의 관점에서 편집한 책이다. 그러나 그 자료들은 저자에 의해 가공되지 않은 날것들이어서 독자는 자신의 관심에 따라 얼마든지 다시 읽어낼 수 있고, 상상의 날개를 펼 수 있다.

"모라비안"의 신앙 뿌리인 "형제단"은 1457년에 세워졌다. 당시 "교회"라는 이름 대신 "단(Jednota, Unity, 團)"으로 정한 것은 신약성경의 교회, 즉 에클레시아와 직접적으로 관련이 없는 체코어 교회(시르케프cirkev) 용어를 대치한 것이다. 이러한 비슷한 이유로 루터도 교회라는 용어 대신 공동체의 의미를 갖는 "게마인데Gemeinde"를 사용하였다. 이처럼 "형제단"은 보헤미아 종교개혁의 절정이자 꽃이며 프로테스탄트 교회의 첫 출현이었다. "형제단"은 루터와 칼뱅의 종교개혁보다 한 세기 앞선 보헤미아 종교개혁자 얀 후스Jan Hus와 후스파 전쟁으로 점철된 교회개혁 역사를 이어갔다.

모라비안 선교 동기와 발전을 바르게 이해하기 위해 그들의 신앙 뿌리를 이해하는 것은 필연적이다. 그러나 이 역사 뿌리는 한국 독자들에게 잘 알려지지 않았고 심지어 생소하기까지 하다. 그들의 후예들이 체코 사회에서는 전 국민의 0.3%에 불과한 소수(그럼에도 체코 개신교의 90%를 차지하는 주류교회)이며, 일반 시민들은 분파주의자들처럼 여길 정도로, 문자 그대로 사회 속에서 "디아스포라" 같은 존재이지만, 그들의 역사 뿌리는 국내적으로 1차 세계대전 직후 1918년 오스트리아 제국에서 독립한 체코슬로바키아의 민족정신을 형성시켰으며, 국외에서는 18세기에 이미 19세기 위대한 선교 시대의 서막을 여는 해외 선교의 길을 열었다. 그래서 이 책은 반기독교적 정서가 팽배한 체코 시민들에게 체코 민족정신의 근저를 다시 일깨워 줌으로써 교회와 그

복음을 소개하는 일종의 전도 팜플렛이며, 해외 기독교에게 "모든 곳에서 모든 곳으로 향하는" 현대 선교가 강조하는 "교회와 선교"의 관계를 재숙고하는 "선교적 교회"의 유형과 그 전례를 다시 일깨워주는 안내서이다.

역자는 저자와 협의하여 한국 독자를 위해 책 구성에 약간의 변화를 주었다. 저자가 자신의 공식 교회 명칭인 "우니타스 프라트룸Unitas Fratrum", 즉 "세계 모라비안교회"의 체코 관구 주교로서 자신의 관구 역사로 마무리한 마지막 5장 대신에 헤른후트로 이주하지 않고 체코 영토 내에서 존재했던 형제단 개혁파들을 소개하였다. 체코 개혁교회 역사가 흐레이사에 의하면 헤른후트로 이주한 형제단 개혁파들은 약 3만 명이었으며, 망명을 하지 않고 체코 영토 내에 생존했던 개혁파들은 약 7만여 명으로 추정하고 있다. 이들은 1781년 합스부르크의 "관용의 칙령"에 의해 소위 "관용의 교회"로 존재하다가, 해외로 이주하여 다시 돌아와 조상의 땅에서 교회를 개척하며 선교를 한 "모라비안" 일부와 함께 1918년 독립 후 "체코형제복음교회"라는 이름으로 현재까지 존속되고 있다. 이들의 역사를 관용의 교회 역사 전문가 에바 멜무코바 박사가 정리한 내용을 5장 부록으로 실었다. 에바 멜무코바 박사는 이 책의 출판을 목전에 두고 애석하게 하나님의 부르심을 받았다.

저자는 이 책을 2012년 형제단 555주년을 기념하여 2015년에 발간하였다. 책 이름은 『형제단 555주년 편사』이다. 이미 555주년이 지난 지 10년이 되었고, '형제단'은 한국 기독교회에게 생경하게 느껴지는 교회이다. 그래서 책이 모라비안 형제들의 선교를 중심 내용으로 하고 있어, 저자와 협의하여 한국어 번역의 책 이름을 한국에서 좀 더 대중성 있게 알려진 "모라비안 선교"라는 이름과 '편사' 또는 '편찬사'보다 좀 더 익숙할 수 있는 "연대기"를 부제로 사용하기로 의논하였다.

이 책은 프로테스탄트 초기 해외 선교를 탐구하는 데 좋은 길잡이가 될 수 있다. 헤른후트 형제들은 전 대륙에서 프로테스탄트 선교의 깃발을 제일 먼저 들었다. 그들의 뒤를 이어 선교 단체와 국가교회들이 대거 해외 선교에 뛰어들어, 19세기 기독교 확장이 전 세계적으로 크게 일어났다. 모라비안 형제들의 선교와 뒤따르는 프로테스탄트의 상관관계도 상당히 흥미로운 점이 많다. 역자는 번역을 하면서 인물, 사건, 현장을 일일이 확인하였다. 인터넷의 발달로 정보를 검색하는 데 크게 어려움을 느끼지 못했다. 검색을 하면서 알게 된 것은 모라비안 형제들 선교는 물론이며, 그들 선교와 함께 각 지역의 선교 역사와 선교 발전에 대한 연구가 놀라울 정도로 많이 이루어진 것을 확인할 수 있었다.

그래서 이 책을 발판으로 한국 독자들이 관심에 따라 더 깊이 탐구할 수 있도록 생소한 역사에 대해서는 '역자 주'(미주)로 돕고, 글을 읽기에 산만할 수 있지만, 본래의 지명과 이름들을 최대한 정확하게 제공하여 독자가 구글링을 하는 데 어려움이 없도록 하였다. 예를 들어 어떤 지역의 선교사가 자신의 지역 또는 국가의 복음 전래 과정을 알기 원한다면, 이 책이 그 실마리를 풀어줄 수 있다. 이들의 선교 정보를 따라 뒤를 이어 많은 국가교회와 자유교회 그리고 선교 단체의 선교가 확대된 것을 발견하게 될 것이다. 활동 중인 선교사, 선교를 준비하는 후보자, 선교를 계획하는 교회, 연구자들이 자신의 관심 있는 선교지의 이전 선교 경험을 파악하는 데, 이 책이 일종의 백과사전과 같은 역할을 할 것으로 확신하게 되었다. 독일어, 체코어, 폴란드어, 영어 등 다양한 언어로 여러 곳에 흩어져 있는 모라비안 형제들의 1차 자료들을 접하는 것은 쉽지 않다. 구하기 쉽지 않은 역사 자료들이다. 관심 유무와 기독교와 비기독교를 떠나서 백과사전 같은 희귀 자료로 한 권쯤 개인 소장할 만한 가치가 충분히 있다.

지명, 인명 등 외래어 표기는 국립국어원이 정한 표준 표기법에 따랐다. 형제들의 해외 선교로 외래어 표기가 체코어뿐 아니라 폴란드어, 러시아어, 독일어, 영어, 스페인어, 포르투갈어, 타밀어, 인디언 부족 언어, 스와힐리어 등 다양하다. 한글 표기의 구글 페이지와 지도뿐 아니라, 세계 각지에 흩어져 있는 친구들에게 문의했다. 그들은 심지어 현지인의 발음까지 녹음해서 역자에게 도움을 주었다. 그럼에도 외래어 표기가 정확하지 않을 수 있어 원어를 그대로 병기하였다. 부족한 점은 독자들의 양해를 구한다.

한국교회에 모라비안 선교 전체를 조망하는 이 책을 저술하고 번역하여 출판할 수 있도록 허락해 준 에발트 루츠키 주교에게 감사드린다. 그리고 이 책을 한국 독자들에게 추천해주고, 독일어 인명과 지명 발음을 교정해 준 친구 홍지훈 교회사 교수, 박보경 선교학 교수 두 분에게 진심으로 감사드린다. 이 책이 널리 알려지고 유용하게 사용되어 한국 개신교 선교가 한 걸음 진보하길 간절히 소망하는 동역자들과 어려운 상황에서도 이 책의 출판을 결정해 주신 동연 김영호 대표에게 감사를 드린다.

이종실 목사

(대한예수교장로회 통합 파송 체코 선교사)

서문

2007년에 교수 얀 쿰페르라 박사가 형제단(교회)의 초기 160년 역사를 쉽게 이해할 수 있도록 연표 방식으로 쓴 소책자『형제단: 경건, 도덕성, 관용 — 체코 종교개혁의 유럽 영적 문화에게 끼친 유산』에 나는 마음이 매우 끌렸다. 형제단 설립 550주년에 발간된 이 소책자는 나에게 이 교회의 모든 역사에 대해 명확하면서도 읽기 쉬운 책을 출판할 영감을 주었다.
많은 사람, 특히 노인들은 체코 문법학자이며 음악학자인 얀 블라호슬라프, 또 보헤미아 종교개혁 형제단의 마지막 주교 얀 아모스 코멘스키에 대해 아직도 학교에서 배운 기억이 남아 있을 것이다.
하지만 형제단이 코멘스키로 끝이 나지 않았으며, 그들의 희생적인 선교로 많은 민족에게 뛰어난 영적 선물과 보물이 되었다는 것을 아는 사람은 거의 없다.
나는 역사가가 아니며 그리고 무엇보다도 역사책을 쓰려는 야망도 없다. 그래서 편년사의 형태를 선택하였다. 이 책의 구성을 위해 체코공화국의 형제단 고문서 도서관, 헤른후트의 형제단 고문서에서 찾았던 다양한 사료를 사용하였으며 특별히 폴란드와 미국에서 알려진 일부 자료를 참고하였다.
물론 이 책은 모든 날짜 또는 사건들이 다 포함되어 있지 않고, 아주 일부 영역만을 미미하게 다루고 있다. 주로 선교를 다루는 두 번째 장 역시 겉핥기식으로 살펴볼 뿐이다.

장은 시기별로 나누어진다. 첫 번째 장은 첫 160년 시기인 본래의 형제단을 다룬다. 두 번째 장은 주로 헤른후트의 재건형제단을 다루며, 독자에게 3세기에 걸쳐 일어났던 놀라운 선교를 소개한다. 세 번째 장은 형제단이 오늘날의 세계적인 형태가 되기까지 그 구조가 점진적으로 형성되는 과정을 다룬다. 독자는 이 장의 마지막에서 4개의 세계 광역에서 활동하는 교회 현황을 소개받게 된다. 네 번째 장은 조상의 땅으로 돌아가고자 하는 열망과 그들의 실현을 다룬다.

책에서 나는 형제단의 모든 주교의 역사적 흔적도 추적했다. 이전 형제단의 주교들은 주로 집행 책임을 갖는 지도자들이었다. 재건형제단에서 집행 책임이 있는 지도자들이었다. 오늘날 우니타스 프라트룸 주교들은 자신의 관구뿐 아니라 전체 교회의 종이다. 그들의 주요 책임은 교회가 그리스도의 신실함과 복음 안에 머무르도록 돕는 것이다. 주교는 또한 안수할 때 교회를 대표하고 안수받은 성직자들에 대한 사목적 돌봄의 부름을 받았다.

현재 형제단(교회)의 대다수 회원은 교회의 배경에서 성장한 것이 아니라 세속적·무신론적 환경에서 살아온 사람들이다. 우리는 모든 세대에게 열려 있는 교회이다. 그래서 나는 이 책을 통해 단지 우리 교인들뿐만 아니라 오늘날 형제단(교회)이 활동하는 도시의 학교 교사, 정부 공무원, 동료 시민과 친구들 모두가 우리의 기원이고, 뿌리이며, 세계 많은 나라의 역사 지도에 큰 영향을 끼쳤던 이 교회의 영적 유산에 대해서 알게 되기를 소망한다.

5세기 반 이상 활동하고 있는 이 교회의 역사 자료는 교회의 순종과 하나님의 신뢰로 나라의 경계를 훨씬 넘어 귀중한 선물이 된 이십 세대에 대한 포괄적인 개요를 제공한다.

에발트 루츠키

차례

1장 형제단 출현부터 얀 아모스 코멘스키(코메니우스)의 죽음까지

2장 헤른후트 재건형제단부터 오늘날까지: 280년 형제단 선교

3장 헤른후트 영적 각성, 이어지는 선교 운동 그리고 우니타스 프라트룸 조직

4장 조상의 땅으로 다시: 관용의 칙령부터 벨벳 혁명까지

부록

일러두기

1. 책 제목은 『 』, 논문과 문서는 「 」로 표기했다.
2. 외래어 표기는 국립국어원 외래어표기법에 따르되, 표기법을 따르지 못한 것은 가능한 현지 원어민들의 발음을 참고하였다.
3. 주요 인물이나 지명, 명칭에는 원어를 병행 표기하였다.
4. 역사적 용어 가운데 역자가 필요하다고 생각한 부분은 미주를 달아 설명하였다.

1장

형제단 출현부터 얀 아모스 코멘스키 (코메니우스)의 죽음까지

종교개혁자들의 선조들

신학적 논쟁

1325(?) 크로메르즈지시의 얀 밀리치Jan Milíč z Kroměříže가 태어났다.

그는 왕 행정실에서 일하였으며, 카렐 4세 황제와 함께 독일을 방문하였다. 후에 당시 가톨릭교회에 대해 다음과 같이 말하였다.

"보라, 전쟁이 일어난다, 이단과 폭정에 대한 반대가 아니라, 복음적 진리에 대한 공격이며 전쟁이다… 아하, 이것 봐라! 당신의 제후들은 도둑들의 동무들이고, 모두가 뇌물을 사랑하고, 보상을 요구하고, 고아들에게 정의를 베풀지 않으며 과부와의, 마찬가지로 거룩한 교회와의 분쟁도 상관하지 않는다…. 보라, 너의 들판은 선옹초(잡초)로 가득하며, 보라, 정원은 쐐기풀로 가득하다. 악을 뽑아버리라 그리고 선을 심어라. 누군가가 너와 너의 들판에 대해 말하지 않도록. 게으른 사람의 들판을 내가 건널 때 보라, 쐐기풀이 온 들판에 가득하도다…. 보라, 세상의 모든 면에서 전쟁이거나 흑사병이나 기근이며 하나님의 분노가 모든 사람에게 발하고 있다. 상처가 끝나도록 하나님과 사람 사이에 서서 향로를 가슴에 간직하고, 가장 열렬한 사랑의 불로 그것을 채우며, 자신을 희생하라."*

1350(?) 개혁자, 사제, 설교자인 야노프의 마테이Matěj z Janova가 태어났다.

그는 크로메르즈지시의 밀리치의 제자였다. 마테이는 주님으로부터 다음과 같은 말씀을 받았다. 그리고 그는 형제단의 출현을 실제 그들이 세워지기 100년이 되기 전에 이미 예언적으로 전망하였다.

"사람의 아들이여, 벽을 부서뜨려라! 또 나는 나의 하나님의 음성을 들었으며, 세 가지 방법—사람들에게 매일 설교함, 지속적으로 고백함 그리고 주야로 매우 조신하여 글을 씀—으로 그것을 부서뜨렸다. … 현재 우리에 대한 진리의 적들의 분노는 횡행하였으나 그렇게 영원하지는 않을 것이다. 왜냐하면 무기도 없고 권력도 없는 하찮은 사람들이 반기를 들어서 진리의 적들이 그들을 이길 수 없을 것이기 때문이다. 개선을 하기 위해 어떤 도움이 있어야 하나? 초대교회를 회복하기 위해 그리스도에게로, 하나님의 법으로 돌아가는 것 그리고 적그리스도로부터 돌아서는 것, 사도적 정신으로 돌아가는 것이다. 모든 인간의 노력, 예식과 전통은 뿌리로부터 뽑힐 것이다. 그리고 유일하신 우리 주 하나님은 찬양 받으실 것이며, 그의 말씀은 영원히 있

* Bartoš, F. M., *Poslání papeži Urbanu V*(교황 우르반 V세의 소명) (Praha, 1948).

을 것이다. 현재 시대에 나는 하나님에게 속한 새로운 인간에 따라 창조된 새로운 민족이 일어날 것을 믿는다. 이 세상의 탐욕과 영광을 몹시 싫어하며, 하늘 공동체로 향해 서두르는 새로운 성직자들과 사제들이 이러한 새로운 민족으로부터 일어날 것이다. 인간을 새롭게 할 수 있는 유일하신 그리스도의 영, 성령이 모든 것을 행하신다… 그래서… 하나님의 백성이 무기 없이 일어날 것이며, 그가 성공할 것이다."*

1371(?) 얀 후스Jan Hus가 후시네츠Husinec에서 태어났으며, 후에 카렐대학의 미스트르와 총장이 되었다.
가톨릭교회의 몇 가지 실천을 명확하게 비난하였던 중요한 보헤미아 설교자이다.

1380(?) 6월 29일 크로메르지시의 밀리치가 프랑스 아비뇽에서 죽는다.

제1세대 형제단, 선구자들과 설립자들

1380 페트르 헬치츠키Petr Chelčický가 태어났다. 체코 역사가 F. M. 바르토시는 자호르치우 헬치츠의 하급 귀족[1] 출신으로 추정한다. 그는 체코 사상가이며 형제단의 영적 아버지이다. 예언적으로 그는 르제호르시 크라이치Řehoř Krajčí 형제에게서 야노프의 마테이가 "칼 없이 한 사람이 일어나서, 그는 성공할 것이다"**라고 예언하였던 하나님 백성의 마부馬夫를 본다.

1393 11월 30일 종교개혁자, 사제 야노프의 마테이가 죽는다.

나 슬로바네흐 수도원 — 브라트르 르제호르시 크라이치가 이곳에서 살았다.

1414 얀 후스는 교황에 의해 콘스탄츠로 소환된다.

1415 7월 6일 얀 후스는 이단으로 선언되어 화형을 당하였다.
그의 시신을 태운 재는 라인강에 뿌려졌다. 그의 죽음은 보헤미아에서 "후스파 전쟁"이라는 혁명을 불러일으켰다. 후스파의 급진적 표현들은 1434년 리파니 전투에서 끝났다.

1419~1436 보헤미아에서 후스파 전쟁들이 진행되었다. 이 전쟁의 결과들이 1479년까지 사회에 반영되었다.

1420 형제단의 미래 설립자 르제호르시 크라이치가 태어났다.

1436 바젤 콤팍타타Basilejská kompaktáta[2]가 체결되다.

---

* Komenský, Jan Amos, *Stručná historie církve slovanské*(간략한 슬라브 교회 역사) (Melantrich, 1942).

** 위의 책.

그것은 바젤 공의회와 후스파 보헤미아 대표들 간의 타결의 결과이다. 콤팍타타의 가장 중요한 조항은 보헤미아 후스파 교인들을 위한 이종성찬 권리의 승인이었다.

1430(?) 투마 프르제로우츠스키Tůma Přeloučský가 태어났다.

1442(?) 쿤발트의 마테이Matěj z Kunvaldu가 태어났다.
투마와 함께 마테이는 후에(1467년) 형제단에서 뽑힌 세 명의 사제에 속하며, 동료 중 제일인자였다.

1446 르제호르시 크라이치는 모든 재산을 포기하고, 프라하의 나 슬로바네흐Na Slovanech 후스파 수도원으로 들어갔다

1448 교황에 의해 한 번도 승인되지 않아도 프라하 대주교로 선출된 얀 로키차나Jan Rokycana가 1448년에 프라하 틴Týn 대성당 사제관을 얻게 되었다. 초창기 그의 활동이 틴 대성당에서 있었다. 첫 세대 형제들인 르제호르시 크라이치와 그의 동료들도 로키차나의 설교를 들으러 왔다.

1453~1454 페트르 헬치츠키는 자신의 저술에서 교황 가톨릭주의도 비판하고, 공식적인 후스파 우트라퀴스트 교회도 비판하였다. "세 부류의 인간(trojí lid)"[3]으로 사회를 나누는 것에 대한 봉건적 가르침을 비판하였으며, 기독교 도덕의 준수를 요구하였다. 동시에 종교적·정치적 갈등의 해결에서 폭력을 거부하였다. 사도적 예언자적 토대에서 교회 갱신에 대한 희망을 표현하였다.

1455(?) 바브르지네츠 크라소니츠키Vavřinec Krasonický 또는 라우렌치우스Laurencius가 태어났으며, 후에 루카시 프라주스키

학자들과 함께 있는 얀 로키차나와 페트르 헬치츠키

Lukáš Pražský의 가까운 동역자가 되었다.

1456(?) 의사이며 형제단의 중요한 인물인 얀 체르니(Jan Černý, 루카시 프라주스키의 큰형)가 태어났다. 형제단의 몇몇 멤버들과 페른슈테인의 빌렘 영주를 치료하였다. 그의 저술들은 예를 들어 다음과 같다. 『흑사병에 대한 연구』 그리고 『헤르바르시』 또는 『젤리나르시』라는 의학 서적들(1517)이다.

1457 또는 1458 형제단(Jednota bratrská) 출현. 포데브라디의 이르시Jiří z Poděbrad는 잠베르크 근처의 쿤발트에 있는 자신의 리티체 영지를 르제호시 크라이치의 형제단 지지자들에게 피신처로 제공한다.

1460(?) 형제단에서 두 번째로 중요한 지도자인 루카시 프라주스키가 프라하에서 태어났다.

1459 또는 1460(?) 쿤발트에서 총회로 모였다. 이 총회에서 거룩한 제단(성만찬)에 대한

타보르파와 피카르트pikarti파[4]의 가르침을 거부하였다. 공동체는 "그리스도의 법의 형제들"이라 불렸다.

1460(?) 형제단의 영적 아버지 페트르 헬치츠키가 죽는다. 이 해에 형제단에 대한 첫 박해가 시작된다. 쿤발트에서 예배 모임이 금지된다. 형제들은 얀 리흐노브스키 Jan Rychnovský 영지인 리흐노프 나드 크네주노우에서 새로운 피신처를 얻는다. 잠베르크의 후스파 사제 미할이 앞장선다(전통은 형제단의 첫 번째 주교라고 한다).

1461 3월, 포데브라디의 이르시Jiří z Poděbrad는 이단에 대한 카렐 4세 황제의 명령을 복원하여 형제단에 대한 박해의 물결을 일으킨다. 그러나 박해는 그렇게 일관되게 진행되지 않는다. 르제호르시 크라이치와 프라하의 다른 형제들이 프라하 신도시 지방행정관에 의해 체포된다. 1467년까지 이종성찬 그룹과 완전히 관계를 단절해야 할지에 대해 형제단 안에서 내부 논쟁이 진행된다.

1464 "리흐노프산山 동의同意."
실제로 교회의 교인과 하나님 사이에서 체결된 형제단의 첫 번째 협약이 역사적으로 이루어진다. 형제 공동체 삶의 첫 번째 규칙이 여기에 들어있다. "형제들 상호 견책의 권리와 의무" 그리고 첫 번째 징계가 성만찬 수찬 금지이다. "그리고 이단의 오류에 빠지고 중죄를 범하는 사람은 형제단으로부터 추방될 것이다."*
신입 회원에게 2년간 허입 가부를 결정하기 위한 예비기간이 주어진다.

형제단 사제 선출 제도 제정

1467 사제직 제도 제정 방법을 논의하기 위해 형제들이 제일 먼저 모였다. 그들은 전적

쿤발트에 있는 형제들의 첫 모임 장소

* *Br. Jana Blahoslava spis O původu Jednoty bratrské a řádu v ní*(형제단의 기원과 형제단의 법에 대한 형제 얀 블라호슬라프의 글) (Český časopis historický, 1902).

으로 하나님의 손에 맡기고, 제비뽑기를 결정하였다. 하나님의 지도자를 간구하도록 다른 모든 형제에게 기도와 금식을 명령하였다. 얼마 후에 두 번째로 모였으며, 주 하나님이 그 시간에 그렇게 정하시길 원하시는가를 보여주시도록 기도하였다. 그리고 그들은 하나님이 원하심을 알았다. 얼마 후에 다시 르호트카 우 리흐노프의 두헤크의 농가에서 모였다. 약 60명이 모였다. 제일 먼저 12명의 재판관을 선출하고, 사제 투표를 시작하였다. 투표를 매우 책임 있게 진행하였으며, 누구도 선출되지 않을 가능성이 매우 컸다. 9명의 형제가 선출되었다. 9장의 투표 용지는 백지였으며, 세 장은 "jest"(to be, yes)라고 적혀 있었다. 어린이가 후보자들에게 표를 나누어주었다. 세 명의 형제단 멤버가 "jest"라고 적힌 바로 그 세 장을 받았다. 그들은 그 투표에서 하나님의 확증을 보았으며, 그렇게 선출되었다. 쿤발트의 마테이, 투마 프르제로우치스키, 흐르제노비체의 엘리아시 쿤발트의 마테이는 첫 번째 사도들의 선출 방식에 따라 진행된 이 중요한 첫 투표 이후 첫 번째 대표 사제(주교)가 되었다. 그리고 그는 다른 사제들을 안수하고 축도하였다.

형제단은 이러한 절차로 인해 장로 교회가 되었으며, 자발적으로 소위 가톨릭 축성과 단절한다. 이러한 실행으로 형제들은 로마교회와 후스교회와 분리되어 형제단은 독립적인 교회가 된다. 역사적으로 그렇게 형제단은 세계의 첫 번째 개혁교회 가운데 하나가 되었다.

비록 형제들이 이 선출에서 새로운 사제들에 대한 하나님의 확증과 다른 축성을 필요로 하지 않는다는 결론을 내렸을지라도 발도파 출신 주교 슈테판에게 요청을 하여 심지어 또 다른 절차를 밟았다. "더 연약한 믿음의 형제들의 확신을 위해"* 그들은 그렇게 하였다. 이러한 발전은 변화를 활성화시켰다. 보헤미아에서 그리고 모라비아에서 새로운 그룹이 계속해서 형제단으로 들어왔다. 오스트리아에서 보헤미아로 들어온 발도파의 일부가 새로 탄생한 형제단으로 들어온다.

얀 로키차나

발도파 출신 주교 슈테판은 잠베르크의 미할에게 주교 권한을 수여하도록 요청을 받았다. 그러나 주교 슈테판은 비엔나에서 종교재판소에 체포되어 화형을 당하였다.

마르틴이라는 이름을 가진, 나이로 가장 연장자인 보헤미아의 발도파 출신 사제가 아마도 형제들의 요구를 이행하였던 것 같다. "주교 권한 확인"을 위임받기 위해 잠베르크의 미할 사제가 마르틴에게 파송되었다. 형제 미할은 마르틴이 축

* 위의 책.

성한 확인증을 선출된 세 명의 사제에게 전달하였으며, 세 명의 사제가 미할을 축성하였다. 왜냐하면 형제 미할이 가톨릭 축성을 포기하였기 때문이다. 이러한 방법으로 형제단은 자신의 독립적인 사제직 선출 규정을 만들었다.

소위 콤팍타타(kompaktáta, 1436년의 국가법)*는 로마와 후스파 교회 이외의 교회 생활의 다른 가능성을 보헤미아에서 승인하지 않았기에 형제들은 자신의 분리주의로 법 밖에 있었다. 게다가 포데브라디의 이르시가 모든 분파주의와 이단으로 남아있지 않도록 보헤미아 사람들을 이끌었고, 보헤미아 민족을 믿음의 일치로 인도할 것을 자신의 보헤미아 왕 즉위식 맹세로 서약하였다.

그래서 그는 새로이 등장한 형제단을 혹독하게 박해하였다. 그러나 형제들은 첫 번째 박해를 견뎌냈으며, 많은 사람이 망명을 해야 했을지라도 기쁘게 자신의 신념을 실현시킬 것을 노력하였다.

1468 얀 로키차나가 공개적으로 형제단 포기를 선언하였으며, 그들에 반대하는 신랄한 문서를 발표하였다. 일곱 명의 형제가 생명을 잃었다. 동시에 발도파들도 박해를 당하였다. 더욱 강력한 두 번째 박해 파동이 일어났다.

1471 3월 22일 포데브라디의 이르시가 죽었다. 그의 뒤를 이어 왕 야겔론스키 블라디슬라프 2세가 계승한다. 일시적으로 박해는 중단된다.

1473 베네쇼프에서 지역 의회(zemský sněm)[5]가 열렸다. 피카르트 분파(이단)에 대해 의논하였다. 포데브라디의 이르시 미망인 요한나가 형제들을 체포하고 구금하도록 하는 결정을 강제하였다. 그러나 박해는 크지 않았다. — 형제단은 이미 일부 강력한 보호자를 가지고 있었다.

형제들에게 프라하 대학 미스트르(교사)들과의 공청회가 허락되었다. 그러나 결실이 없었다.

형제단 초기 활동 장소 — 브란디스 나드 오를리치

* 바젤 협정(Kompaktáta 또는 basilejská kompaktáta)이라고 한다. 미주 2번 참고.

1474 8월 12일 브란디스 나트 오를리치에서 형제단 설립자 르제호르시 크라이치가 죽는다. 그가 사망 직전에 "지식인들을 기억하도록"* 주교 마테이에게 권면한다. 형제단은 확장되고, 몇몇 귀족, 도시민과 지식인들이 들어온다.

1478 새로운 공청회(학회)가 카렐대학교에서 바츨라프 코란다Václav Koranda의 주관하에 열렸다. 형제단의 사제 제도와 성례전을 의논하였다. 동시에 형제들은 야 레슈카Jana Ležka의 거짓 고소를 막았다. 당시에 형제단 안에 자신의 교회 밖에서 받은 세례는 유효하지 않았다.

1480 형제단은 브란덴부르크Brandenburg에 거주하던 발도파들의 이주로 강화된다. 그들은 체코 영토 내 두 개 독일 지역—동보헤미아에 있는 란슈크로운Lanškrounsko 지역과 북모라비아에 있는 풀네크Fulnek 지역—에 도착한다.
인간의 구원에 대한 교리 논쟁—"행위냐 또는 믿음에 의해서냐?"—이 형제들 사이에서 일어난다. 이때까지 르제호르시의 원칙—"선행 없는 믿음은 죽은 것이다"—이 유효하였다. 프로코프 바칼라르시Prokop Bakalář가 절충을 시도한다.
아마도 같은 해에 믈라다 볼레슬라프Mladá Boleslav에 형제 지역 교회(sbor)[6]가 생겼다. 후에 많은 형제단 주교—예를 들어 루카시 프라주스키 또는 얀 아우구스타Jan Augusta—가 여기에서 활동하였다.
곧이어 지역 교회 근처에 마찬가지로 형제단 학교와 1518년에 형제단 인쇄소도 생겼다.

1485 쿠트나 호라Kutná Hora에서 지역 의회가 조직되었다. 이종성찬주의자들은 가톨릭과

박해의 시대에도 중요한 시노드와 의회가 열렸던 곳 — 믈라다 볼레슬라프

* Kumpera, Jan, *Jednota bratrská — Odkaz evropské duchovní kultuře 1457~2011* (쿰페라 얀, 유럽 정신 문화를 형성시킨 형제단 유산 1457~2011)(Plzeň, 2012).

화해를 협약하였으나 그 화해는 형제단에게 적용되지 않았다. 형제단이 성장하는 만큼 적대감도 커졌다.

'다수파'와 '소수파' 간의 갈등

1490 브란디스 나드 오를리치에서 형제단 의회(bratrský sněm)가 열린다. (다른 가능성이 없다면) 형제는 공무 활동을 할 수 있다(그러나 그 직위를 의도적인 노력으로 취해서는 안 된다)는 논쟁적인 문제에 대한 '성명서'를 내도록 소위원회(Úzká rada)*에 위임한다. 이로 인하여 형제단은 새로운 방향을 열게 되었다. 이러한 새로운 방향을 지지하는 대표적인 인물들로 프로코프 바칼라르시, 얀 클레노브스키 그리고 쿤발트의 미할과 마테이 형제들이었다. 그러나 곧 프라헨 지역[7]의 형제들이 반대를 하였다. 이 그룹은 후에 "소수파"로 불렸다. 두 명의 그들 대표—야쿱, 슈테켄의 제분업자 그리고 아모스, 양초 제작자—가 형제 마테이에게 글을 보냈다.

소위원회에서 이어진 논쟁이 1491년에 프로코프 바칼라르시 그리고 얀 클레노브스키의 사임으로 끝났다. (1496년에 "소수파"는 형제단과 분리되었으며, 1546년에 완전히 소멸되었다.)

이 해에 아마도 얀 로흐 도마주리츠키Jan Roh Domažlický가 태어났으며, 후에 3세대 형제단의 주교가 되었다.

1491 신약성경 모델에 상응하는 교회 발견을 위한 노력. 4명의 형제—루카시 프라주스키, 카슈파르 발덴스키, 마레시 코코베츠, 마르틴 카바트니크—의 성지와 근동아시아 여행은 포스투피체의 보후시 코스트카의 비용으로 실행되었다.

얀 로흐 도마주리츠키

1491 3월 1일 마르틴 카바트니크가 여행을 떠났다.

1492 마르틴 카바트니크가 여행에서 돌아온 후 그 이야기를 토대로 『1491-1492년 보헤미아에서 예루살렘과 카이로까지 여행』을 출간한다(1518년에 첫 인쇄가 되었다).

1494 5월 5일 형제단 의회가 리흐노프에서 개최된다. 형제단에서 완전한 반전이 일어난다. 금욕적 엄격주의가 완패되고, "브란디스 성명서"[8]가 갱신된다. 얀 클레노브스키 그리고 프로코프 바칼라시가 다시 소위원회 위원이 되었다. 소위원회 위원에 바브르지네츠 크라소니츠키 그리고 루카시 프

* 형제단의 집행 기관. 그의 역할은 1499년 형제단 의회에서 구체화된다. 형제단 칙령(Dekrety JB) 참고.

부모와 자녀들이 함께 교육을 받음

라주스키가 더 추가된다. 쿤발트의 마테이는 주교로 남았으나 단지 안수 권한만을 가졌다. 프로코프 바칼라시는 재판관으로서 형제단의 관리 책임을 넘겨받았다. 형제단이 형제 르제호르시의 가르침으로 다시 돌아가지 않자 양초 제조인 아모스는 순종을 철회하였다. 지금까지 유력한 지위였던 주교가 재판관(소위원회 의장, 14인 소위원회의 서열 1위)을 맡게 되었다. 그러나 그의 권한은 제한되었다. 왜냐하면 그리스도를 따라 소위원회에게 "교회의 근원적 능력"이 선언되었기 때문이다. 상업과 사업에서 형제들이 어떻게 해야 할지도 형제단 의회가 결의하였다.

1495 소위원회(이미 18인 위원)가 리흐노프 나드 크네주노우회의에서 원칙적인 결의에 다다랐다. "예외 없는 중대함은 오직 거룩한 주님에게만 속하였으며, 이 시기까지 형제단에서 나온 저술들에 속하지 않는다."*
그래서 르제호르시 그리고 헬치츠키가 쓴 글의 중요함은 제거되고, 르제호르시의 가르침은 "평화롭지 않고 겸손하지 않다"고 선포되었다.
4월 29일 리토미슬에서 소위원회 위원 얀 빌리메크 타보르스키가 죽는다.

제2세대 형제단, 신학 토대 세우다

1497 다음 해에 형제단 의회가 열린다.

1498 루카시의 이탈리아 여행이 실현되었다. 그 여행은 그로 하여금 형제단이 연합할 교회가 어디에도 없음을 확신하기에 이르도록 하였다. 그때부터 그는 독자적인 길을 강조하였다. 11월 9일 작가이며 형제단의 선임 지도자 얀 클레노브스키가 죽는다.

1499 그 당시 사회에 대한 새로운 이해를 찾고, 사회의 높은 계급들과의 관계를 해결하는 "세속적 권력에게 우리들 사이에 있을 수 있도록 자리를 준다"[9]는 "다수파"의 결정적 승리가 있던 프로스테요프에서 형제단 총회가 열린다. "군대에 가는 것은 의무일 수 있으나 자발적으로 봉급 때문에 가서는 안 된다."** 이 형제단 의회는 부제(jáhen, [야헨]), 사제, 소위

* Kumpera, Jan, *Jednota bratrská - Odkaz evropské duchovní kultuře 1457-2011*(쿰페라 얀, 유럽 정신 문화를 형성시킨 형제단 유산 1457-2011) (Plzeň, 2012).

** 위의 책.

원회 회원, 주교, 재판관 그리고 실행기관으로서 소위원회 등의 각각의 역할을 분명하게 한다. 프르제로우츠의 투마 그리고 흐르제노비체의 엘리아시 형제들이 서품을 받았다.

1500 1월 23일 아마도 이날에 리프니크에서 쿤발트의 마테이가 죽는다. 그는 초대 주교이며, 그때까지 유일한 형제단 주교였고, 1467년에 제비뽑은 세 명의 사제 가운데 한 명이었다.
수공예 일을 하는 데 있어서 윤리적 방식에 대해 결정하였다.[10]

1500 4월 19일 리흐노프 나드 크네주노우에서 열린 형제단 의회에서 루카시 프라슈스키 그리고 스쿠테츠의 암브로시, 두 명의 사제가 주교로 선출되고 축성을 받았다. 그러나 "모든 형제단의 가장 높은 자리는 이들 가운데 어느 누구에게도, 물론 둘 모두에게도 아닌 전체 위원회에 주어진다"[11]고 결정되었다. 프르제로우치의 투마는 쿤발트의 마테이 다음으로 교회의 재판관이 되었다. 프르제로우치의 투마와 흐르제노비체의 엘리아시는 루카시 프라수스키와 암브로시 형제를 머리에 손을 얹어 축복하며 승인하였다. 계속해서 주교 선출을 위원회가 자체적으로 실행하려고 했지만, 실제로 형제단 의회가 선출하도록 하였다.
얀 아우구스타가 프라하에서 태어났다. 그는 후에 제3세대 형제단 주교가 되었다.

1501 본부에서 가장 연장자 주교가 동시에 소위원회 회의를 주관하는 재판관이 되도록 제정되었다.
주교들은 "원로들",* 즉 "장로"로 부르기 시작하였다. 모든 주교를 각 지역의 최고 권위로 인정하였다. 이러한 방법으로 형제단의 관리는 언제나 권한이 부여된 주교의 손에 있다. (믈라다 볼레슬라프에 거주하고 있는) 루카시 프라주스키가 가장 큰 영향을 가지고 있다. 슈테켄에 거주하고 있는 암브로시 형제는 프라헨 지역을 관리하고 있고, 투마와 엘리아시 형제들은 모라비아를 분리해서 관리하고 있다(그들의 거주는 프르제로프와 프로스테요프이다). 프르제로우츠의 투마가 재판관이 되다.
사제 지침서가 나오다. 사제와 부제들을 오직 소위원회가 결정한다. (헬치츠키는 각 교구에서 사제와 부제가 선출되기를 원하였다.) 사제들, 특별히 젊은이들이 자신의 손으로 직접 일을 하며 생계를 꾸리는 것에 동의한다. 이때까지 사제들은 독신이었으며, 현재는 결혼할 수 있다(이미 15

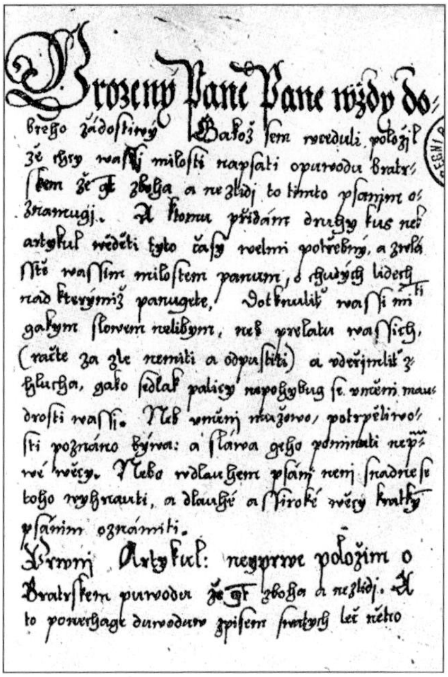
Urozeny Pane Pane wzdy do/
breho žádostiwy Jakož sem wceduli položil
že chcy wassi milosti napsati o puwodu Bratr/
skem že gt zboha a ne zlidj to tímto psanjm o/
znamugj. A k tomu přidám druhy kus neb
artykul wěděti tyto časy welmi potřebny, a zwla/
ště wassim milostem panum, o kterych lidech
nad kterymiž panugete, Dotknulit wassi mi/sti
gakym slowem nelibym, neb prelatu wassich,
(račte za zle nemiti a odpustiti) a uděřjmlit z
hlucha, gako sedlak palicy nepohybug se. wněm mau/
drosti wassi. Neb wnějmj mužowe, potrpělivo/
sti poznáno bywa: a slawa geho pominuti nep/
wé wěcy. Nebo wdlauhem psanj nenj snadne se
toho wyhnauti, a dlauhé a siroké wěcy kratky
psanim oznámiti.
Prwnj Artykul: negprwe položim o
Bratrskem puwodu že gt zboha a ne zlidj. A
to powehage duwodem zpisem swatych leč něco

투마 프르제로우츠스키 — "형제단의 기원에 대해서" 육필로 쓴 책

* 16세기와 17세기 초에 사용된 용어들이다. 그러나 책에서 지속적으로 오늘날에도 "주교"라는 용어로 사용하고 있다.

세기 말부터 실제로 결혼하였다). 그러나 허가 없이 자신의 장소를 떠날 수 없다. 성찬 예식을 집례하고, 비밀스러운 또는 공개적인 고백을 듣고 자신의 주민들에 대해 도덕적 관점에서 가장 격조 높은 관리를 한다. 부제와 장로들의 위원회가 사제를 돕는다. 장로들의 위원회는 형제들 간의 논쟁을 판단하고, 물질적인 문제를 관리한다. 대성전들은 단지 예배 장소로만 사용되는 것이 아니라 사제와 부재들 그리고 평신도 봉사자들과 때론 장로들의 거주지로 사용되었다. 성전을 형제들의 집 또는 공동체(지역 교회, sbor)로 불렀다. 형제들 공동체(지역 교회)는 늙은 사제와 여행자 형제들의 피난처가 되기도 한다. 공동체는 지역의 모든 삶의 중심이 된다.

1501. 4. 12 1467년에 형제단의 첫 번째 주교가 되었고, 쿤발트의 마테이를 축복하였던 사제 잠베르크의 미할이 죽는다.

이 시기에 제2세대 형제단 토대인 루카시 프라주스키의 영향이 주도적으로 지배했다. 형제 루카시는 형제단에서 오늘날까지 지속되는 토대를 구축하였다. 교회의 문제는 세 개의 분야로 나뉜다. "근본적인 것, 봉사적인 것, 방식적인 것". "근본적인 것"은 인간의 구원을 위해 중요하다. 즉, 믿음, 소망, 사랑으로 표현되는 삼위일체 하나님과의 관계이다. "봉사적인 것"은 근본적인 것을 섬기는 것이다. 그러나 근본적인 것과 분리되는 봉사적인 것은 어떤 가치도 갖지 않는다. "방식적인 것"은 유일한 근본적인 삼위일체 하나님과의 관계를 섬기는 성경, 성례, 교회, 설교, 이러한 모든 것이 실행되는 방식이다. 이것은 형제단 신학의 특별한 개념이다. 계속해서 루카시는 주일 예배의 범주에서 복음서와 서신서의 사순절과 성일 지키기를 지속하였다. 인간의 상상력을 향해 나아가길, 다시 예배를 풍성하게 하길 – 촛대, 제단 도구, 테이블보 사용을 복원시키고 다시 찬송을 구성하길 원한다. 높은 계급의 사람들 사이에서 다시 지지자를 얻는다. 형제단의 반대자들은 루카시를 그의 내적 권위 때문에 위험한 "형제 교황"으로 간주하기 시작하였다. 당시에 세대교체 덕분에 형제단은 대중에 대해 소통적이고 열린 교회가 된다.

"주님의 피와 살을 먹는 것에 대하여" 루카시의 글이 있다. 이것은 이러한 가르침에 대한 형제단의 공식화된 첫 번째 설명이다(타보르파와 위클리프*의 견해와 근접함).

1502 루카시의 새신자 질문에 대한 형제단 교리문답서가 나온다. 후스파와 타보르파 사상으로 어느 정도 복귀가 있다. 16세기부터 형제단 지역 공동체에서 첫 번째 형제단 학교가 생겼다. 이 학교들은 점차적으로 사제, 교사, 음악가, 수공예인 등의 몇 세대를 교육한다. 형제단 학교들에서 계속해서 얀 블라호슬라프 또는 얀 아모스 코멘스키 등의 인물들이 배출된다. 후에 몇몇 도시에서 형제단 병원(리토미슬, 프로스데요프, 이반치체)이 설립된다.

1503 2월 2일 마테이 카바트니크가 죽는다. 그는 형제들에 의해 파송된 여행가[12] 가운데 한 사람이었다(이집트까지 갔다).

형제단 탄압에 대한 지역 의회 회의가 있었다.

이에 대해 루카시 프라주스키는 변증론으로, 즉 왕 블라디슬라프 2세에게 보낸 고백으로 반응하였다. 이 고백에서 그는 형제들은 전혀 이단이 아님을 증명하길 원한다.

* John Wycliffe(1320~1384): 영국 신학자이며 로마가톨릭 교회 개혁 촉진자.

1503 9월 5일 프로스테요프에서 1세대 주교 가운데 한 사람인 흐르제노비체의 엘리아시가 죽는다.

1503 11월 2일 도마주리체 근처에 있는 보르에서 6명의 형제가 박해로 화형을 당하였다.

1505(?) 이르지 이즈라엘이 태어났다. 후에 그는 형제단 주교가 되었다.

1506 적절한 의복 그리고 부적절하고 교만하고 탐욕스러운 의복에 대해 어떠한 태도를 취할 것인지 결정하였다.

1507 루카시의 글 "믿음으로 충분함"(지금까지보다 더 크게 믿음을 강조 — Apologia sacre scripturae).

1507 9월 13일 인드르지후프 흐라데츠의 프로코프 바칼라시가 죽는다. 그는 형제단의 재판관이며, 교회의 중요한 인물이었다.

1508 블리디슬라프 왕의 "성 야고보 칙령(Svatojakubský mandát)"[13]이 발표되었다. 모든 세 계급의 의회 승인에 의해 형제단의 전방위적인 탄압 정책 결정이 받아들여졌다. "토지대장(Zemské desky)"[14]에 기록된 의회 결정은 보헤미아법이 되었다. 그 법은 형제단을 반대하는 데 언제든지 사용될 수 있었다.
형제들의 모임은 금지되었으며, 그들의 책들은 불태워졌고, 사제들은 체포되거나 아니면 이종성찬을 하는 우트라퀴스크 교회 또는 일종성찬을 하는 로마교회로 개종이 강요되었다. 왕 블라디슬라프 2세의 죽음(1516) 이후 성 야곱의 명령은 유효성을 상실해 갔으며, 후에 반복적으로 복원되며 100여 년간 형제단을 지속적으로 위협했다.

왕 야겔론 블라디슬라프 2세

1509(?) 얀 체르니가 태어났으며, 후에 그는 형제단 주교와 재판관이 되었다.

1510 루카시가 『정의에 대하여』를 저술하다.

1512 브란디스 나트 오를리치에서 소위원회 회의가 열렸으며, 그 회의에서 다음과 같이 결정된다. "수집되어 있었던 오래되거나 새로운 모든 형제단의 결정 또는 명령이…. 사제와 관리자들에게 읽히고 그들을 통해 사람들에게 전해질 수 있도록…."*

1514 아마도 오우사바의 알브레흐트 렌들(프라하 성주와 비밀 형제) 그리고 민스텐베르크의 바르톨로메이 왕자의 기여에 의

---

* Gindely, *J. Dekrety Jednoty bratrské*(형제단 칙령) (vydavatelství Kober, 1865).

해 (1508년부터 시작된) 박해의 물결이 끝난다.

1517 8월 15일 마르틴 슈코다의 형제단 주교 축성식이 있었다.

1517 10월 31일 비텐베르크에서 유명한 루터가 등장한다. 독일에서 루터 종교개혁이 시작된다.

1518 2월 23일 프르제로프에서 주교이자 재판관인 프르제로우츠의 투마가 죽는다. 얼마 안 되어 스쿠테치의 암브로시(Ambrož ze Skutče, 1520)도 죽었기 때문에 형제단의 유일한 주교로 루카시 프라주스키가 남았다. 루카시 프라주스키는 소위원회 승인으로 마르틴 슈코다의 도움을 받았다. 얀 로흐 도마주리츠키가 형제단 사제로 안수를 받았다. 루카시 프라주스키는 동시에 재판관이 되었다.

1521 2월 21일 첼라코비체에서 마테이 체르벤카Matěj Červenka가 태어났다. 그는 후에 형제단 주교가 된다.

1522 형제단과 마르틴 루터 간의 접촉이 이루어진다. 얀 로흐Jan Roh와 미할 바이스Michal Weiss가 함께 메시지를 루터에게 전달한다. 얀 로흐와 미할 바이스와 달리 루카시 프라주스키는 루터주의로부터 거리를 둔다. 루카시는 신랄하게 스위스 종교개혁자 츠빙글리를 반대한다. 이전에 브라티슬라프의 수도승인 치제크가 형제단에게 츠빙글리의 가르침을 전파하였다.

1523 루터의 글 "형제단에 대하여"(비판적 문서, 왜냐하면 루터가 성만찬에 대한 그들의 교리를 알았기 때문이다)가 나온다.
루카시 프라주스키는 마르틴 루터의 글에 대해 반응한다.

1523 2월 20일 얀 블라호슬라프가 태어났다. 후에 그는 4세대 형제단의 주교가 된다.

1526 합스부르크의 페르디난트 1세에 의해 보헤미아 왕에 합스부르크 왕조가 등장한다. 합스부르크 왕조의 장기적 목표는 체코 프로테스탄트 말살이다. 첫 번째로 형제단을 제거하길 원했다.
하브로반스키 형제단이 설립된다. 그들의 규칙은 다양한 프로테스탄트 테제들을 묶어놓았다. 두 개의 성사 — 세례와 성만찬만을 단순한 심볼로 인정하였다. 루카시 프라슈스키가 최고 우두머리로 있는 형제단 지도자 그룹은 이보다 몇 년 전에 "소수파"를 반대한 것처럼 이 그룹에 반대하였다.

1528 12월 11일 믈라다 볼레슬라프에서 형제단의 토대를 발전시킨 루카시 프라주스키가 죽는다. 그에 대한 형제들의 기억이다: "루카시는 형제단에서 모든 것을 찾아냈고 받아들여서 형제단을 위해 세상의 은총과 하나님의 축북을 받은 좋은 사람이며, 학식 있는 사람이었다."*

1528 프로스테요프에서 온드르제이 슈테판이 태어났다. 그는 후에 형제단 주교가 된다.

1529 9월 21일 브란디스 나트 오를리치에서 형제단 총회(synod)가 열린다.** 마르틴 슈코다는 루카시 프라주스키의 뒤를 이어 주교와 재판관이 된다. 도마주리체의 얀 로흐, 바츨라프 빌리, 온드르제이 치클

* Kaňák, Miloslav, *Význačné postavy Jednoty bratrské a jejich dílo*(형제단의 중요한 인물들 그리고 그들의 업적) (Praha, 1957).

** 16세기에 형제단 총회는 그 용어를 의회(sněm)에서 총회(synod)로 바꾼다.

루터가 선제후들에게 성만찬을 집례하다.

로브스키 세 명이 주교로 선출된다.

1529. 10. 28 온드르제이 치클로브스키 주교가 죽는다. 같은 해에 바츨라프 빌리가 도덕적인 경범죄로 주교직에서 물러난다 (형제단의 오랜 주교 역사에서 유일한 경우).

1530 믈라다 볼레슬라프에서 열린 모임에서 형제단에 몇몇 귀족들이 공개적으로 엄숙한 가입식을 가졌다: 크란스코의 콘라트 크라이시, 도닌의 프리드리히, 로노보의 얀 크르지네츠키, 야노비체의 부리안 슈페틀레, 아르노슈트 일렘니츠키. 형제단을 지지하는 귀족들은 자신들의 믿음의 생각을 그렇게 많이 드러내지 않았다. 콘라트 크라이시는 브란디스 나트 라벰의 형제들에게 이종성찬파 교회당을 넘겨주었다. 후에 여기서 형제들은 자신의 지역 교회 공동체sbor를 세웠다.

1531 얀 아우구스타가 형제단 사제로 안수를 받았다. 그의 사역 첫 장소가 영주 도닌이 통치하였던 베나트키 나트 이제로우였다.
마흐 시온스키가 브란디스 나트 오를리치에서 형제단 사제로 역시 안수를 받았다.

1532 1월 25일 리토미슬에서 형제단의 역사가 바브르지네츠 크라소니츠키가 죽는다. 주교 마르틴 슈코다 역시 죽는다.

1532 4월 14일 친루터주의파 얀 로흐를 제외하고 주교에 다음 형제들이 선출된다: 마르틴 슈코다의 친형제인 베네시 바보린스키, 비트 미할레츠, 얀 아우구스타. 형제단은 다시 4명의 주교를 갖게 된다.[15] 이 세대의 형제단은 더욱더 루터주의와 가까워진다. 소위원회에 마흐 시온스키도 선출된다.

제3세대 형제단, 독일 종교개혁과 가까워지다

1532년 후 특히 얀 아우구스타는 비텐베르크 루터파 중심과 더욱 밀접하도록 추진하며, 아우구스부르스크 신앙고백에 형제단 가르침을 적용시킨다. — 독신은 자발적으로 하며, 믿음으로 의롭게 됨을 강조, 성례전의 적용. 그래서 마르틴 루

형제단 지역 교회 — 브란디스 나트 라벰

터는 다음과 같이 형제단의 가르침을 승인할 수 있었다. "많은 대화 후에 형제단은 차이가 있음에도 우리의 믿음을 고백하고 있음을 확인하였다."*

1533 마르틴 루터는 비텐베르크에서 같은 해 발간된 그들의 형제단 변증론에 형제들의 요청으로 찬사의 서문을 쓴다.
얀 로흐 형제단 주교는 믈라다 볼레슬라프로 이사한다.

1535 프로스테요프에서 형제단 총회가 열리고, 이 총회에서 설교자들은 해외 신학 서적을 과도하게 강조한다는 질책을 특별히 받았다.
크라이크의 콘라드 크라이르시, 얀 크르지네츠키, 영주 도만스키가 바로 그해에 비엔나에서 합스부르크 페르디난트 1세에게 제출한 친루터 경향의 새로운 '형제 신앙고백(Bratrská konfese)'이 나온다. 페르디난트 1세는 사람들이 원하는 대로 믿도록 구두로 허락하였으나 보헤미아에서 종교적 차원의 변혁의 시도를 경고한다. 그러나 그의 약속은 정직하지 않았다.
남서 보헤미아에서 형제단의 박해가 시작되고, 왕의 도시 보드나니, 클라토비, 도마주리체로부터 추방된다. 형제단의 지역 보호자들, 야노비체의 올드르지흐 그리고 스밀이 얀 즈보르니크로 인하여 중앙 재판소에 기소를 당하고, 직후 프라하 성의 검은 탑에 갇힌다.

1535 8월 25일 형제단 주교 베네시 바보린스키가 죽는다.

1536 3월 3일 형제단 주교 비트 미할레츠가 죽는다. 비트 미할레츠와 베네시 바보린스키의 자리에 마르틴 미할레츠와 마흐 시온스키Mach Siónský가 주교로 임명된다(축성 1537년).
이르지 스트레이츠(베터)가 태어났다. 모라비아의 자브르제흐 출신이었다. 형제단 가정에서 성장하였으며, 믈라다 볼레슬라프에서 그리고 외국 대학에서 공부하였다. 후에 시편 번역가로 유명하였다.

1537 이후 당분간 형제단 주교 선출이 없었다. 얀 아우구스타와 마흐 시온스키 주교들은 서로 충돌이 잦았다.
얀 체르니(니그라누스)는 프로스테요프 총회에서 형제단 사제로 안수를 받는다. 합스부르크 페르디난트 1세는 형제단을

* Jan Kumpera, 위의 책.

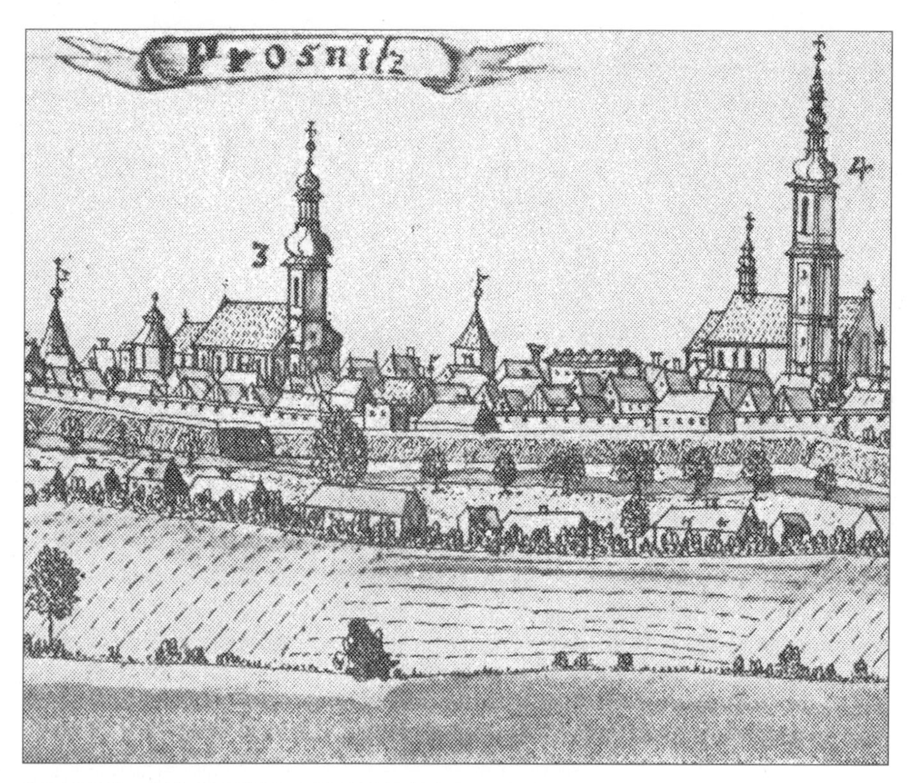

프로스테요프 — 형제단 중고등학교 거점 지역이자 얀 체르니의 활동 도시

우트라퀴스트(이종성찬파, 우트라퀴스트와 가톨릭을 연합시키려고 노력)와 분리시키려고 노력하였다. 이로 인해 형제단과 우트라퀴스트 사이에 긴장이 일어났다. 우트라퀴스트들은 독일 종교개혁의 영향으로 보수적 구-우트라퀴스트 그리고 루터파 경향의 신-우트라퀴스트, 두 개의 파로 나뉜다. 후자가 형제단과 더 가까웠다. 얀 아우구스타는 이종성찬파 사제에 반대하는 두 개의 글로 논쟁을 더 격화시킨다.

1538 3년간 옥살이 이후 야노비츠와 크라이르시 두 사람의 피보호자, 얀 즈보르니크는 석방된다.

1540 형제단 사제와 부제의 첫 번째 공개적이고 엄숙한 안수가 믈라다 볼레슬라프에서 진행된다. 그들 가운데 한 명이 이르지 이즈라엘이다.

아마 같은 해에 얀 아우구스타는 마테이 체르벤카 중재로 스위스 종교개혁(M. 부처, J. 칼뱅, W. 카피톤)과의 관계를 맺는다. 동시에 형제단 안에서 얀 아우구스트에 대한 반대가 커져간다. "루터와의 회합으로 형제단 멤버들이 루카시의 가르침을 벗어났다"*고 아우구스타를 비난한다. 모라비아 지역 지도자 루다니체의 바

* 위의 책.

츨라프처럼 많은 사람들이 형제단에서 탈퇴함으로써 자신의 저항을 표현한다.

얀 아우구스타

1541 우트라퀴스트 관리자 미스토폴이 아우구스타의 반이종성찬파 글들을 핑계로 반형제단 명령을 왕에게 요청하였다. 비텐베르크 여행이 얀 아우구스타를 구속하는 것을 막았다.

1542 아우구스타의 비텐베르크 마지막 방문에서 마르틴 루터가 선언한다: "여러분은 보헤미아의 사도들이 되십시오. 나와 우리들은 독일의 사도들이 될 것입니다."*

1543 새로운 박해의 물결이 일어난다.

1544 9월 15일 투르노프Turnov에서 시몬 테오필 투르노브스키Šimon Teofil Turnovský가 태어났다. 그는 후에 형제단의 다섯 번째 세대의 형제단 주교가 된다.
아우구스타의 신랄한 반이종성찬파 비판 서적들은 이종성찬의 모든 파를 화나게 하였다. 이르시 슬라드코브스키(페른슈테인의 얀의 행정관)가 왕에게 얀 아우구스타 체포 영장을 요청하였다.

1545 형제단을 반대하는 칙령이 발표된다. 남서부 보헤미아(클라토비, 도마주리체, 흘루보카 통치 지역, 특별히 라치체)에서 형제단에 대한 박해가 계속 일어난다.
토지대장(1541년 프라하 성 화재로 파괴된) 복원에 대한 지역 의회 회의에서 피카르디 개혁파들에 반대하는 성 야쿱의 명령(1508년부터)을 새로운 토지대장에서 없애라는 형제단 귀족들의 요청이 부결된다.
형제단에 대한 박해의 물결이 계속해서 커진다.

1546 믈라다 볼레슬라프에서 형제단 총회가 열린다. 이 총회에서, 얀 로흐(루터와 이전부터 관계를 맺고 있던 알려진 사람)가 독일 종교개혁 경향에서 그리고 세계 종교개혁의 사람들 누구에게서도 "형제단에서처럼 그렇게 총체적이고 근본적인 가르침을 발견할 수 없었다. 다른 교회를 칭송하면서 자신의 교회의 장점을 거짓되게 인식하지않았다…."라고 고백하면서, 루터파로부터 떨어져 나온다. 형제단의 늙은 주교가 눈물을 흘리며 "나는 형제단이 얼마나 위대하고 순수한 것을 가졌는지 그것을 이해하지도, 알지도 못하였으며 알 수도 없었다"**고 방황하였음을

* 위의 책.

** Kaňák, Miloslav, *Význačné postavy Jednoty bratrské a jejich dílo*(형제단의 뛰어난 인물들과 그들의 업적) (Praha, 1957).

고백 하였을 때 실제로 감동적이었다. 얀 로흐는 회개를 하였으며, 눈물을 흘리며 루카시의 유산으로 다시 돌아갔으며, 특히 루카시가 쓴 『사제의 메시지』의 가르침으로 돌아갔다. 총회에 참석한 형제들이 책 전체를 읽고, "믿음의 온전함과 그들의 의미"를 발견하여 "믿음 안에서 만족을 찾고", "다른 곳에서 만족을 찾지 않기로"* 결정하였다.

리토미슬** 화재로 보관하고 있던 형제단 서류들 모두가 불타버렸다. 형제단의 새로운 기록 보관소를 얀 체르니가 세웠다. 기록 보관소를 지도하고 역사 기록을 보완하는 일을 형제단의 기록관 마테이 체르벤카가 위임받았다. 이 일을 체르니와 체르벤카의 조수인 얀 블라호슬라프가 이어갔다.

1546~1547 형제단은 신新우트라퀴스트 반대 입장을 지지한다. 형제단 인쇄소들에서 교황과 카렐 5세 황제 그리고 합스부르크 페르디난트 1세에 반대하는 저서들, 전단지 그리고 팜플렛을 인쇄한다.

1547 1월 25일경 프로스테요프에서 63세로 주교 마르틴 미할레츠가 죽는다.

1547 2월 11일 믈라다 볼레슬라프에서 형제단 주교며 사사인 얀 로흐가 죽는다. 얀 아우구스타가 루카시 프라주스키를 다시 강조하고, 사제 독신제를 옹호한다.

제4세대 형제단, 폴란드와 프로이센으로 망명한 형제들을 돌보다

1547 4월 25일 황제의 가톨릭 군대가 뮐베르크Mühlberk 전투에서 승리한다(소위 슈말칼텐 전쟁). 반대파 보헤미아 귀족, 특별히 형제단 귀족들에게 재앙이 닥친다. 그들의 지도자 로노프의 빌렘 크르지네츠키가 도망을 쳐서 피할 수 없었던 죽음을 피하였다. 코스트카 가문과 크라마시 가문들은 그들이 보호해 주었던 형제들의 막대한 거주 농가들을 몰수당하는 처벌을 받았다. 형제들을 제거해야 했던 왕의 도시들과 달리 귀족들은 형제단에 계속 소속될 수 있었다.

1547 10월 5일 합스부르크의 페르디난트 1세 왕이 1508년부터 블라디슬라프 2세의 성야고보 칙령(Svatojakubský mandát)을 복원한다.

1547~1549 보헤미아에서 형제단의 극심한 박해와 핍박이 다시 일어났다. 이종성찬 교회 행정관 미스토폴을 포함한 지도부들 가운데서 주로 이종성찬 사제들이 형제단 핍박에 참여하였다. 의심스러운 사람들의 명단이 정리되었고, 정보 제공, 체포, 투옥이 일어났다.

1548 1월 20일 아우구스브루크에서 왕이 이미 발표된 칙령들의 엄격한 시행을 지시한 새로운 반형제단 조치를 발표하였다. 형제단 모임 금지, 사제 구금, 형제단 지역 교회 공동체를 가톨릭이나 이종성찬 사제들에게 넘기도록 조치되었다. 형제들

* 위의 책.
** 형제단의 중요한 센터 가운데 하나가 있던 도시이다.

은 회유와 압박으로 자신의 신앙을 버릴 것을 강요받았다.

1548 4월 25일 신임 리토미슬 지역 대표 쉐이노흐는 교활하게 얀 아우구스타와 그의 조력가 야쿱 빌레크를 협상으로 유인하여 동시에 그들을 체포하였다. 얀 아우구스타는 처음에 프라하 성에 그리고 크르지보클라트 성의 감옥에 모두 16년 갇혔다.

1548 5월 5일 새로운 왕의 칙령이 선포된다. 그 칙령에 따라 왕의 도시들과 "빈번하게 몰수해서 얻은" 왕의 농가들에서 살던 형제들은 형제들은 합스부르크의 페르디난트 1세의 모든 나라에서 6주 안에 추방되었다.

1548 6월 중순, 보헤미아 왕의 영지로부터, 특별히 리흐노프, 리토미슬, 비드조프, 브란디스 영지들로부터 그리고 페른슈테인 솔니체로부터 형제들의 대규모 이주가 일어났다. 약 6백여 명이 60대의 수레로 브라티슬라프 방향으로 행렬을 이루었으며, 계속해서 대폴란드 포즈나뉴 Poznaň로 향하였다. 브란디스와 투르노프로부터 두 번째 그룹이 약 일주일 후에 그들을 뒤따라 행진하였다.
이주자 선두에 마테이 오렐, 우르반 헤르몬, 얀 코리탄스키 그리고 마테이 타티체크가 있었다.

1548 6월 25일 첫 번째 형제단 사람들이 포즈난에 도착하였다. 포즈난은 프로테스탄트 이장(starosta pan, 里長) 고르카의 온드르제이가 이즈빈스키 주교의 뜻을 거역하면서 그들을 받아들였던 곳이다.

1548 8월 4일 포즈나뉴의 이즈빈스키 주교가 폴란드 왕 지크문드 2세에게 포즈나뉴와 폴란드로부터 형제들을 추방하는 반형제단 칙령을 요구하였다.
그해 여름 말에 형제들은 (알브레흐트 프로이센 왕자의 초청으로) 대폴란드에서 프로이센으로 떠났다. 프로이센으로 마흐시온스키(아우구스타가 체포된 뒤 자유로운 유일한 주교)도, 이르시 이즈라엘도 떠났다. 프로이센에서 형제들은 1574년까지

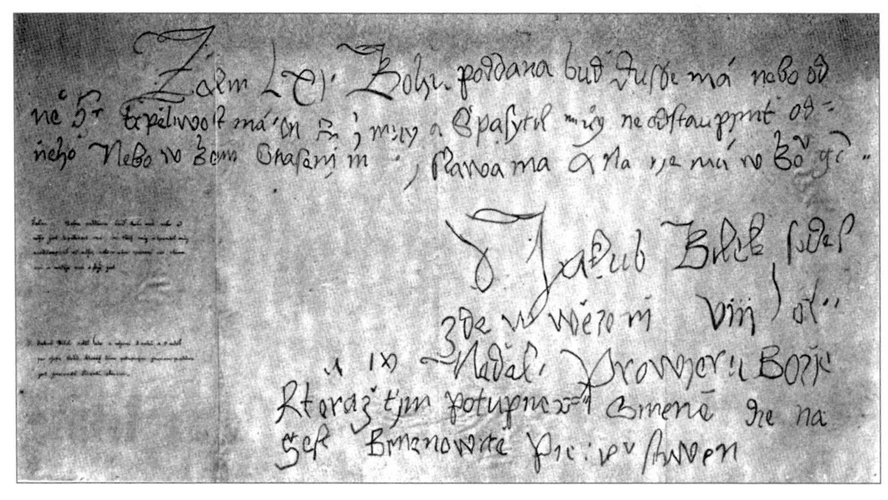

크르지보크라트 감옥에서 쓴 야쿱 빌레크의 필사본

머물렀으며, 프로이센 루터교회에 적응해야 했었다.

1549 주교 마흐 시온스키는 잠시 동안 포즈나뉴로 돌아온다. 형제단 센터가 온드르제이 리프친스키 유지(pan, 有志)의 집에서 비밀리에 세워진다. 마테이 오렐, 마테이 체르벤카 그리고 이르시 이즈라엘이 여기서 활동한다.

1549 12월 13일 마테이 체르벤카가 형제단 사제로 안수받았다.

1550 1월 1일 마테이 체르벤카가 소위원회에 선출되었다.
합스부르크 페르디난트 1세가 소위 보헤미아 영토의 이단인 브로노의 사회 각 계층 대표들이 모인 모라비아 의회(moravský sněm)를 압박하는 것을 실패하였다. 가장 높은 모라비아 지역 대표 루다니체의 바츨라프(이전 형제단 신앙 고백자)와 함께 모든 모라비아 귀족이 저항하였다. 그러므로 모라비아는 형제단의 중심 센터가 되었다.
아마도 이 해에 우헤르스키 브로트에서 파벨 예세니우스가 태어났다. 그는 후

포츠난 — 레스노 외에 폴란드 형제단의 가장 중요한 센터 가운데 하나

에 형제단 주교였으며, 크랄리츠카 성경(Kralická bible)[16]의 번역자였다.

1551 4월 16일 프로이센 도우브라브나에서 마흐 시온스키가 죽는다. 형제단은 당시에 얀 아우구스타 한 사람만이 주교였다. 그러나 그가 감옥에 있으면서 그의 행정은 얀 체르니와의 서면 소통을 통해 실행된다. 당시에 새로운 사제들을 안수하여 세울 수 있었던 사람이 아무도 없었다.

1552 얀 체르니(니그라누스)는 크라이크의 아르노슈트 크라이르시의 보호 아래 믈라다 볼레슬라프 자신의 거주지에서 보헤미아 형제단 중심 토대를 세운다.
우헤르스키 브로트에서 얀 넴찬스키가 태어났으며, 후에 그는 6권짜리 크랄리체 성경 출판을 관장하였던 형제단 주교가 되었다.

1553 처음에 저항을 받았을지라도 형제들은 권력이 있는 폴란드 개혁 가족들의 도움으로 대폴란드에서 자신들의 영향력을 공고히 하기 시작한다. 이르시 이즈라엘은 포즈나뉴에서 형제단 공동체의 관리자(správce)[17]가 되고, 여기서부터 형제단의 영향이 다른 대폴란드 도시(레스노[Lešno] 등등)들로 확산된다.

1553 6월 8일 프로스테요프에서 형제단 총회가 열렸다. 감옥에 갇힌 얀 아우구스타와의 연락이 끊어진 후 형제들은 새로운 주교로 얀 체르니, 마테이 체르벤카를 선출하였다. 형제단의 이름으로 이들은 소위원회의 가장 연장자 위원들 마토우시 스트레이츠와 파벨 파울린으로부터 주교 축성을 받았다. 그리고 소위원회의 다른 회원들도 그들의 머리에 손을 얹어 안수하였다.

1553 6월 13일 형제단 주교 마테이 체르벤카는 형제단의 필경사가 되었다.

얀 블라호슬라프가 사제로 안수를 받다.
얀 체르니(믈라다 볼레슬라프에서 1552년부터 살았던)가 형제단의 실제 지도자가 된다. 그는 마흐 시온스키 주교의 생애 동안 이미 영향력 있는 인물이 되었다.
얀 칼레프는 형제단 사제로 안수를 받다.

1554 3월 9일 다시 형제단 지역 교회 공동체들을 폐쇄할 것을 명령하는 반형제단의 페르디난트 칙령이 발표되었다.

1554 3월 23일 믈라다 볼레슬라프에서 형제단 지역 교회 공동체가 엄숙하게 봉헌되었다.

1555 소폴란드[18] 프로테스탄트들과 함께 대폴란드[19] 형제단의 총회가 열려 소폴란드의 프로테스탄트(칼뱅파)와 대폴란드 형제단의 연합에 대해 논의하였다.
비엔나에서 얀 블라호슬라프가 파우세르[20]와 협상하다. 그는 막스밀리안 2세 대공의 궁정 루터교 설교자였다.
형제단을 돕는 약속을 한 비엔나 파우세르에게로 가는 얀 블라호슬라프의 두 번째 여행이 있었다.
아우구스타의 투옥 조건의 완화로 인하여 아우구스타는 형제단과의 연결이 회복된다.

1555 3월 18일 크라예크의 아르노슈트 크라이르시가 죽는다. 그는 믈라다 볼레슬라프 영지 소유자이며, 보헤미아 형제단을 보호하는 데 선두에 섰다.

1554~1555 이르시 이즈라엘이 폴란드에서 약 20여 형제단 지역 교회 공동체들과 전도처들을 조직할 수 있도록 도왔으며, 그중에 가장 중요한 곳들을 위해 영적 돌봄을 하였다. 보이테흐 세르펜틴이 코주미네크 지역 교회 공동체를 돌보았으며, 그의 뒤를 이어 얀 로키타가 돌보았다. 이르시 필리펜스키가 로브제니체 지역 교

회 공동체의 영적 돌봄자로 세워졌고, 바르치나에서 형제들을 얀 리빈스키 사제가 섬겼으며, 마르스제파에 페트르 스칼르니크가 임명되었다. 이미 1548년에 세워진 이들 폴란드 지역 교회 공동체들에, 특별히 온드르제이 코르카 영지—예를 들어 샤모툴리, 네슈노 그리고 쿠르니크—에 세워진 지역 교회들을 더한다면, 전도처를 포함하여 모두 40개가 되었다.

1556 얀 체르니(니그라누스) 형제단 주교가 형제단의 재판관이 된다.

1557 뷔텐베르크 공작 크리슈토프, 이전 교황특사 파벨 베르게르 그리고 폴란드 프로테스탄트 영주들의 중재로 아우구스타 석방을 위한 노력이 진행되었다. 노력은 결실이 없었다.
아우구스타에 대한 반대가 승리하였던 제라비체에서 형제단 총회가 열렸다. 만장일치로 다음과 같이 결의하였다: "형제단은 마치 하나의 지도자에게 모든 것을 의존하는 로마교회의 교황처럼 그러한 방식으로 우선성을 갖는 유일한 한 사람의 지도자는 없다."*
루터교 근본주의자 플라시우스Flacius 2세는 형제단을 발도파 운동과 직접 관련되어 있는 이단으로 공격한다.

1557 8월 24일 형제단 설립 100년 뒤 슬레자니에서 형제단 총회가 열린다. 슬레자니 총회에 보헤미아, 모라비아 그리고 폴란드의 형제들이 있었고, 그 모임에 형제단 폴란드 보호자들—얀 크로토스키, 오스트로로그의 야쿱, 라파엘 레즈친스키 등등—이 참석하였다. 형제단 신앙고백이 믿음의 문제를 위한 기준으로 선포된다. (아우구스부르크 루터 신앙고백을 선호하는 폴란드 영주들의 뜻과는 달랐다.) 폴란드와 프로이센을 위해 폴란드에 거주하는 장로(senior)가 세워진다. 얀 블라호슬라프와 이르시 이즈라엘은 여기서 주교로 선출된다. (이르시 이즈라엘이 폴란드와 프로이센 지역 교회 공동체들을 관리하였다.) 형제단은 다시 네 명의 주교를 갖게 되었다. 여기서 교회의 더 큰 탈중심화의 길이 열렸다. 왜냐하면 선출된 위원회의 권한이 주교보다 더 커졌다: "총회가 선출한 위원회는 신자들의 모임을 대표하고, 가장 높은 권위뿐 아니라 집행 권한과 삶과 일의 중심이 된다."** 총회는 평신도들의 위치를 강화하였으며, 칼뱅주의적 영향이 점증한다.
온드르제이 슈테판이 형제단 사제로 안수받고, 프르제로프에서 마테이 체르벤카의 보조자가 된다.

얀 칼레프

* Jan Kumpera, 위의 책.
** 위의 책.

57년 이후 폴란드 프로테스탄트 신학자 라스키와 리스마닌이 형제단을 반대하기 시작했다. 그들은 형제들 신앙고백, 특별히 성만찬 가르침을 비판하였다. 이러한 음모와 허위 정보의 토대에서 스위스 개혁자들(칼뱅, 베자, 무스쿨루스)이 형제단 신앙고백에 대해 부정적인 편견으로 편지를 써서 폴란드로 보냈다.

1560 형제들은 스위스로 로키타와 페트르 헤르베르트를 보냈다. 개혁자들과의 회의는 성공적이었고, 오해를 제거시켰다. 헤르베르트는 스위스 신학자들로부터 받은 친서를 가지고 집으로 돌아온다.

1561 얀 블라호슬라프 덕분에 사모툴리 찬송가(Šamotulský kancionál)가 『거룩한 찬양곡』 이름으로 출판된다.

1562 페르디난트 1세가 수감되어 있는 얀 아우구스타를 가톨릭 사제단에게 넘겼다. 그러나 그는 자유를 얻기 위해 가톨릭으로 들어가는 것을 거부하였다. 이종성찬파(루터교 신-우트라퀴스트)로 고백하였다.
그러나 소위원회는 비난을 하였으며, 아우구스타에게 주교직과 형제단의 회원 자격을 박탈하였다.

1564 황제이며 왕인 합스부르크의 페르디난트 1세의 죽음과 새로운 왕 막스밀리안 2세의 등극은 형제단에게 더 나은 시간의 희망을 불러일으킨다.
얀 블라호슬라프의 신약성경 번역이 출판되었다.

1564 3월 26일 막스밀리안 2세에게 청원한 이후 얀 아우구스타는 공적 설교 금지 조건으로 석방되었다.

1564 4월, 소위원회와의 회의에서 오해에 대한 설명과 화해를 하였다. 얀 아우구스타는 이로써 자신의 직위로 돌아올 수 있었다. 그러나 형제단에는 그때 두 명의 재판관이 있었다.
이반치체Ivančice에서 형제단 찬송가 출판(이반치체 찬송가) — 인쇄술과 목판 인쇄의 체코 예술의 우수성.

샤모툴 찬송가 표지

1565 2월 5일 믈라다 볼레슬라프에서 형제단의 주교이며 재판관인 얀 체르니(니그라누스)가 죽는다.
얀 아우구스타는 형제단의 루터파(신-우트라퀴스트)와 연합하며 모든 보헤미아와 모라비아 비가톨릭 그룹들에게 지도력을 인정받으려고 노력한다.

1566 형제들은 새로운 왕 막스밀리안 2세에게 자신들의 신앙고백과 찬송가를 전달하였으나 왕은 그들에게 앞으로 관용을 베풀 것이라는 약속을 단지 구두로만 하였다.

1566 12월 27일 브라티슬라프에서 예세니우스Jessěnius라고 불리는 얀 예센스키Ján Jesenský가 태어났다. 그는 후에 형제단의 유명한 의사, 정치인, 철학자가 된다. 의사로서 1600년 6월 8일~12일 프라하 레츠코바 기숙사에서 처음으로 공개적인 시체 해부를 하였다.
마테이 시루스가 트르제베니체에서 태어난다. 그는 후에 형제단 주교가 되며, 빌라 호라 이전 6세대 형제단의 중요한 인물이 된다.

1567 프르제로프Přerov에서 형제단 총회가 열렸다. 총회에서 형제들은 아우구스타의 노력을 거부하였다. 그럼에도 불구하고 얀 아우구스타는 계속 루터파들과의 연합을 위한 개인적 노력을 지속하였다.
이르시 스트레이츠(베테르)가 사제로 안수를 받았으며, 흐라니체 나 모라베 지역 교회 공동체의 관리자로 임명을 받았다.

1568 블라호슬라프의 신약 번역이 얀 넴찬스키의 수정으로 다시 발간되었다. 그의 수정 번역은 크랄리체 성경의 마지막 여섯 번째 책이 되었다.

1569 12월 12일 프르제로프 지역 주교이며, 관리자이며, 역사가이고, 많은 찬송의 작곡자인 마테이 체르벤카가 프르제로프에서 48세로 죽는다.
스트라주니체에서 마토우시 코네츠니가 태어난다. 그는 후에 믈라다 볼레슬라프 지역 교회 공동체의 관리자이며 형제단 주교가 된다.

1570 폴란드 산도메르시Sandoměř에서 루터교, 칼뱅, 형제단 이들 세 경향의 프로테스탄트 신앙고백들이 모여 협의한다. 이 모임을 산도메르시 합의(sandoměřský konsens)라고 한다. 루터교, 칼뱅 그리고 형제단의 신앙에서 서로 형제들로서 상호 신앙고백을 존중하기로 합의하였다. 그러나 서로의 신앙고백을 상호 인정할 뿐 통합이나 통일로 나아가지 않았다. 형제단은 폴란드에서 독립적인 교회 공동체를 유지하였다.

황제 막스밀리안 2세

1570. 3 얀 시릴(또는 시릴루스) 트르제비츠스키가 태어난다. 그는 베들레헴 채플의 마지막 설교자이다.

제5세대 형제단, 영적 문화적 가치를 창출하다

1571 1551년에 저술을 시작한 얀 블라호슬라프의 책 『체코 문법』과 『설교자들의 문제들』이 완성되어 출판된다.

1571 10월 11일 이반치체에서 얀 칼레프, 얀 로렌츠 그리고 온드르제이 슈테판이 주교 축성을 받는다.

1571 11월 24일 형제단의 가장 위대한 인물들 가운데 한 사람인 주교 얀 블라호슬라프가 49세에 모라브스키 크루믈로프에서 죽는다. 형제들은 그에 대한 기억을 다음과 같이 기록하고 있다. "뛰어난 인물 네 명 가운데 한 사람이며, 필경사이며, 형제단의 주님의 백성의 아버지이자 인도자이며, 대인이며 명석하고, 매우 경건하며, 부지런하여 어려서부터 모든 사람에게 호감을 가졌던 얀 블라호슬라프가 크루믈로프에서 죽었다. 그의 평판은 다른 민족에게도 널리 퍼졌다. 우리 생각에 주 하나님이 형제단의 위대하고 귀한 보석을 너무 일찍 빼앗아 가셨다."* 얀 블라호슬라프의 뒤를 이어 온드르제이 슈테판이 형제단의 필경사가 되었다. 형제단에서의 아우구스타의 지속되는 활동은 새로운 세대 형제단 주교들과 많은 오해와 새로운 갈등을 일으켰다. 아우구스타가 소위원회의 집단적 결정에 복종하는 것을 크게 좋아하지 않았으며, 독자적으로 결정하였던 사실이 존재했던 것을 원사료에서 확인할 수 있다. 아우구스타로 인한 갈등이 형제단 전반에 영향을 미쳐 결국 갈등이 표면화되어 그는 주교직에서 다시 물러나게 된다.

얀 블라호슬라프

1572 1월 13일 얀 아우구스타는 믈라다 볼레슬라프에서 죽는다. 아우구스타의 죽음으로 형제단에서 친루터파가 급격하게 약화된다.

1573 2월 28일 시몬 테오필 투르노프스키가 형제단 사제로 안수를 받고, 루토미에르지체 지역 교회 공동체 관리자로 임명받는다.

1575 비가톨릭 사회 계층 대표들에 의해 "보헤미아 신앙고백"(Česká konfese) 제안이 작성되다. 그들은 신앙고백의 승인을 위해 의회에 제출하였다. 황제 막스밀리안 2세가 처음에는 개혁파 귀족이 자

* Fiedler, J. *Todtenbuch der Geistlichkeit der Böhmischen Brüder* (Wien, 1863).

신의 아들 루돌프를 보헤미아 왕으로 선출하는 것에 동의하는 조건으로 신앙고백을 구두로 허락하였다. 그러나 보헤미아 신앙고백의 출판을 금지하였으며, 반대로 지역 대표들에게 엄격하게 반형제단 칙령(블라디슬라프 2세와 페르디난트 1세의) 엄수를 지시한 성명을 발표하였다.

형제단은 보헤미아 신앙고백에 동참하기 시작하였다. 구체적으로 온드르제이 슈테판(블라호슬라프를 계승한 형제단 필경사)과 얀 칼레프(블라호슬라프 죽음 이후 가장 연장자 주교)가 동참하였다. 이르시 이즈라엘은 얀 로렌츠 주교와 함께 폴란드에 거주하면서 보헤미아와 모라비아 문제에 개입하지 않았다. 이들 두 형제 외에 야쿱 벨리키, 얀 야보르니츠키, 이자이아시 치불카 그리고 이르시 스트레이츠 등이 협상에 동참하였다.

"보헤미아 신앙고백"이 작성되다. 프라하 대학교 교수 파벨 프레시우스, 프라하 구도시 필경사 크리슈핀의 논의로 제시된 조건을 받아들인 보헤미아 신앙고백은 형제단과 루터교 교리가 혼합되었다. 성만찬 교리에서 형제단은 멜란히톤 표현법을 사용하였으나 칼뱅을 적용하려고 노력했다. "루터주의에 따르면 믿음으로 구원을 받으며, 믿음에서 비롯되는 행위만이 선행이다. 그러나 행위를 무시하는 사람은 믿음을 버리고, 자신으로부터 성령을 버리는 것이다."* 신앙고백에 두 번째 섹션으로 보헤미아 교회의 교회 제도 변경안이 제출된다. "보헤미아 신앙고백"은 대타협이 되었으며, 보헤미아 형제들은 계속해서 이에 대해 거리를 두었다. 그러나 형제단은 다른 프로테스탄트들과 나란히 협력해서 가는 것이 필요하였다.

1576~1577 히브리어에서 체코어로의 구약성경 번역이 시작된다.
온드르제이 슈테판 주교는 뛰어난 히브리어 전문가들을 구하였다. 카메네크의 알브레흐트 교수(미스트르), 포즈난의 유대인 가정 출신 루카시 헬리츠이다.

프라하 "소지구 토론실" — 보헤미아 신앙고백 기록 장소

* Jan Kumpera, 위의 책.

1577 6월 21일 프로스테요프에서 온드르제이 슈테판 주교가 죽는다.

1577 8월 30일 홀레쇼프에서 형제단 총회가 열렸다. 총회는 형제단 지도자로(즉, 재판관으로) 가장 연장자 주교 이르시 이즈라엘과 주교 로렌츠(폴란드 거주자)로 결정하였다. 보헤미아에서 새로운 주교로 얀 칼레프 외에 형제단 멤버 자흐리아시 리토미슐스키(믈라다 볼레슬라프 거주) 그리고 얀 에네아시 볼레슬라브스키를 선출하였다. 얀 에네아시 볼레슬라브스키 주교의 감독 아래 이미 시작된 구약 번역 작업을 지속하도록 임명된 이자이아시 치불카도 소위원회에 참석한다.
형제들은 선제후選帝侯인 얀 카지미르로부터 프랑크푸르트암마인Frankfurt am Main에서 열리는 칼뱅파의 총회에 초청을 받았다. 당시에 루터교와 접촉한 형제단이 총회에 대한 자신들의 공감을 최소한으로 표현하였다. 왜냐하면 전략적인 이유로 아우구스부르크 신앙고백에 속한 사람들을 지지해야 했기 때문이었다.
1577년 이후 (칼뱅 개혁파들과의 친밀함의 표현으로서) 형제단은 자신의 학생들을 칼뱅 학교에 보낸다. 특별히 하이델베르크[21]로 보낸다. 당시에 형제단 운영에 평신도들이 더 많이 관여하였다.
그러나 지식 있는 성직자는 영향을 상실하지 않았다. 고위층을 섬겼던 루터교 사제들과는 달리 귀족들의 친구가 되었고, 그들을 지도하는 사람들이 되었고, 그들로부터 신뢰를 받는 사람들이 되었다. 형제단 사제들은 자유로운 독신주의로부터 점점 더 멀어지고, 일을 하여 돈을 벌지 않는다(초기 형제단과 달리 자기 손으로 일을 많이 하지 않았다).

1578 이반치체 형제단 인쇄소가 형제단의 서적이 많은 도서관과 함께 크랄리체 나드 오슬라보우로 이전한다.

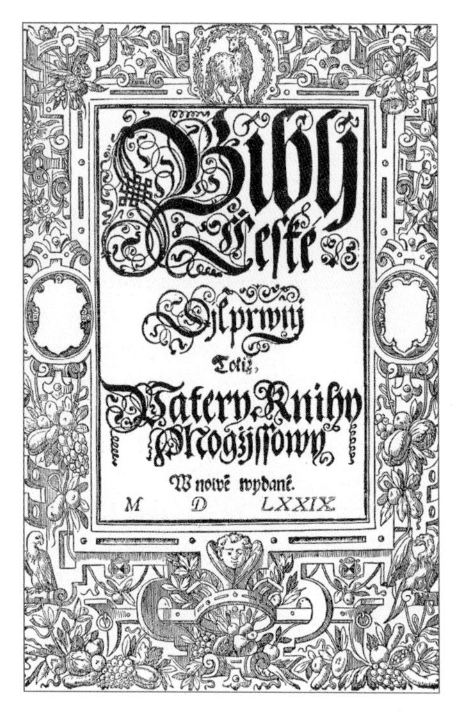

6권짜리 크랄리체 성경 표지

1579~1594 6권짜리 형제단 성경 소위 크랄리체 성경이 발간된다. 제로틴의 얀 스타르시의 재정 지원과 보호로 크랄리체에서 인쇄되었다. 슈테판, 에네아시 주교들과 히브리어 전문가들 외에 이르시 스트레이츠, 얀 차피토, 파벨 에센, 얀 에프라임이 번역과 출판에 동참하였다. 형제단은 세상과 더 가까워졌으나 내부적으로 설립자들의 정신으로 충만하였다. 형제단이 확대된 보헤미아, 모라비아, 폴란드에서 교회 쇠퇴와 도덕적 부패가 만연하였던 반면, 형제단은 "완벽함과 순결함의 학교였으며 이기적인 것이 배어있는 세대들 안에 이상의 배양과 헌신과 희생을

드러냈다."*

1580 인쇄소와 인쇄물에 대한 황제 루돌프 2세의 칙령은 주로 형제단 성경 출판을 겨냥하였다.

1581 형제단 찬송가(이반치체 찬송가) 재판이 나왔다. 제일 먼저 이반치체에서 1564년에 그리고 1576년에 출판되었다. 인쇄소 이전 이후 크랄리체에서 인쇄되었다. 1583년과 1598년에 가사만 있는 형식의 3쇄가 인쇄되었다.

1581 11월 27일 야쿱 빌레크가 죽는다. 얀 아우구스타와 같이 감옥에 갇혔으며, 형제단 작가였다.

1582 반형제단 글『형제단 원로들의 믿음과 가르침의 비교』가 출판되었다. 저자는 예수회 바츨라프 슈투름이다. 그는 형제단 교리의 사고의 가변성과 불명확성을 입증하려고 노력하였다.
최고위직 보헤미아 장관 페른슈테인의 브라티슬라프의 명령으로 리토미슬, 란슈크로운, 포트슈테인, 코스텔레츠 나드 오를리치의 형제단 지역 교회 공동체들이 폐쇄된다.

1582 8월 25일 이자이아시 치불카 형제가 죽는다. 그는 크랄리체 성경 번역자 가운데 한 사람이다. 크랄리체 성경 제1~3권의 인쇄를 준비하였다.

1583 형제단의 박해가 다시 시작되었으며, 이때 박해는 두베의 바츨라프 베르카 영지인 리흠부르크에서 일어났다.

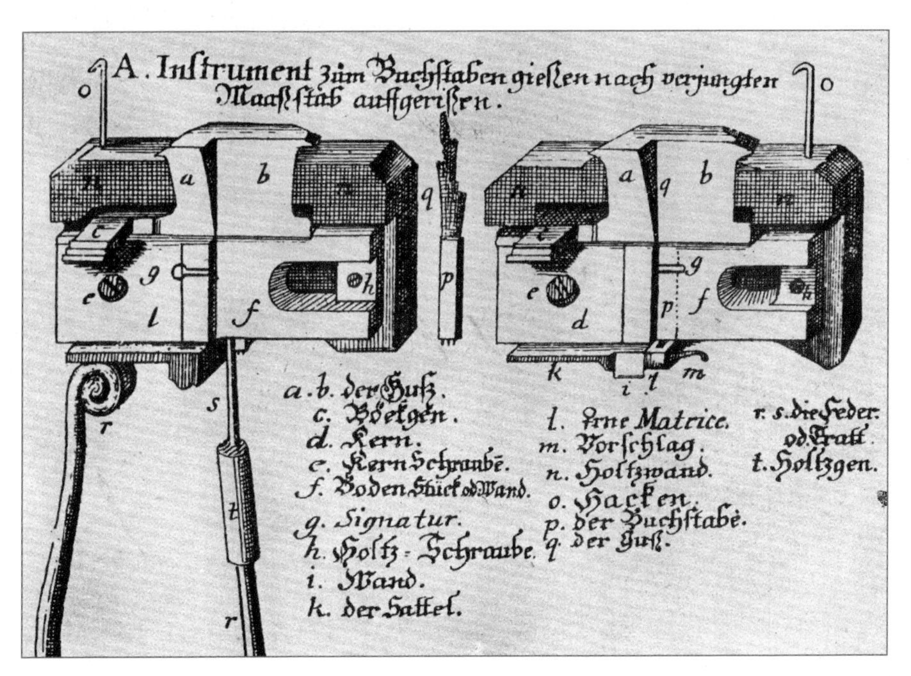

오래된 인쇄 활자 주형틀

* Jan Kumpera, 위의 책.

1584 1월 7일 황제 루돌프 2세는 반反형제단 명령을 발표하였다.
형제단 작가 얀 차피토가 소위원회에 임명되었다. 마찬가지로 그도 크랄리체 성경 번역에 동참하였다.

1585 이르지 스트레이츠(베테르)가 소위원회에 선출된다.

1586 형제단 지역 교회들과 사제들의 필요를 위해 얀 차피토가 쓴 설교집이 출간되다.

1587 7월 9일에 폴란드 오스트로로그에서 주교 얀 로렌츠가 죽는다.
주교 자하리아시가 병이 났다.
얀 아브디아시 그리고 형제단의 전체 폴란드 지부의 지도적인 주교였던 시몬 테오필 투르노브스키가 그에게 도움을 주었다.
리프니크 나 모라비에의 형제단 총회에서 이러한 결정이 결의되었다.
이르지 스트레이츠(베테르)는 크랄리체에서 시편, 즉 『거룩한 다윗의 찬송가』라는 이름으로 책을 출판한다.

1588 형제단의 현재 권력의 기둥인 크라이르즈 가문이 크라예크의 아담 크라이르즈의 죽음으로 급격하게 약화된다.
믈라다 볼레슬라프의 형제단의 위치는 심각하게 위협을 받았다.
6월 24일에 프르제로프에서 형제단 주교 얀 아브디아시가 죽는다.
6월 15일에 리프니크 나 모라비에에서 폴란드 지부 형제단 주교 이르지 이즈라엘이 80세가 훨씬 넘어서 죽는다.
형제단 주교 시몬 테오필 투르노프스키가 폴란드 지역 교회들 관리를 넘겨받는다.
12월 12일 브란디스 나드 오를리치에서 형제단 주교 얀 칼레프가 죽는다.
단지 늙고 병든 자하리아시 리토미슐스키, 얀 에네아시 볼레슬라브스키 그리고 시몬 테오필 투르노프스키가 남아 있다.

황제 루돌프 2세

구약 번역이 끝난 크랄리츠체 성경의 제5권이 출판된다.
오래전에 블라호슬라프의 사상이 결국 실현된다.

1589 6월 5일 선거로 기존의 자하리아시 리토미슐스키 주교에 더하여 새로운 주교로 얀 에프라임과 파벨 예센(리프니크에서 총 16년간 섬겼던 파벨 예센 소위 예세니우스)이 임명된다.
리프니크에서 얀 넴찬스키가 소위원회에 위원으로 선출되었다.
12월 31일 트르제비츠에서 얀 차피토가 죽는다.

1590 4월 4일(?)에 형제단 주교 자하리아시 리토미슐스키는 슬레자니에서 68세로 죽는다.

스트라주니체에서 파벨 파브리치우스가 태어났으며, 후에 형제단 주교가 된다.

1592 3월 28일에 우헤르스키 브로드Uherský Brod 또는 니브니체Nivnice에서 얀 아모스 코멘스키Jan Amos Komenský(한국에는 라틴어 이름 "코메니우스"로 알려졌다)가 태어났다. 그는 형제단 제7세대의 중요한 인물이다.
자하리아시 아리스톤이 소위원회에 선출되었다. 그는 후에 형제단 주교가 되었다.
가을에 흐라니체 나 모라비에에서 베테르Vetter라 불리는 다니엘 스트레이츠 Daniel Strejc가 태어났다.
그는 1613년 아이슬랜드를 동료 얀 살몬 Jan Salmon과 함께 방문하였던 첫 번째 보헤미아 사람이었다.

얀 아모스 코멘스키(코메니우스)

1594 2월 5일에 이반치체에서 얀 에네아시 볼레슬라브스키가 죽는다. 그는 주교이며 크랄리체 성경 번역자들 팀의 지도자였다.
그는 형제단의 가장 중요한 목자 가운데 한 사람이었다.
이반치체에서 가까운 코우니체에서 목회를 하는 동안 군인에 의해 매를 맞고, 쫓겨나고, 고통을 당했다.
"형제단은 그를 특별한 형제단의 보석, 경건하고 모범적인 사람, 하나님 가족의 세심한 경호원으로 기억하였다."*
번역가 그룹의 검토를 거쳐 다시 크랄리체 성경 제6번째 책으로서 블라호슬라프의 신약 번역이 나왔다(어떤 자료에서는 1593년에).
5월 24일 베주호프에서 예세니우스라 불리는 형제단 주교 파벨 예센이 죽는다.
드르제보호스티체에 매장된다.
형제단 공문서들은 매우 사실적으로 그를 표현하고 있다.
그를 영리하고 학식이 있으나 교만한 사람이라고 이야기한다.
그는 빚을 남기고 떠났고, 리프니크에 웅장한 건물을 짓다가 중단하였다.
폴란드 토룬에서 열린 폴란드 프로테스탄트 교회의 총회에서 다시 1570년의 산도미에르즈 협정이 받아들여져 승인되었다.
7월 14일에 프르제로프에서 형제단 총회가 모였다.
여기서 야쿱 나르시수스와 얀 넴찬스키는 주교로 축성받았으며, 넴찬스키에게 형제단의 기록관 위임을 받았다.
시몬 투르노프스키도 활동하였던 폴란드에서 형제단 대표자가 되었다.

1596 3월 8일 자하리아시 소린이 죽는다. 그는

* Kaňák, Miloslav, *Význačné postavy Jednoty bratrské a jejich dílo*(형제단의 중요한 인물들과 그들의 저술) (Praha, 1957).

크랄리츠체 성경 인쇄자였다.

1598 믈라다 볼레슬라프Mladá Boleslav에서 형제단 총회가 열렸다.
그곳에서 주교 시몬 투르노프스키가 루터주의와 칼뱅주의 간에 교리적 타협을 이루어냈으며, 단지 칼뱅적 오리엔테이션(예를 들어 성만찬 교리에서)을 거부하였다.
9월 16일(?) 흐라니체 근처 드라호투셰에서 형제단 주교 얀 넴찬스키가 죽는다.

1599 크리슈토프 라드지빌 군주와 오스트로로그의 콘스탄틴이 주도한 그리스 교회와의 연합에 대한 논의를 주교 투르노프스키가 성공적으로 협상하지 못한다.
이것은 1596년 폴란드 리투아니아 제국의 정교회인들이 가톨릭교회와 연합하였던 브레스트Brest연합[22]에 대한 반응이다.
1월 23일 지들로호비체에서 시편 번역자 이르지 스트레이츠(베테르)가 죽는다.
7월 6일 사무엘 수시츠키와 자하리아시 아리스톤이 주교 축성을 받아 투르노프스키 주교의 동역자로 임명되었다.
그러나 같은 해 8월 6일 사무엘 수시츠키가 죽는다.
그는 성경 번역자의 젊은 세대에 속하였다.
자하리아시 아리스톤은 신약성경 감수자로서 텍스트 교정과 주석을 확대하는 일을 위임받았다.
그 당시 형제단에는 4명의 주교가 있었다.

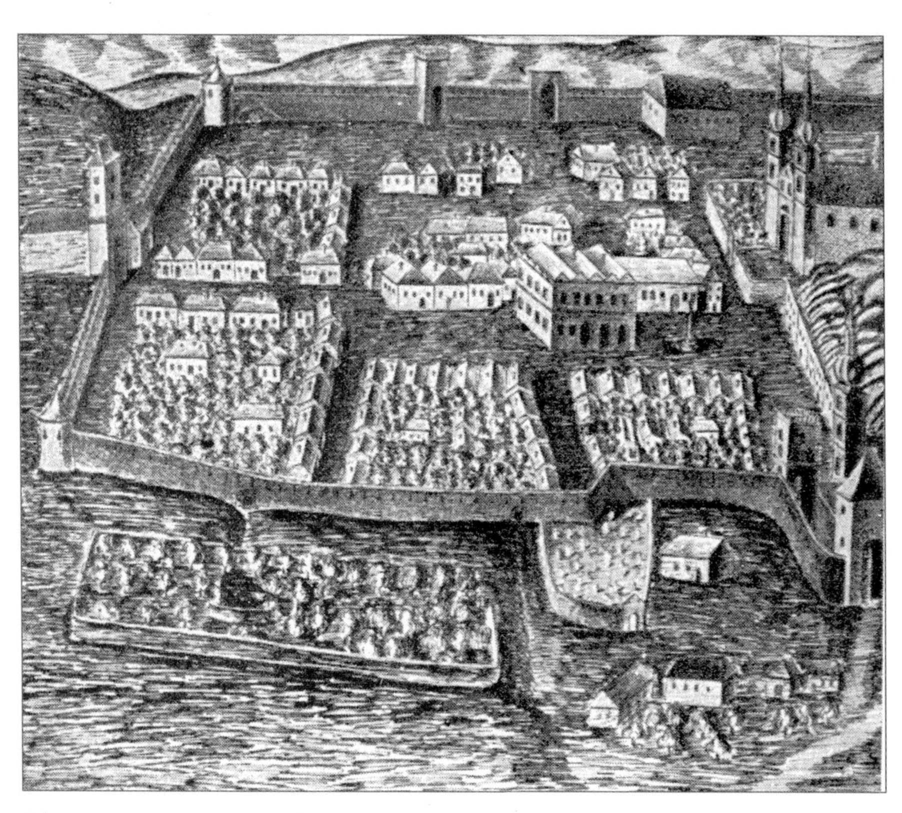

우헤르스키 브로트 — 형제단의 중요한 센터

1600 10월 12일(?) 프라하에서 크랄리체 성경 번역 동역자인 형제단 주교 얀 에프라임이 죽는다.
그는 믈라다 볼레슬라브에서 얀 아우구스타 무덤에 장례된다.
형제단 부고는 그의 경건성, 깊은 지식과 인류애를 높이 드러낸다.
"그러나 누구도 처벌받지 않도록, 상처를 주지 않도록 그는 염려하였다. 스스로 참았으며 그리고 구석에서 몰래 울었다."*

제6세대 형제단, 정치로 향하다

1601 5월 11일(?) 믈라다 볼레슬라프에서 열린 형제단 총회에서 바르톨로메이 찬스키 그리고 얀 라네치우스가 주교로 선출된다.

1602 피카르트 개혁파를 반대하는 1508년 블라디슬라프의 성 야곱 칙령이 다시 재개된다(로브코지체의 크리슈토프 포펠의 가장 높은 시장市長의 영향력으로).
믈라다 볼레슬라프 지역 교회가 폐쇄당하였다. 두 명의 황제 감독관이 형제단 집과 학교를 압수한다.

1603 보헤미아 왕국 의회(Český zemský sněm)[23]에서 루돌프 2세와 개혁 교도들 간의 갈등이 일어난다.
여기서 바츨라프 부도베츠가 기사 신분[24] 이름으로 1575년 보헤미아 신앙고백을 같이 고백하고 있는 신자들을 위해 종교 자유를 요구한다.

1604 제라비체에서 형제단 총회가 열렸다. 이곳에서는 성만찬에 대한 투르노프스키의 친루터파 견해가 거부되었고, 칼뱅의

얀 에프라임

교리가 받아들여졌다.
성만찬에서 주님의 몸과 피의 상징적 현존을 주장한다.

1606 이어지는 3년간 합스부르크 왕조의 정치적 위기를 보헤미아 개혁파 귀족들이 자신들의 위치를 강화하는 데 이용한다.
2월 8일 이반치체에서 형제단 주교 자하리아시 아리스톤이 죽는다.
형제단은 그를 다음과 같이 기억하여 기록하고 있다. "그는 모라비아에 대한 보츠커이 반란(1605년)[25]으로 커다란 슬픔을 당한다.
그들은 모든 형제단 예배처를 불태웠으며, 여자들을 강간하였고, 형제들을 살해하였고, 여자들과 어린 소녀들을 포로로 잡아갔다. 또한 흑사병이 모라비아를

* Fiedler, J. *Todtenbuch der Geistlichkeit der Böhmischen Brüder*(형제단 사제의 부고) (Wien, 1863).

강타하였다. 자하리아시 아리스톤은 결국 폐결핵으로 죽는다."

1608 3월 22일 폴란드 오스트로로그에서 주교 시몬 투르노프스키가 64세로 죽는다. 형제단 교회당의 제단과 북쪽 기둥 사이에 장례된다.
그에 대한 형제단의 기억은 다음과 같다. "교사와 사제적 사명에서 열정적이고 모범적이고 지치지 않는 주교였으며, 모든 말들은 숙고할 만하였고, 존경할 만하였던 사람이 죽는다."*
8월 30일 모라비아에 있는 리프니크에서 마테이 리빈스키, 마르틴 그라티아누스가 주교로 선출된다.

1609 4월 29일(?)에 자하리아시 아리스톤 주교의 자리에 제비뽑기로 얀 추루치게르가 선출되어 임명된다. 그래서 형제단에는 다섯 명의 주교가 있게 된다.
마토우시 코네츠니[26]가 믈라다 볼레슬라프로 간다. 보좌인으로 얀 브로시가 있다.
7월 1일 형제단 주교 바르톨로메이 넴찬스키가 죽는다. 그는 얀 넴찬스키의 친형제이다. 10월에 형제단 주교에 축성된 마토우시 코네츠니가 그의 자리에 임명된다.
9일에 루돌프 칙령이 발표된다.
루돌프 2세는 자신의 형제 마티아시와의 갈등에서 체코 프로테스탄트 귀족 대표들의 지원을 보장받아 보헤미아 왕권을 유지하기 위해 보헤미아 왕국에서 자유롭고 방해받지 않는 개혁 교도들의 신앙의 자유를 문서로 보장한다.
루돌프 헌장이 1575년의 보헤미아 신앙고백에서 나왔다.
가톨릭과 개혁파 양쪽에서 누구도 상호 비방하거나 종교 박해를 해서는 안 된다.
귀족과 도시는 자신의 땅에서 자유롭게 교회당과 학교를 세울 수 있다.

볼레슬라프 지역 교회당 — 1544년~1554년에 마테오 보르고렐리 건축

* Fiedler, 위의 책.

어떠한 영주도 농노들에게 자신의 신앙을 강요해서는 안 된다.
귀족들은 개혁파 성직자들 안수를 제외하고 규율과 신앙을 감독하는 콘시스토리(종무원) 구성에 대해 결정해야 한다.
대학도 자신의 권리를 방어할 옹호자를 귀족들이 선출하고 황제가 비준한다.
이때부터 개혁 교도들을 우트라퀴스트(체코어 utrakvisté, 영어 Utraquist)라고 불러야 했다.
루돌프 칙령은 의회 회의 운영의 기본적 조항이 된다.
가톨릭과 우트라퀴스트들이 만들어낸 소위 수정 항목을 부록으로 첨가한다.
그 부록은 가톨릭과 우트라퀴스트들 간의 새로운 논쟁을 차단한다.

보헤미아 루터-형제 연합교회의 설립이 곧바로 시작된다.
새로운 12인 콘시스토리가 구성된다: 6명 루터 사제, 3명 형제단 형제들 (마테이 치루스, 얀 치릴 트르제비츠스키 그리고 얀 코르빈) 그리고 3명 대학 회원.
루터파의 세마닌의 엘리아시 슈드가 콘시스토리 행정관이 된다.
대학 교수들은 일반적으로 평신도들이다.
안수자들은 행정관과 장로(senior)*로 활동한다.
각각의 그룹은 자신의 교리, 전통과 제도 그리고 사제 양육에서의 온전한 자유를 유지한다.
그러나 일치를 위한 노력과 상호 타협의 과정이 있다(특히 형제단 쪽에서).

프라하 베들레헴 채플 — 마테이 치루스 활동 장소

* 형제단의 대표 — 주교.

12월 4일 베들레헴 채플은 형제단의 관리로 넘어오고, 마테이 치루스가 이곳 설교자가 된다.

1611 3월 27일(?) 형제단 주교 야쿱 나르치수스가 죽는다.
베들레헴 채플 프라하 관리자 마테이 치루스가 형제단 주교로 축성받는다.
1609년부터 프라하 콘시스토리 회원이 된다.

1612 5월 22일(?) 폴란드 오스트로로그에서 형제단 주교 마테이 리빈스키가 죽는다.
테오필 투르노프스키 조카인 주교 얀 투르노프스키가 축성되어 그를 대신해 임명된다.
10월 22일 이반치체에서 형제단 주교 얀 츠루치게르가 죽는다.
이르지 에라스투스가 축성되어 그를 대신해서 주교 사무국에 들어간다.
이때 형제단에는 6명의 주교가 있다: J. 라네치우스, M. 그라티아누스, M. 코네츠니, M. 치루스, J. 투르노프스키 그리고 J. 에라스투스.

1613 주석이 없는 한 권으로 묶은 크랄리체 성경이 사전 수정 후 재발간되었다.
이전 출판에 대한 커다란 관심뿐 아니라 이전 것보다 활자가 더 크고 읽기 좋은 크기의 성경을 가져야 할 필요가 있었기 때문에 인쇄가 시작되었다.
몇 년 이후(1620년 빌라 호라[Bílá hora, 白山] 전투 이후)에 형제단이 자신의 활동을 끝내야만 했던 이유로 이번 출판은 크랄리체 성경 마지막 출판이 되었다.

1616 형제단 총회가 제라비체에서 열린다.
미래를 위한 표준으로서 "보헤미아 형제단의 규율과 교회제도"에 대한 글을 승인한다.
글은 다른 개혁파들과 온전한 연합 이후에도 자신의 독특성, 자신의 규율 그리고 교회 조직을 지키는 의지와 소망을 표현

이반치체 형제단 교회당 유적지

한다(이 규정은 다시 1632년 레스노에서 열린 총회에서 다시 승인되며, 이후 출판된다).
4월 26일 총회에서 얀 아모스 코멘스키가 형제단 사제로 서품받는다.

1618 3월 16일 프라하에서 베들레헴 채플 관리자 형제단 주교 마테이 치루스가 죽어 그곳에서 장례된다.
5월 11일 프라하 구시가 시장 F. 오스테르스토크의 반대에도 얀 치릴 트르제비츠스키가 베들레헴 채플의 새로운 관리자가 된다.
5월 15일 얀 치릴 트르제비츠스키가 형제단 주교에 축성받는다.

1619 8월 26일 형제단 주교 얀 치릴 트르제비츠스키(이종성찬 콘시스토리 회원)가 이르지 디카스트 콘시스토리 행정관과 함께 프리드리히 팔츠키를 보헤미아 왕으로 즉위시켰다.

제7세대 형제단, 망명을 떠나다

프라하 구시가 광장에서 형제단 귀족들 처형

1620 11월 8일 유명한 빌라 호라(Bílá hora, 白山)의 전투에서 불행히도 황제-바이에른 군대가 보헤미아 개혁파 군대에게 승리한다.
귀족들의 반란이 실패함으로써 합스부르크 절대주의 통치와 가톨릭의 반종교개혁 실행의 길이 열린다.

1621 3월 13일 복음적인 개혁파 설교자 추방 명령이 발표된다.
6월 21일 프라하 구시가 광장에서 보헤미아 귀족 27명이 처형된다.
그들 가운데 형제단이 몇 명 있었다. 예를 들어 부도프의 바츨라프 부도베츠 Václav Budovec z Budova,[27] 로스의 인드르지흐 오타Jindřich Otta z Losu 또는 예세니우스Jessěnius라 불리는 얀 예센스키Ján Jesenský.[28]
8월 2일 합스부르크의 페르디난트 2세 황제가 '루돌프 칙령'을 취소한다.
12월에 형제단 주교 얀 치릴 트르제비츠스키와 행정관 이르지 디카스트, 이들 콘시스토리 위원들에 대한 보헤미아 추방 명령을 리히텐슈테인의 카렐 왕자가 발표한다.
이로 인하여 이종성찬 측의 콘시스토리는 실제로 제거된다.

1622 2월 8일 브란디스 나드 오를리치에서 주교 마토우시 코네츠니가 죽는다. 그는 1620년 12월에 형제단의 중요한 기록과 문서들을 믈라다 볼레슬라프의 나 카르멜리Na Karmeli 집의 문지방 아래에 감추었다.*
7월 21일 모라비아로부터 모든 비가톨릭 사제들이 추방된다.

1623 7월 24일 보헤미아로부터 모든 비가톨릭 사제들 추방과 관련된 페르디난트 2세의 새로운 명령이 발표된다.

1624 도시들에서 그리고 시골에서 소위 가톨릭 개혁 명령이 하달된다.

1626 11월 17일 크랄리체에서 얀 라네치우스(또는 얀 라네츠키[Jan Lánecký])[29] 형제단 주교가 죽는다. 형제단에는 이때 단지 네 명의 주교만이 있다.

1627 5월 31일 보헤미아 왕국 갱신대전(大典 Obnovené zřízení zemské)[30]을 발표한다.

* 2006년 6월에 그 집을 재건할 때 두 개의 나무상자에서 문서들이 발견되었다.

6개월 안에 가톨릭으로 돌아오도록 한 갱신대전은 상위 귀족들에게도 명령이 내려진다.
아니면 자신의 토지를 팔고 나라를 떠나야 했다.
대폴란드에서 폴란드 지부 형제단은 제네바 개혁 그룹들과 완전한 통합이 이루어졌다.
그래서 보헤미아 형제단 망명자들이 폴란드로 떠난 이후 형제단의 폴란드 지부와 연합하지 않았으나 자신의 성직 계급 제도를 유지하는 특별한 교회로서 계속해서 살았다.
형제단의 이 두 갈래는 각각 따로 활동하였다.
그들의 공동 거주지가 레스노Leszno, Lešno였다.
여기서 형제단 폴란드 주교 마르틴 그라티아누스와 보헤미아 형제단 주교들 얀 치릴 트르제비츠스키와 이르지 에라스투스가 있었다.

1628 2월 8일 얀 아모스 코멘스키(코메니우스)를 지도자로 하는 망명자들이 폴란드 레스노로 유입되었다.
4월 21일 보헤미아로부터 많은 비가톨릭 교도인들이 도피하였다.

1629 3월 6일(?) 폴란드 레스노에서 마르틴 그라티아누스 주교가 죽는다.
4월 8일 얀 투르노프스키 주교가 죽는다.
얀 에라스투스 그리고 얀 치릴 트르제비츠스키 주교 둘만이 남아 있다.
7월 6일 레스노에서 폴란드 지부 파벨 팔리우루스와 다니엘 미콜라예프스키가 주교로 선출되었다.

1632 5월 30일 얀 치릴 트르제비츠스키(베들레헴 채플의 마지막 설교자)가 설교를 하다가 죽는다.
10월 1일부터 7일까지 형제단 총회가 레스노에서 열린다.

부도프의 바츨라프 부도베츠 — 형제단 귀족의 대표자

형제단 주교들의 새로운 선거가 진행된다.
바브르지네츠 유스틴, 마데이 프로코프, 파벨 파블리치우스 그리고 동시에 형제단의 필경사가 된 얀 아모스 코멘스키가 주교에 선출된다.
이르지 에라스투스가 축성을 집례하였다. (파벨 파브리치우스는 불참으로 후에 축성되었다.)
그래서 형제단은 7명의 주교를 갖게 된다
총회는 당시에 인쇄로 출판된 형제단의 교회법과 조직 규정을 승인한다.

1633 4월 11일(?) 데브니차에서 형제단 주교 다니엘 미코라예프스키가 죽는다.
4월 17일 주교 마르틴 오르미누스가 형제단의 폴란드 지부의 지도자로 세워지며, 그의 대리자로 주교 얀 리빈스키가 세워진다.
이 당시에 형제단은 다음 주교들이 있었다. J. 에라스투스, V. 유스틴, M. 프로코프, P. 파브리치우스, J. A. 코멘스키, M. 오르미누스, J. 리빈스키.

1636 오스트로로그에서 형제단은 교회당을 빼앗기다.
레스노는 대폴란드에서 유일한 형제단 교구로 남았으며, 1656년까지 마지막 피신처가 되었다.
2월 16일 레스노에서 형제단 주교 마데이 프로코프가 죽는다.

1638 9월 13일 형제단 주교 얀 리빈스키가 죽는다.

1643 5월 8일 레스노에서 주교 이르지 에라스투스가 죽는다.
주교 바브르지네츠 유스틴이 교회 재판관이 된다.

1644 1월 1일(?) 주교 마르틴 오르미누스가 죽는다.
남아 있는 주교는 V. 유스틴, P. 파브리치우스, 그리고 J. A. 코멘스키이다.
주교에 마르틴 게르티흐가 임명되었다.
그는 오르미누스의 뒤를 이어 형제단 폴란드 지부의 재판관으로 선출된다.
얀 비트네르가 주교가 된다.
그래서 형제단은 당시 다섯 명의 주교를 갖게 된다.

1648 4월 18일(?) 레스노에서 주교 바브르지네츠 유스틴이 죽는다. 그리고 얀 아모스 코멘스키는 폴란드 형제단 보헤미아 모라비아 지부[31]의 재판관이 된다.

1648 베스트팔렌 조약이 체결되다.
그 조약은 고향으로 돌아가리라는 형제단의 모든 희망을 묻어버렸으며 코멘스키는 "형제단의 죽어가는 어머니 유언"을 쓴다.
베스트팔렌 조약에 의해 유럽에서 단지 세 개의 교회—로마가톨릭, 루터교회, 개

대폴란드의 레스노

혁교회(칼뱅주의)—가 승인된다.

1649 1월 3일 레스노에서 형제단 보헤미아-모라비아 지부 주교 파벨 파브리치우스가 죽는다.
폴란드 지부는 두 명, 보헤미아-모라비아 지부는 한 명의 주교가 있었다.

1650 J. A. 코멘스키는 슬로바키아에 있는 보헤미아 망명자들을 방문한다.
트란실바니아의 군주 지크문트 라코치가 사리스키 계곡*에 있는 자신의 영지에 꿈꾸던 "종합과학학교"를 세우기 위해 초청한 것을 코멘스키가 받아들였다.
자신의 생각을 실현하기 위해 8개 놀이학교(스호라 루두스[Schola ludus])를 세웠으며, 첫 번째 그림 교과서 오르비스 픽투스(Orbis pictus, 세계도해)를 준비하였다.
라코지가 죽은 후에 코멘스키는 여기서 자신의 일을 끝까지 할 수 없었다.

1654 J. A. 코멘스키가 레스노로 돌아왔다.

1656 폴란드 스웨덴 전쟁이 발발하였으며, 이 전쟁은 폴란드의 보헤미아 이민자들에게 재앙이었다.
실제로 형제단의 폴란드 지부가 소멸되었다.
영국, 독일, 네덜란드, 스웨덴, 발틱 그리고 헝가리로 흩어졌다.
4월 29일 폴란드 가톨릭 군대에 의해 레스노가 불태워졌다.
주교 코멘스키가 자신의 모든 재산을 두고 이 도시를 떠났을 뿐 아니라 모든 보헤미아 망명자들도 떠난다.

1660 11월 20일 나센후벤**에서 얀 아모스 코멘스키의 손자 다니엘 에르네스트 야블론스키Daniel Ernest Jablonský***가 태어났다.
얀 아모스 코멘스키(코메니우스)는 『하나님의 분노로 두려워하는 목자의 슬픈 목소리』를 쓴다.
유언에서처럼 이 저서에서도 비슷하게 아들과 작별하며, 동시에 형제단의 회복된 미래를 영적 시각으로 본다.
다음과 같은 고백이 있는 예언자적 기도가 나온다.
"왕국이 그리고 다른 나라들 사이에서 우리의 고향이 파괴되고, 민족의 교회들이 그리고 그 교회들 사이에서 우리 형제단이 무너지지만, 두려워 말자. 왜냐하면 권능을 가진 자 그리고 지혜를 가진 자가 행하시고, 무엇을 행하실 것을 그가 알기 때문이다. 우리가 분명히 아는 것은 어떠한 지혜로운 재산관리자도 스스로 집을 무너트리지 않고, 오직 새로운 건물을 세우는 것을 준비할 때만 이전 집을 무너트린다. 토대에서부터 새로운 모든 것을 갖기를 원하는 경우를 제외하고, 토대를 무너트리지 않는다. 우리가 기대하자! 말한 사람: 나는 모든 것을 새롭게 만들려고 하는 자, 그는 옛것을 참길 원치 않았음을 안다. … 어떤 일이 있어도 주님이 헛되이 이것을 행하시지 않으나 커다란 무언가를 그의 아래 두신 것을 기대하라…."
"사랑하는 아들들아, 제일 먼저 마음을 선조들에게 돌이키라(선조들을 기억하라). 공표된 형제단의 법을 가지고 있기 때문에 (주가 늙은 우리를 데리고 가고, 너희를 이곳에 살게 한다면) 어떻게 옛 토대에 성전과 순결한 하나님 경배가 그곳에서 세워졌으며, 하나님의 백성들에게 구원의 섬김을 어떻게 하였는지 발견할 수 있다. … 그래서 나는 사랑스러운 어머니 형제

* 샤로슈퍼터크(Sárospatak).
** 현재 그다인스크(Gdańsk) 근처 모크리 드보르(Mokry Dwór).
*** 그는 후에 제네바 개혁교회의 최고 궁정 설교자이며, 형제단의 폴란드 지부 주교이다.

얀 아모스 코멘스키(코메니우스)

단이 죽어가고, 내가 죽어가는 것을 보고 있지만 크게 슬퍼하지 않는다. 죽은 자를 소생시키시는 하나님이 아브라함을 품으신 것처럼 나와 너를 그의 손에 맡긴다. 나는 문을 굳게 닫고 마지막 시간에 돌아오지만, 네 어머니 형제단은 문을 굳게 닫지 않을 것이며, 무덤에서 나올 수 있게 될 것이다. 넘어져도 일어나고, 죽어도 다시 살게 될 때, 네 어머니 형제단을 통해 하나님의 능력의 영광이 더 크게 나타날 것이다."*

1661 "내가 죽은 후에도 우리가 너희를 예언자와 사도들의 공고한 말씀으로 이끄는 것을 기억할 수 있도록… 그리고 날이 밝아 올 때까지 그 공고한 말씀을 어두운 장소에서 빛을 비추는 촛불처럼 돌보는 것을 너희들은 잘하고 있다."**
야 아모스 코멘스키(코메니우스)가 풀네크 지역의 믿음의 비밀 친구와 형제자매를(독일어를 모국어로 하는 모라비아인들) 위해 독일어 찬송가와 교리문답을 출판한다.

1662 코멘스키는 1535년 『형제단 신앙고백』을 출판한다.
11월 5일 미엘진에서 형제단 총회가 형제단 모든 지부—폴란드 그리고 보헤미아 모라비아—가 주교를 더 선출하기로 결정한다.
야 비트흐네르 주교의 지부에 미쿨라시 게르티흐를 그리고 코멘스키 주교의 지부에 페트르 피굴루스를 주교로 더 선출하였다.

1663 J. A. 코멘스키(코메니우스)는 『보헤미아 교회의 힘든 고난에 대한 역사』, 『순교와 죽음, 그리고 우리 주 예수 그리스도의 무덤과 부활에 대한 역사』를 그리고 개정판 『세상의 미로와 마음의 천국』과 『안전의 깊은 곳』을 출판하였다.

CONFESSIO
Aneb
Počet z Wjry a Včenj / y
Náboženſtwj Gednoty Bra-
trj Čeſkých.
Cýſaři Ferdynandowi/ toho Gmé-
na prwnjmu / od Panů a Rytjřſtwa
též Gednoty Léta Páně 1535 podaný:
a potom čaſto/ a na rozdjlných mjſtech/
w Gazyku Čeſkém / Latinſkém /
Německém/ Polſkém/ na ſwě-
tlo daný.
Nynj pak rozptýleným Oſtatkům též Ge-
dnoty / pro obnowenj ſe w prawdě Wjry
Boži ſpaſytedlné/ wěčné neproměnné/
obnowený.
S přidánjm (pro potřebu nynégſſjch čaſů)
Wyznánj Žiwota/ a Naděge / oſtatků
též Gednoty.
Wytlačený
w AMSTERODAMĚ,
v Jana Paſkowſkého.
Léta 1662.
Z HANKOVÝCH.

암스테르담에서 발간된 『형제단 신앙고백』의 표지

1668 J. A. 코멘스키(코메니우스)는 『유일하게 필요한 것』을 저술하고 출판한다.
이 책들은 모든 흩어진 이들에게 힘과 용기를 주었다.

1670 1월 12일 리투아니아 클라이페다에서 페

* Komenský, J. A. Smutný hlas zaplašeného hněvem pastýře (하나님의 분노로 두려워하는 목자의 슬픈 목소리)(Vyškov, 1946).

** Br. Jana Blahoslava spis O původu Jednoty bratrské a řádu v ní (형제단과 제도의 기원에 대한 형제 얀 블라호슬라프 글)(Český časopis historický, 1902).

트르 피굴루스가 죽는다.
얀 아모스 코멘스키는 형제단 역사의 첫 번째 시대의 마지막 형제단 주교가 된다.
11월 15일 암스테르담에서 코멘스키의 죽음으로 형제단 첫 시대의 존재가 상징적으로 끝이 난다.
11월 20일 얀 아모스 코멘스키의 장례가 네덜란드 나르덴Naarden에서 치러진다.

폴란드 지부 형제단

형제단의 폴란드 지부 주교들은 다음과 같다.

주교	축성일	사망일
얀 비트흐네르 Jan Bythner	1644	1675.2.2.
미쿨라시 게르티흐 Mikuláš Gertich	1662	1671.5.24.
아담 사무엘 하르트만 Adam Samuel Hartman	1673.10.28.	1691.5.29.
얀 주게회어 Jan Zugehör	1676.8.13.	1698.11.29.
요아힘 굴리흐 Joachim Gulich	1692.6.26.	1703.11.14.
다니엘 에른네스트 야블론스키 Daniel Ernest Jablonský	1699.3.10.	1741.5.25.

다니엘 에른네스트 야블론스키 덕분에 형제단 주교 서품이 헤른후트로 계승된다.

주교	축성일	사망일
얀 야코비데스 Jan Jakobides	1699.3.10.	1709
살로몬 오피츠 Salomon Opitz	1712.7.11	1716
다비트 카시우스 David Cassius	1712.11.4.	1716
파벨 카시우스 Pavel Cassius	1725.2.26.	?
크리스티안 시트코비우스 Kristian Sitkovius	1735	1762

다음 주교들은 형제단의 폴란드 지부의 활동을 지속한다. 이들 인물은 그러나 형제단 주교 계보와 연결되지 않는다.

주교	축성일	사망일
사무엘 빌렘 카수르 Samuel Vilém Kasur	1719	1732
알베르트 요운가 Albert Jounga	1742	1746
베드르지흐 빌렘 야블론스키 Bedčich Vílem Jablonský	1742	1760
얀 알렉산드르 카시우스 Jan Alexandr Cassius	1746	1788
얀 테오필 엘스너 Jan Teofil Elsner	1761	1782
파벨 루트비히 카시우스 Pavel Ludvík Cassius	1770	1775
베드르지흐 클로페 Bedřich Klofe	1776	1794
크리스티안 테오필 카시우스 Kristian Teofil Cassius	1790	1813
이르지 빌렘 베흐르 Jiří Vílem Behr	1798	1808
얀 베냐민 보르네만 Jan Benjamin Bornemann	1810	1828
사무엘 다비트 한케 Samuel David Hanke	1817	1841

형제단 폴란드 공동체들의 재조직 이후 형제단 주교 축성은 폴란드로 옮겨진다.

주교	축성일	사망일
루돌프 시들러 SRudolf Siedler	1844	?
카렐 고벨 Karel Gobel	1858	?
에우겐 보르기우스 Eugen Borgius	1883	?

제1차 세계대전 이전 폴란드에는 다섯 개의 형제단 지역 교회가 있었다. 포즈난, 바츠코프, 라소코세, 오르제초포 그리고 레스노.
레스노에서만 비츠케리흐 목사가 섬기고 있는 몇몇 폴란드 가족이 남아 있었다.
구 형제단 서적을 읽을 수 있도록 그리고 형제단 전통과 경건으로 양육할 수 있도록 체코어를 배웠다.
1차 세계대전 이후 다시 이들 교회 공동체들은 폴란드 공화국에서 다시 생겼으나 등록 교인 수는 단지 1,400명으로 줄었다. 많은 독일 교인은 이웃 독일로 이주하였다.

비츠케리흐의 죽음으로 1934년에 형제단의 폴란드 예배가 사라졌다.
단지 명예 직위일지라도 자신의 지도자 사제를 위해 "연합된 공동체"(Unitätsgemeinden)란 이름과 장로(senior) 직위를 지키는 몇몇 작은 공동체는 이전의 형제단 폴란드 지부였다.
이들은 폴란드에서 연합된 교회의 일부로서 신앙고백적으로 이미 완전히 칼뱅 개혁교회 교인들이었다.
제2차 세계대전은 결정적으로 이들 역사를 끝내 버렸다.
독일 나치에 의한 강제 점령으로부터 해방된 이후 모든 독일 교인은 이주하였고 이로 인하여 폴란드에서 형제단의 마지막 남은 자들이 사라졌다.

결론

역사가 페르딘난트 흐레이사에 의하면 형제단은 빌라 호라 전쟁 이전 시기에 약 4만 명이었다. 형제단은 모라비아에서 245개 지역 교회 공동체 그리고 보헤미아에서 187개 지역 교회 공동체가 있었다.
1457년부터 1620년까지 형제단 활동 시기에 이 교회로부터 160명의 저술가들이 배출되었으며 빌라 호라 전쟁의 재앙에서 손실된 것을 제외하고 잘 알려진 문학작품 500여 편이 저술되었다.
가톨릭 인쇄소가 하나인 것에 비해 후스파 인쇄소는 두 개였으며, 형제들은 보헤미아와 모라비아에서 세 개의 인쇄소를 가지고 있었다. 그들은 국내에서뿐 아니라 해외에서도 책을 인쇄하였다. 형제단은 자신의 뛰어난 학교 시스템을 가졌으며, 그래서 보헤미아 학교들은 유럽에

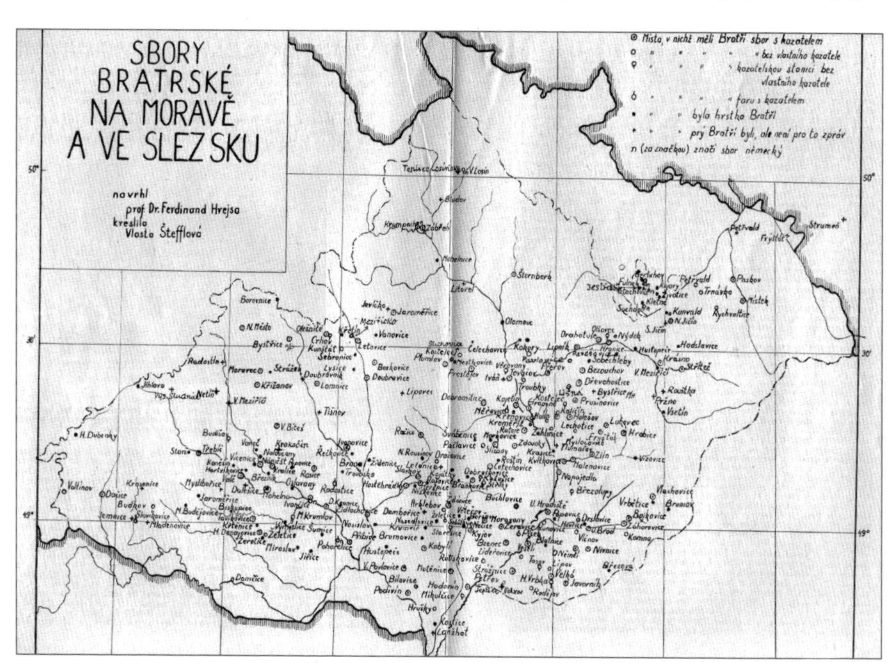

1620년까지 모라비아와 실레시아에 세워졌던 형제단 지역 교회들

서 가장 좋은 학교 가운데 들어갈 수 있었다. 형제단 저술가들은 특별히 역사와 체코 언어에 기여하였으며, 뛰어난 음악 작곡자들이었다.

아쉽게도 형제단의 인물이 너무 많아서 여기에 모두 기록할 수 없었다. 우리가 충분한 정보를 접할 수 없는 많은 또 다른 믿음의 증언자들도 있다. 그들은 하나님의 생명책에 기록되어 있으며, 그들의 기억은 하나님의 눈에 잊히지 않을 것이다.

2장

헤른후트 재건형제단부터 오늘날까지:

280년 형제단 선교

형제단의 새로운 세대 시작

1685 6월 13일 작센의 슈톨베르크Stolgberg에서 폴리갑 뮐러Polykarp Müller가 태어났다. 그는 보헤미아 망명자의 후손이며, 후에 선교사이자 재건형제단의 주교가 된다.
그의 지도 아래 망명자 그룹들이 받아들여졌으며, 후에 보헤미아 형제단 정착촌이 세워졌다.

1688 오버라우지츠Oberlausitz에서 요한 안드레아스 로테Andreas Rothe가 태어났다. 그는 후에 형제단이 재건되던 시기에 섬긴 베르텔스도르프 교회의 루터교 목사가 되었다. (로테는 형제단에 들어가지 않았다.)

1692 2월 17일 젠클라바Ženklava에서 목수 흐리스티안 다비트Christian David가 태어났다. 그는 헤른후트의 공동 설립자이다.

다니엘 아르노슈트 야블론스키

1693 8월 12일 또는 13일 다비트 슈나이더David Schneider가 태어났다. 그는 M. 슈나이더M. Schneider의 손자이며, 빌라 호라 시기 이전부터 형제단의 멤버이다. 이 가문은 17세기 초부터 현재까지* 형제단 역사와 연결된다. 다비트 슈나이더의 인생은 초기 형제단을 보여주고 있기 때문에 역사에 잘 기록되었다.
그는 망명자들을 형제단 전통으로 안내하였으며, 재건형제단이 실제적으로 역사적 연속성을 갖도록 도왔다. 그는 에버스도르프Ebersdorf에서 1755년 7월 14일에 죽었다.

1695 12월 18일 수흐돌 나드 오드로우Suchdole nad Odrou에서 다비트 니치만David Nitschmann이 태어났다. 그는 후에 재건형제단의 첫 번째 주교가 된다.
어네스트 율리우스 자이드리츠Ernest Julius Seidlitz가 태어났다. 그는 망명자들에게 잘 알려진 박애자이며 실레시아에 있는 형제단 집단촌의 설립자이다.

1698 바우첸Bautzen에서 다비트 지그문트 크리겔슈타인David Sigmund Kriegelstein이 태어났다. 그는 후에 리보니아Livonia 선교사가 된다. 헤른후트에서 의사로 오랫동안 활동하였으며, 헤른후트 약국을 처음 세웠다.

* 후에 오이겐 에드몬트 슈미트(Eugen Edmond Schmidt)가 이 가문과 결혼하였다. 그는 후에 조상의 땅으로 돌아가서 재건형제단의 보헤미아 첫 설교자로 역사가 기록하고 있다. 1872년에 포트슈테인에서 봉사하도록 부름을 받는다.

1699 대폴란드의 형제단 폴란드 지부 총회(당시에 제네바 개혁교회와 이미 연합되었던 형제단)에서 다니엘 아르노슈트 야블론스키Daniel Arnošt Jablonský가 주교에 선출되어 축성을 받았다. 그는 제네바 개혁파 궁전 고위 설교자였다.

1700 2월 7일 베른에서 프리드리히 폰 바테빌레Friedrich von Wattewille가 태어났다. 후에 백작 M. L. 친첸도르프의 가까운 동역자가 되며, 재건형제단의 주교가 된다.
5월 26일 백작 니콜라우스 루트비히 친첸도르프Nikolaus Ludwig Zinzendorf가 태어난다. 후에 그는 재건형제단의 두 번째 주교가 된다.

1701 수호돌 나트 오드로우에서 멜히오르 차이스베르거Melchior Zeisberger가 태어났다. 후에 그는 북유럽에서 활동하는 선교사가 된다.

1702 3월 14일 얀 라슈케Jan Raške가 태어났다. 그는 오버라우지츠(Oberlausitz, 체코어 Horní Lužici)의 니스키Niesky 정착촌의 공동 설립자가 된다.

1703 9월 20일 수호돌 나드 오드로우에서 형제단 변호사(Syndikus) 다비트 니치만David Nitschmann이 태어났다. 후에 그는 재건형제단의 주교로 선출된다.

1704 7월 15일 클레텐부르크Klettenburg에서 아우구스트 고틀리프 슈팡엔베르크August Gottlieb Spangenberg가 태어났다. 후에 재건형제단 주교가 된다. 1728년 백작 친첸도르프를 만났던 예나에서 공부하였다. 후에 수년간 미국에서 활동한다.
안드레아스 그라스만Andreas Grassmann은 젠클라바에서 태어나며, 후에 선교사와 재건형제단의 주교가 된다. 특별히 북반부에서, 즉 리보니아, 스웨덴, 핀란드 라피 지역, 모스크바에서 그리고 러시아 아르한겔스크에서도 활동하였다.

청년 백작 니콜라우스 루트비히 친첸도르프

1706 6월에 크로이젠도르프Kreuzendorf에서 요한 베크Johann Beck가 태어났다. 그는 후에 그린란드 선교사가 된다.
레온하르트 도버Leonhard Dober가 태어났으며, 후에 재건형제단의 첫 번째 형제 선교사들과 주교들 가운데 한 사람이 되었다. 그는 1732년에 성 토마스 섬에 도착한 다비트 니치만과 함께 형제단 선교의 개척자에 속한다.

1709 4월 3일에 형제단 망명자 얀 일레크Jan Jílek가 태어났다.
테신Těšín에 루터 교회당이 세워졌다. 아주 먼 거리에서 많은 비가톨릭 교인이 비밀스럽게 이곳에서 예배로 모였다.
9월 30일 게오르크 슈미트Georg Schmidt

가 태어났다. 후에 그는 호텐토트Hotentot 인들의 첫 선교사가 된다.

1711 쿠닌Kunín에서 요한 니치만 주니어Johann Nitschmann Jr.가 태어났다. 후에 그는 재건형제단의 선교사이자 주교가 된다. 1766년부터 1783년 죽을 때까지 머물렀던 사렙타Sarepta의 러시아 개척지에서 칼미크Kalmyk인들 사이에서 활동한다.
2월 11일 모라비아에 있는 만코비체에서 마토우시 스타흐Matouš Stach가 태어났다. 후에 그는 형제단 선교사가 된다. 재건형제단 교회 몇 곳이 생겨난 그린란드에서 오랫동안 일하였다.* 1787년 12월 21일에 죽는다.

1716 질리나Žilina에서 프리드리히 벤젤 나이서 Friedrich Wenzel Neisser가 태어났다. 다섯 살 때 헤른후트로 갔으며, 후에 형제단 선교사가 된다. 1741년에 전체 컨퍼런스** 의 회원이 된다.

1717 비가톨릭교도들과 흐리스티안 다비트가 만난다. 흐리스티안 다비트는 경건주의의 영향을 받았으며, 순회 설교자들 가운데 한 사람이 된다.
3월 4일 폴란드 벵그로우프Wegerow에서 얀 테오필 엘스너Jan Theofil Elsner가 태어났다. 그는 레스노 고등학교 교사였다. 1747년부터 35년간 섬겼던 베를린 보헤미아인들의 설교자였다. 후에 형제단 폴란드 지부의 주교가 된다. 구형제단의 책들과 얀 아모스 코멘스키의 저서들을 발간한다.

1721 3월 2일 다비트 차이스베르거David Zeisberger가 태어났으며, 후에 인디언(북아메리카 원주민)의 사도가 된다.
프로테스탄트 경건주의의 제자 작센 백작 니콜라우스 루트비히 친첸도르프와 흐리스티안 다비트와의 협상이 진행된다. 형제단 전통이 당시까지 존재하였던 크라바르제Kravař 지역의 독일어를 모국어로 사용하는 북모라비아 지하교회 프로테스탄트들을 위한 새로운 거주지의 설립에 대해 협상하였다.

흐리스티안 다비트

1722 6월 12일 첫 번째 모라비아 이주자들이 베르텔스도르프에 도착한다. 나이서 두 가족과 흐리스티안 다비트 한 가족이었다.
6월 17일 새로운 망명 도시 헤른후트 건설을 위해 흐리스티안 다비트가 첫 번째 나무를 도끼로 찍어 잘라낸다.

1723 팔복에 대한 다비트 주석은 수호돌 지방

* 1733년~1900년 그린란드 선교 참고
** 형제단의 전체 의결 기구 — 총회.

에서 영적 각성을 일으켰다. 곧바로 박해가 강화되었고, 헤른후트로 망명을 떠나기 시작했다. 몇 년 동안 수흐돌에서 약 550명이 헤른후트로 왔고, 니스키 예세니크Nízký Jeseník에서 100여 명이 더 왔다.

1727 친첸도르프가 새로운 정착촌과 형제들 공동체를 위해 소위 "일반적인 규약"을 발표하였다. 처음에 이 규약이 "통치자의 명령과 금지"와 함께 5월 12일에 공표되었다. 후에 다시 개정되었다.
7월 4일 "크리스천 공동체 법규"가 작성되었으며, "헤른후트의 형제들 협회와 자치" 이름으로 발표되었다. 법규는 백작 친첸도르프의 업적이었으나 사전에 모라비아 사람들과 논의를 하였다. 흐리스티안 다비트는 백작에게 형제단의 법에 대한 코멘스키의 책을 읽도록 촉구하였다. 실레시아에서 체류하는 동안 백작 친첸도르프가 그것을 일부 독일어로 번역하였다.
8월 4일 백작이 모라비아인들에게 책의 일부, 특히 그의 법규와 일치하는 구절들을 보여주었다. "통치자의 명령과 금지" 그리고 "형제들 협회의 법규"는 이해 8월 동안 진행되었던 영적 갱신과 함께 모라비아 형제들 공동체에서 삶을 변화시켰다. 모라비아 사람들은 여기서 하나님의 활동을 보았으며, 그들 가운데에서 백작의 권위가 올라갔다. 근본적으로 263년 전인 1464년 "리흐노프산의 협정(협약)"처럼 비슷하게 모라비아 형제들이 함께 계약을 맺었다.
새롭게 부활한 형제단의 역사 속에서 이 계약의 체결로부터 5년 후에 다시 성령의 열매가 나타났다.
재건된 형제단은 구 보헤미아 형제단 형태와 교회 독립성을 이어받았으나 새로운 선교 목표로 그것을 채워갔다.

헤른후트, 형제단 예배당

형제단 재건과 형제들 선교의 시작

1727 8월 13일 베르텔스도르프에서 기념적인 성만찬이 시행되었다. 여기서 재건형제단의 다양한 초기의 흐름의 화해와 일치를 이루었다. 그때부터 이날은 형제단의 역사에서 재건의 날로 기억되었다.
8월 26일에 헤른후트에서 기도 인도자들의 첫 번째 그룹이 조직되었다. 5월 6월 그리고 7월에 정착촌 사람들은 하나님의 특별한 능력을 경험하였으며, 이 경험은 지속적으로 강도 높은 기도로 이끌었다. 기도 모임의 기도 시간이 점점 길어졌으며, 많은 사람이 밤을 새며 기도하고 싶어 하였다. 당시에 몇몇 형제들이 정기적으로 밤에 멀지 않은 후트베르크 Hutberg 산에 올라 기도와 찬송으로 하나님 앞에 자신들의 마음을 내어놓기를 결정하였다.
8월에 백작이 14명의 형제들과 함께 후트베르크 산에서 밤을 새며 기도하였다. 며칠 동안 기도가 계속되었지만, 사람들이 집으로 돌아가려고 하지 않았다. 그래서 형제들이 기도 시간을 정하고 파수꾼을 세우기로 결정하였다. 그룹별로 형제들이 정한 시간에 모여서 기도하고, 하나님과의 교제를 경험하였다. 그들은 지속적으로 기도를 해야 하는 동기로서 레위기 6장 12-13절의 말씀을 사용한다. 처음에 24명의 형제들이 소위 "기도 파수꾼"의 활동을 시작한다. 이사야 62장 6절의 성경 말씀으로부터 영감을 받았다. "예루살렘이여. 내가 너의 성벽 위에 파수꾼을 세우고 그들로 하여금 주야로 계속 잠잠하지 않게 하였느냐…." 교회를 위해, 집과 여행 중에 있는 형제자매들을 위해 그리고 세상의 하나님 나라를 위해서도 멈추지 않고 기도하는 사람들을 조직하는 것이 필요하다고 형제들은 확신하게 된다. "기도의 파수꾼"은 100년간 지속된다.

형제단 공동묘지 그리고 후트베르크 언덕

1728 5월 3일 백작 니콜라우스 루트비히 친첸도르프가 형제단의 "암호"(로중)를 처음 사용하기 시작한다.

1731 1월 1일 『암호(로중)』가 처음 출판된다.
코펜하겐에서 덴마크 왕 크리스티안 4세 대관식이 열렸으며, 그곳에서 백작 친첸도르프가 안톤이라는 흑인종에 대해 관심을 갖는다. 그에게서 덴마크 식민지 농장에서 일하는 노예들의 비참함에 대해 들었다.
이후 헤른후트에서 안톤에게 직접 들었던 것을 감동적으로 전한다. 곧바로 토비아스 로이폴트Tobias Leupold와 레온하르트 도버Leonhard Dober 두 형제단 형제들이 이들 노예들에게 가서 예수 십자가를 전하기로 결심하였다. 안톤이 친첸도르프의 초청으로 헤른후트로 와서 자신의 형제자매의 비극에 대한 증언을 모든 사람들에게 다시 이야기하였다. 이것은 그들 노예들에게 갈 준비된 자원봉사자들의 물결을 일으켰다. 백작 친첸도르프는 마음에 그린란드가 있었으며, 마토우시 스타흐Matouš Stach도 그린란드 선교를 열망하였다. 그러나 지금 성 토마시 섬이 우선이었다. 제비뽑기로 결정하여 목수 다비트 니치만 그리고 도공 레온하르트 도버가 여행을 준비하였다.

1732 8월 21은 형제단 선교의 시작이다.

결국 초창기에 약 2백여 명의 정착민들이 헤른후트를 떠나서 4개 대륙의 선교사들이 되었다. 그들 중 많은 사람이 모라비아에서 신앙 때문에 투옥과 박해를 겪었다. 헤른후트의 자신들의 새로운 피난처에서 안주하는 대신 그들은 미지의 세계로 나아가는 것을 망설이지 않았다. 그들은 자원과 경험과 지식 없이 당시에 사람으로 여기지 않았던 알지 못하는 사람들에게로 떠나갔다. 복음을 들을 수 없는 노예들과 거친 황야에서 살아가는 사람들에게로 나아갔다. 백작 친첸도르프 자신도 유럽과 미국으로 많은 여행을 하였다. 그는 어린 시절부터 선교에 관심이 있었으며, 후에 특히 할레의 경건주의와 코멘스키 글 『믿음의 규칙에 대한 이중 판단(*De regula fidei judicium duplex*)』에 대한 연구의 영향으로 이러한 생각이 일어났고 확고하게 되었다.

1. 서인도제도 선교
: 덴마크 식민지 서인도제도(1732년부터)

1) 세인트 토머스 섬

1732 8월 21일 레온하르트 도버Leonhard Dober

1932년 형제단 선교 200주년 기념 우표들

와 다비트 니치만David Nitschmann은 첫 선교 여행을 떠난다. 그들은 베르니게로데Wernigerode를 경유하여 코펜하겐으로 걸어가서 서인도제도의 세인트 토머스 섬으로 운행할 배를 찾는다. 코펜하겐에서 많은 사람이 그들에게 여행을 포기하도록 설득하였으며, 어려움에 대해 경고했다.

10월 8일에 항해를 한다. 배에서 그들은 의사 그로타우젠에게서 채혈하는 법을 배웠고, 그에게서 귀중한 의료기기를 얻는다.

12월 13일에 그들은 목적지에 도착한다. 관청은 그들이 노예가 되려는 원래의 뜻을 허락하지 않았다. 그래서 그들은 백인 농장주인들 밑에서 일하였으며, 노예들과 접촉하는 길을 모색하게 된다. 그것은 쉽지 않았다. 농장주인들은 프랑스 사람들이었지만, 일하는 사람들은 네덜란드어를 사용하였다. 다비트 니치만은 6개월도 채 되지 않아 헤른후트로 돌아왔다. 그의 임무는 단지 현장 조사를 하여 그것을 보고하는 것이었다.

레온하르트 도버는 섬에 혼자 남았다. 비인간적인 조건에서 살아가는 노예들과의 접촉을 최대한 가까이에서 노력하였으나 매번 성공한 것은 아니었다. 이 지역은 자주 허리케인으로 피해를 입었다.

1733 덴마크 서인도 무역 회사는 프랑스로부터 산타크루즈(세인트 크로이) 섬을 구입하였다. 그들의 무역 회사 대표 플레스Pless는 농장 감독자로서 열두 명의 헤른후트 형제들을 요청한다.

8월 18일에 형제들은 이 섬에 형제단 정착지를 세우기 위해 이 섬으로 떠난다. 그들 가운데 가장 연장자는 아버지 다비트 니치만(57세)과 베버(D. Weber, 55세)였다. 원정대의 지도자는 토비아스 로이폴트Tobias Leupold였으며, 그는 도버J. L. Dober와 함께 제일 먼저 선교를 신청한 형제였다. 바닷길은 매우 어려웠으며, 노르웨이에서 겨울을 보내야만 했다.

레온하르트 도버

1734 6월 11일 그들은 제일 먼저 세인트 토머스 섬에 도착하였으며, 레온하르트 도버를 만나 그가 수석 장로로 선출되는 것을 알려주자 그는 곧바로 헤른후트로 돌아왔다.* 섬에서 형제들은 "신新헤른후트(New Herrnhut)" 정착촌을 설립하려고 했다. 그러나 그 기간 동안 그들 가족들 가운데 두 남자와 한 여자가 병에 걸려 죽었다.

* 1727년 5월 헤른후트에서 형제단 마을의 삶을 감독하기 위해 12명의 장로를 선출한다.

2) 산타크루즈(세인트 크로이) 섬

1734 9월 1일 그들은 세인트 토머스 섬에서 계속해서 산타크루즈 섬으로 떠났다. 어린이 가운데 하나가 짧은 항해 중에 사망했기 때문에 그들이 도착한 새로운 나라에서 첫 예배는 장례식에서 이루어졌다. 식수는 귀하였다. 선교사들이 발견한 물은 주로 오염되었으며, 사람들은 그것이 얼마나 위험한지 알지 못했다. 한 사람씩 차례대로 병들었고 죽었다. 3개월 동안 원래 18명 중에 9명 만이 남았다.

1735 1월에 토비아스 로이폴트도 이곳에서 죽는다.
2월 25일, 헤른후트에서 또 다른 11명의 남녀가 떠났다. (헤른후트는 그때 섬 상황에 대한 어떤 소식도 없었다.)
5월 28일, 이 그룹은 세인트 토머스 섬에 도착한다. 그리고 계속해서 산타크루즈 섬으로 떠난다. 두 섬에서 첫 번째 그룹의 잔류 멤버를 발견하였고, 그들은 병들어 있었다. 6주 동안에 새로 도착한 사람들 가운데 4명이 죽었다. 비로소 섬에 대한 소식이 헤른후트에 도착한다. 사람들을 죽음으로 보내는 것이 옳은지에 대한 의심스러운 목소리가 나왔고, 곧바로 모든 사람이 첫 배편을 타고 고국으로 복귀하라는 명령을 받게 된다. 안드레아스 히켈Andreas Hickel은 그들을 귀국시키기 위해 떠났다. 헤른후트를 떠난 29명의 선교사 가운데 단 8명만이 살아서 집으로 돌아왔다. 이 비극적인 사건은 형제단의 역사에서 "대죽음"이라고 불린다.

1736 3월 23일 세인트 토머스 섬에 프레드리크 마르틴Frederik Martin, 요한 보니케Johan Bonicke 그리고 얼마 후 죽은 테오도르 그로타우스Theodor Grothaus 의사 3명이 더 도착한다. 프레데리크 마르틴은 그의 고향인 모라비아에서 신앙 때문에 투옥

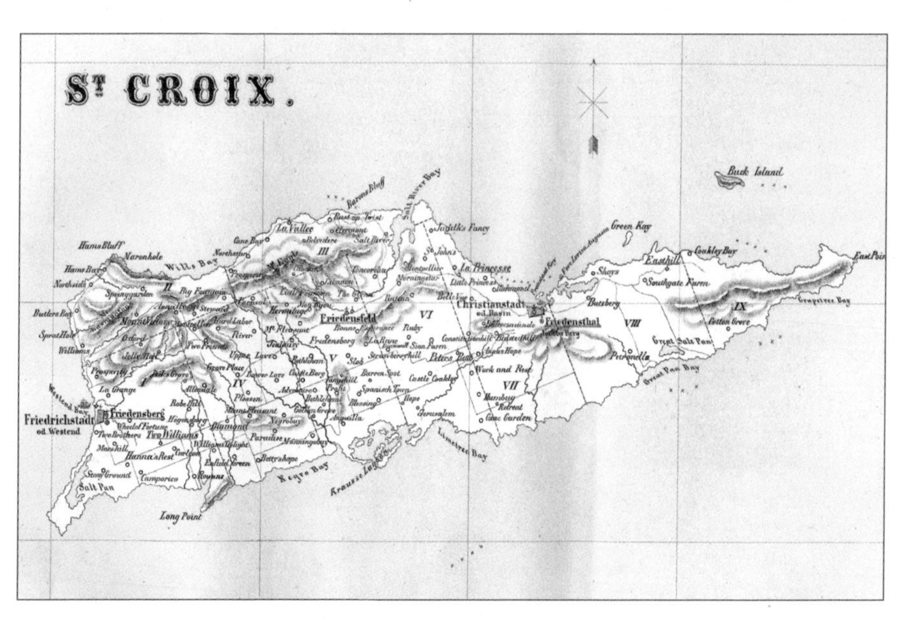

산타크루즈 섬 선교 지도

되었다. 어느 날 밤 그는 경비원을 따돌리고, 10일 후에 헤른후트에 도착한다. 그가 겪었던 신앙은 그에게 귀중하였다. 그의 죽음에도 불구하고 그는 신앙을 전파하는 소명을 거절할 수 없었다.
9월 30일, 처음 세 명의 회개자가 세례를 받는다. 당시에 이곳을 방문했던 슈팡엔베르크가 세례를 베푼다. 프레데리크 마르틴은 자신의 활동에서 5가지 중요한 원칙이 있었다.

- 자급자족: 그래서 형제단을 위해 생계를 보장할 농장을 장만하였다.

- 체계적인 훈련: 회개자들이 서로 돕도록 가르쳤다. 그들이 부지런하고 정직하고 순종하도록 그는 노력하였다.

- 교육: 처음부터 흑인들에게 교육하는 것은 금지되었으나, 그들에게 읽기와 쓰기를 가르치는 학교를 설립하였다.

- 개인 대화: 모든 흑인과 개인적으로 교제하고 그의 신뢰를 얻는 것을 목표로 하였다.

- 행정: 안수 후에 그는 조력자와 다른 직책에 임명하여 자립적인 교회의 핵심을 만들었다.

흑인 노예들 혼인 주례 문제로 마르틴 형제는 섬 당국과 개혁교회 목사와 갈등이 일어난다.
그 당시 노예들은 결혼할 수 없었지만, 마르틴은 이 금지령을 존중하지 않았다. 그는 체포되어 투옥되었으며, 친첸도르프의 뜻밖의 도착과 개입으로 그는 풀려난다.

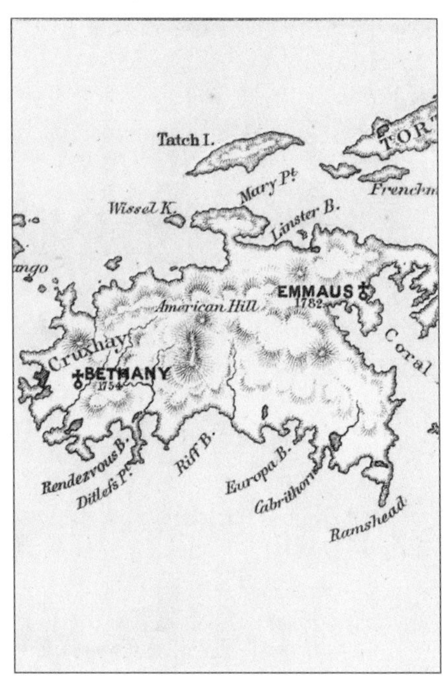

세인트존 섬

3) 세인트존

1740 형제들은 세인트존 섬에서 활동을 시작한다. 이 지역에서도 중요한 인물은 프레드리크 마르틴Frederik Martin이었다. 또 다른 두 남자 – 지식이 있는 신학자 알빈 페더Albin Feder와 재단사 고틀리프 이스라엘Gotlieb Israel이 그를 도와주기 위해 파견된다. 그러나 그들의 배가 카리브 해에서 전복하여 알빈 페더는 익사했다. 고틀리프 이스라엘은 몇 주 후 신新헤른후트에 도착한다. 옌스 라스무스Jens Rasmus가 몇 달 동안 세인트존 섬에서 유일한 설교자였다. 프레드리크 마르틴은 나중에 자기 돈으로 이곳에 농장을 샀다. 이 농장이 1754년에 세워진 첫 번째 스테이션 베타니에Bethanie이다. 1750년에 프레데리크 마르틴이 죽는다. 친첸도르프는 그를 흑인의 신실한 증언자이자 사도

프레데리크 마르틴

라고 불렀다. 형제단 농장에 그의 무덤은 오늘날까지 보존되어 있다.

1754 이들 세 섬은 덴마크 정부의 직접적인 관리로 넘어간다.

1755 산타 크루스 섬에 첫 번째로 프리덴스탈(평화의 강철) 스테이션이 설립되었다. 이렇게 많은 생명의 희생으로 덴마크 서인도제도의 선교가 시작되었다. 세인트 토머스 섬에서만 첫 50년간 160명의 선교사가 사망했다.
마르틴의 죽음으로 개척 기간이 끝났다. 그의 사후에도 선교는 30년 동안 계속 발전한다. 후에 마르틴 매크Martin Mack가 1762년부터 선교 활동을 넘겨받는다. 노예 자녀 교육도 허용된다.

1774 덴마크 왕이 선교를 지지하는 칙령을 발표해서 총독들처럼 농장주들도 모두 형제들에게 매우 친절했다. 그래서 형제들은 또 다른 스테이션을 세울 수 있었다. 세인트 토머스 섬에서 니스키 스테이션을 설립하였다. 산타 크루스 섬에서 프리덴베르크(Friedensberg, 평화의 산, 1771)와 프리덴펠트(Friedenfeld, 평화의 들, 1805)를 설립한다. 세인트존 섬에서 에마우즈 스테이션(1782)을 설립한다.

1808~1815 섬들은 영국의 지배 아래로 들어간다. 그 이후로 영어가 사용되기 시작했으며, 흑인 원주민 언어인 크리올creole은 빠르게 사라진다. 9세기 말에 세인트 토머스 섬에서 짧은 시간 동안 성서 세미나가 열린다. 이 섬들에서 형제단의 활동은 오늘날까지 계속되고 있다.

2. 영국 식민지 서인도제도 선교(1713년부터)

1) 자메이카

1754 자메이카 농장의 두 주인이 자신의 노예들을 위해 목양할 수 있는 선교사를 영국 형제단의 장로들에게 요청하였다. 그해에 첫 선교사인 조지 케리스George Caries, 토마스 샬레로스Thomas Shalleross, 고틀리프 하버레히트Gottlieb Haberecht가 이곳에 도착했다. 친첸도르프가 감독관으로 파송한 하인리히 라우히Heinrich Rauch는 본래 인디언들 사이에서 성공적인 선교사였다. 그러나 여기에서 그의 엄격함이 선교를 거의 붕괴시켰다. 그는 엄격한 규칙을 세워 개종자들이 새롭게 기독교 교리에 대한 지식의 높은 수준에 도달할 때까지 침례를 거부하였다. 자메이카에서 첫 번째 실패의 또 다른 이유는 건강 문제로 그와 관련된 높은 사망률이었다.

1764~1770 프리드리히 슐레겔Friedrich Schlegel은 이곳에서 활동하였으며, 그 당시 선교 활동은 다시 회복된다. 그 이후에 선교 활동은 종종 한 곳에서 다른 곳으로 옮겨 다녔으며, 농장 주인들은 선교사들에게 적대적이었다.

1780 10월 5일 섬의 일부는 강한 허리케인이 강타하여 한 집도 남아 있지 않았다.

1815~1823 새로운 선교 활동이 시작되었고, 어원힐Irwinhill, 노이-에덴Neu-Eden, 그 이후 자메이카 선교 중심이 된 페어필드Fairfield 등의 스테이션이 세워진다.

1831 노예들의 큰 반란이 있었지만, 형제단 흑인들은 참여하지 않았다. 반란은 유혈 진압을 당했다. 일부 설교자들은 도망쳐야 했고, 심지어 파이퍼H.G. Pfeifer 형제단 선교사도 부당하게 체포되어 법정에 서게 된다. 그러나 파이퍼와 다른 형제들은 곧 다시 풀려났다. 형제들은 노예 제도에 동의하지 않고 흑인들을 위한 해결 방법을 강구한다. 그들은 또한 흑인들의 미래의 자유를 위해 흑인들 스스로 준비할 필요가 있음을 알게 된다. 그래서 학교를 설립하고 그들을 교육했다.

1838 노예 제도가 마침내 폐지되었다. 그 이후로 선교 활동은 매우 빠르게 성장한다. 베아우포르트Beaufort, 베타니Bethany, 뉴 나자렛New Nazareth, 뉴 호프New Hope, 리티즈Litiz 그리고 베타바라Bethabara 스테이션이 설립된다. 학교들은 아이들로 가득하였다.

1842 교사를 위한 학교가 페이필드Fairfield에 설립되었고, 곧바로 다른 스테이션 스프링필드Springfield가 설립된다.

1861 여교사를 위한 학교가 문을 열었다.

자메이카 원주민 교사 피터 블레이어

1876 토착 노동자를 위한 신학교(세미나리)가 개설되었다.

1906 20명의 선교사와 17명의 원주민 동역자가 15,197명의 세례 교인을 섬겼다.

1979 자메이카는 형제단 관구가 되었으며, 카리브 해의 다른 선교 지역과 분리된다.

2) 앤티가(안티과) 섬

1756 처음 14년 동안에 이 섬에서의 선교는 절망적으로 보였다. 첫 번째 선교사 사무엘 아일스Samuel Isles는 오직 하나의 선교 스테이션, 세인트존을 세웠으며, 첫 14명의 개종자에게 세례를 베푼다. 그의 생생한 편지에 따르면 잘못된 방법이 원인

이 아니었으나 지역 노예들의 특별한 타락이 원인이었다. 그들은 매일 술에 취해 있었으며, 누군가 찔리거나 독살되었다. 농장주들은 매주 범인을 처형해야 했다. 그런데 갑자기 변화가 일어났다.

1769~1791 페트르 브라운Petr Braun이 선교를 이끌었다. 그의 봉사 기간에 성장한 두 개의 스테이션 베일리힐Bayleyhill과 그레이스힐Gracehill이 생겼으며, 총 개종자가 7천 명 이상으로 증가한다. 그의 성공에는 두 가지 요인이 있었다. 첫 번째는 재정적이었다. 페트르 브라운과 그의 동료들은 여전히 생계를 해결해야 했지만, 그들은 북미 형제들로부터 약간의 땅을 받았다. 자메이카 선교사들과는 달리 그들은 영적인 활동에 더 많은 시간을 가질 수 있었다. 또 다른 요인은 브라운의 성품이었다. 그의 후계자 중 하나인 하베이B. Harvey에 따르면 브라운은 단순히 설득력 있는 설교만이 아니라 놀라운 재치와 훌륭한 성품으로 흑인들의 마음을 사로잡았다. 그는 흑인들의 오두막집을 방문하였고, 들판에서 그들과 대화를 나누고, 그들과 함께 먹었다. 그리고 고된 노동 후 저녁에 흑인들은 하나님의 말씀을 들으러 수 킬로미터를 걸어서 갔다. 페트르 브라운은 인정받은 권위자가 된다.

1797 남쪽 해안에 세 번째 스테이션 그레이스베이Gracebay가 설립된다.

1816 현지 농장주들은 형제단 선교의 영향으로 흑인들이 변화하는 것을 보았고, 그래서 뉴필드(Newfield, 1817)와 체다홀(Cedarhall, 1822) 같은 다른 스테이션의 설립을 지원한다.

1832 다른 섬들에서 발생한 흑인들의 대봉기는 앤티가 섬에 크게 영향을 미치지 않았다. 오히려 성경 연구 단체와 선교 단

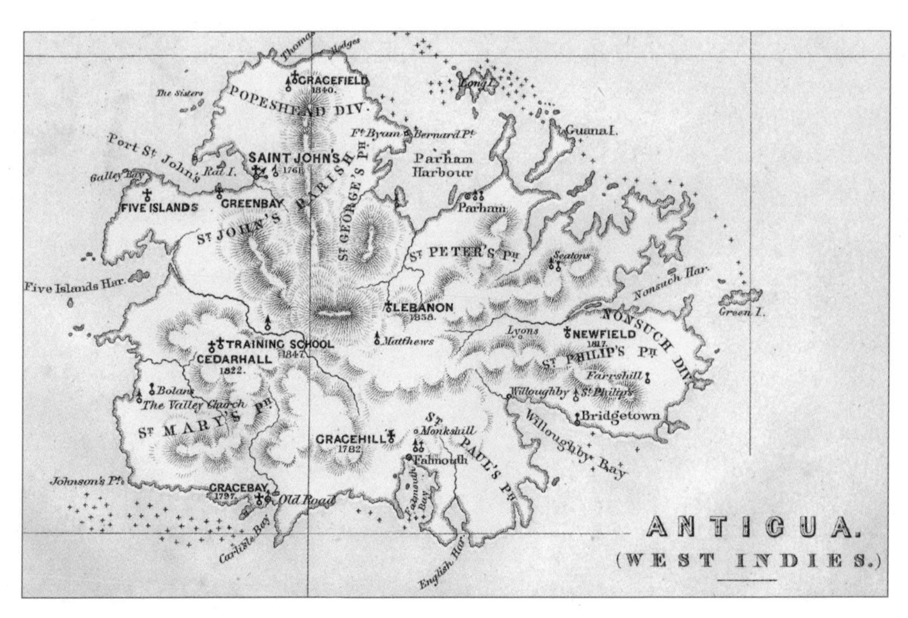

안티과 섬 선교 지도

체가 흑인들 사이에서 생겨났다.

1834 흑인 '해방' ― 노예 제도 폐지가 선포된다. 형제들은 오랫동안 노예 제도 폐지를 준비해왔기 때문에 다른 섬들에서 일어나고 있는 시행試行 기간 없이 바로 시작할 수 있었다. 이것은 선교의 또 다른 성과였다.

1855 원주민 교사 교육을 위한 학교가 개설되다.

1900 원주민 성직자 교육을 위한 신학교(세미나리)가 개설되다.

1906 여덟 곳에서 8명의 선교사와 6명의 원주민 협력자가 섬겼다. 그들은 총 7,272명을 돌보았다. 다른 선교 단체들이 이곳에서 활동하기 시작하여, 흑인들이 항상 가장 근처에 있는 단체를 찾았기 때문에 자메이카와 비교할 때 교인 수가 감소하였다.

안티과 그레이스베이 선교 스테이션

3) 바베이도스(카리브 제도의 국가)

1765 안드레아스 리트만스베르거Andreas Rittmansberger와 우드Wood 형제가 여기서 선교 일을 시작한다. 이곳에서 선교 활동은 매우 힘들었다. 선교사들은 매우 빨리 사망했다. 리트만스베르거(A. Rittmansberger, 1765), 요한 포차르트(Johann Fozzard, 1766), 벤자민 브루크쇼(Benjamin Brookshaw, 1772), 요한 베네트(Johann Bennet, 1772), 헤어(Herr, 1773) , 앙게르만(Angerman, 1775). 주요 원인은 기후와 좋지 않은 물로 인한 열병이었다. 지역 성직자들은 우호적이었고, 경건한 농장주 한 사람이 선교사들에게 자신의 농장에서 설교를 허락했어도 어떤 실천적인 변화는 일어나지 않았다.

1780 10월 10일~11일 이틀 동안 커다란 허리케인이 큰 피해를 일으켰으며, 형제들은 거처를 잃어버린다. 농장주들과 노예들도 하나님의 선하심에 대한 믿음을 잃어버렸다.

1794 선교 스테이션 샤론Sharon이 세워지고, 5년 후에 이곳에 형제들은 교회도 세운다.

1816 흑인 신자들은 이곳에서도 흑인 봉기에 참여하지 않았다. 이로 인하여 형제단 선교는 인정을 받았고, 농장들에서 일요일뿐 아니라 평일에도 설교하도록 선교사들이 초청된다.

1826 형제들은 또 다른 스테이션 '타보르산山'을 세운다.

1831 또 다른 끔찍한 허리케인이 와서 4,000명

이 희생되었고, 두 스테이션이 파괴된다.

1832 두 스테이션에서 선교 활동이 재건되고, 총 1,100명이 교인으로 등록하였다.

1836 브리치타운Bridgetown과 다른 스테이션 클리프톤힐(Cliftonhill, 1841)에서 교회 공동체가 세워진다.

1854 섬에서 콜레라가 발생하여 2만 명이 죽는다. 형제들은 자신들의 부인들과 함께 신실하게 영적으로 실제적으로 병자들과 죽어가는 사람들을 돌본다.

1906 4개의 스테이션에서 2명의 선교사와 3명의 원주민 동역자가 일을 했으며, 3,517명의 세례자를 목양한다.

바르바도스의'타보르산(山)' 선교 스테이션

4) 세인트키츠 섬

1777 개인적으로 영국 형제단 대표들을 만나기 위해 런던으로 갔던 경건한 농장주 가르디너Gardiner의 특별 요청으로 선교사들이 이 섬으로 파송된다.
14일은 얀 다니엘 고탈트Jan Daniel Gottalt와 제임스 빌크바이James Birkby가 떠난다.
가르디너는 그들에게 바스테르Basseterre에 있는 집을 제공한다.

1779 여기서 첫 번째 세례가 시행되었으며, 흑인들 사이에서 복음에 대한 열망이 일어난다.

1785 첫 번째 교회당은 바스테르에 세워졌는데 얼마 가지 않아 이 교회당이 비좁게 된다. 선교사들은, 특별히 코탈트의 후임자 슈넬러Schneller는 열심히 일을 하였다. 1800년까지 등록 교인 숫자가 2,500명으로 성장한다.

1819 오늘날 베데스다Bethesda로 알려진 카이온Cayon 지역에서 다른 활동이 일어난다. 계속해서 베델(Bethel, 1832)과 에스터지(Estridge, 1345) 스테이션이 설립된다. 새롭게 설립된 선교지에서 약 700명의 노예가 교육을 받았으며, 그들은 읽기와 쓰기를 배웠다.

1906 여기에 3명의 선교사와 4명의 원주민 협력자가 일하였고, 3,775명의 회원을 돌보았던 4개의 스테이션이 있었다.

1914 재정적으로 학교를 지속할 수 없었기 때문에 선교 현지 형제단은 자신의 학교들을 국가에 이양한다.

5) 토바고 섬

1790 현지 농장주 가운데 한 사람인 존 해밀턴 덕분에 이 선교를 할 수 있었다. 존 몽고메리John Montgomery가 첫 번째 선교사였다. 그러나 섬은 프랑스 혁명이 진행되던 바로 그때 프랑스 지배 아래 있었고, 마찬가지로 허리케인에 시달렸다. 존 몽고메리 부인이 죽었으며, 그는 병들어 이 섬을 떠났다.

1799 또 다른 선교 노력이 있었으며, 이곳으로 형제단의 쉬어머Schirmer와 후르히Church가 왔고, 흑인들 사이에서 활동하였다. 그러나 이곳에서 활동은 다시 4년 후에 끝난다.

1827 세 번째 선교 노력은 리크세커Ricksecker 부부가 온 것이며, 활동이 빠르게 성장하였다.

1828 몽고메리 스테이션(첫 번째 선교사 이름을 붙인)이 세워지고, 이어서 교회당이 건축되고, 곧바로 교회당은 비좁게 된다.

1848 두 번째 스테이션 모리아Moriah가 설립된다. 다시 허리케인이 왔으나 활동은 멈추지 않았다. 흑인들이 복음을 받아들였으며, 신실한 크리스천이 되었다. 이 지역에서 다른 선교 단체들도 일하기 시작한다.

1906 여기서 5명의 형제단 선교사와 1명의 원주민 협력자가 일하였으며, 이들은 4,262명의 교인을 돌보았다.

J. 몽고메리의 흑인 하녀

6) 트리니다드 섬

1890 여기에서 활동이 시작되며, 수도 포트 오브 스페인에 선교 스테이션이 세워진다.

1906 이곳에서 3명의 선교사가 활동하였으며, 700명의 교인을 돌보았다.

결론적으로 앤티가 제도, 바베이도스, 세인트존 섬, 세인트 크로이 섬, 세인트 키즈 섬, 상 투메 섬, 토바고 그리고 트리니다드는 현재 형제단의 서인도제도(오늘날 동카리브해) 관구로 편제되어 있다.

---

3. 그린란드 선교(1733~1900)

1733 1월 19일 헤른후트 선교사 세 명이 처음으로 그린란드를 향해 떠났다.
5월 20일, 흐리스티안 다비트와 마토우시 스타흐 그리고 마토우시의 조카 크리스티안은 고트하브(Godthaab, 현재 Nuuk)에 닻을 내린다. 그들은 그들의 새로운 거주지를 "신新헤른후트"라고 불렀다. 그러나 에스키모인들은 그들과 대화하기를 거부했으며, 심지어 어떤 사람들은 빨리 떠날수록 더 좋을 것이라고 말한다. 많은 다른 이교도처럼 그들은 세계에서 가장 좋은 민족이라고 생각했다. 에스키모인들은 다른 민족을 카브루나트(kablunat, 미개인)로, 자신들은 이뉴이(inuit, 인간)이라 불렀다. 그들의 자만심은 전혀 근거가 없는 것은 아니었다.
그들은 거의 논쟁을 하지 않았고, 한 번도 악담을 하지 않았으며, 그들 사이에 살인이 거의 일어나지 않았다. 그들은 맥주를 양조할 줄 몰라서 거의 취하지 않았다. 분쟁은 대부분 주먹이 아니라 말로 해결하였다. 대부분의 남자는 아내에게 충실하였다. 더 이상 스스로 자신을 돌볼 수 없었던 노인들을 자녀들이 보살폈다.

1734 1년 후 흐리스티안 다비트와 흐리스티안 스타흐는 고국으로 돌아온다. 곧바로 그들의 자리에 프리드리히 뵈니슈Friedrich Böhnisch와 요한 베크Johann Beck가 파송된다.
5년간 결과 없이 선교사들은 설교한다. 그러나 이 기간에 여러 가지 경험을 하게 된다. 그중에 하나가 천연두 전염병이었다. 9개월 동안 그린란드 서해 연안에 전염병이 급속히 퍼졌다. 추정되는 사망자 숫자는 2천 명이었다. 선교사들은 자신의 집을 병원으로 만들었고, 수백 명의 병자들을 방문하였고, 죽은 자들을 장례하였으며 부활하신 그리스도에 대하

그린란드 연안의 "신新헤른후트"

여 병들고 죽어가는 사람들에게 이야기 하였다. 전염병이 끝났을 때 바다표범에 대해 말하면 에스키모인들이 즐겁게 들었다. 그러나 믿음에 대한 연설을 듣자마자 무관심을 보이거나 아니면 도망쳤다. 선교사들에게 큰 영향을 끼쳤던 다른 사건은 어린 에스키모 – 카야르나크Kajarnak의 개종이었다. 요한 베크는 복음서 번역을 하였으며, 마태복음의 구절을 단지 읽음으로써 어린 에스키모인은 큰 변화가 일어났다. 그래서 요한 베크는 그에게 그리스도 수난 이야기를 해주었다. 그러자 다른 에스키모인들도 기도하는 법을 가르쳐주기를 선교사들에게 요청하였다. 형제들이 그때까지 가르쳤던 교리 신학은 그들에게 영향을 미치지 않았지만, 복음서의 이야기들은 그들을 사로잡아 변화시켰다.

1739 3월 29일 형제들의 그린란드 선교의 첫 열매로서 카야르나크가 공개적으로 세례를 받는다. 그후 그린란드에 안드레아스 그라스만Andreas Grassmann이 조사관으로 도착한다. 소위 하나님의 어린양의 피와 상처에 대한 신학을 친첸도르프가 확산시키기 시작한 가르침으로 그는 확고하였다. 카야르나크 덕분만 아니라 이 가르침으로 스스로 확신하였기 때문에 형제들은 설교 방식을 바꿨다. 이로 인하여 그린란드 선교의 새로운 시대가 시작되었다. 이전에는 그들이 추상적인 신학적 교리를 설교하였으나 현재는 이야기의 생생한 형태를 받아들인다. 에스키모인들은 곧 차이를 알게 되었다. 베크J. Beck는 지금부터 죽임을 당한 어린양의 사랑 외에 다른 것을 설교하지 않을 것이라고 친첸도르프에게 편지를 썼다. 에스키모인들이 회

그린란드 에스키모인의 세례

개하기 시작하자 그라스만은 그린란드에서 형제단 교회를 세울 때가 되었음을 알게 된다. 마토우시 스타흐는 그린란드에서 정식 성직자로서 계속 활동할 수 있도록 마리엔본Marienborn에서 안수를 받는다.

1741 12월 12일 형제단 선교사들이 덴마크 왕으로부터 세례 집례, 결혼 주례 그리고 성만찬 집례에 대한 권한을 부여받다. 마토우시 스타흐가 그린란드로 돌아왔을 때 형제들은 형제단의 정착촌으로서 "신新헤른후트"를 만들었다. 그들은 신자들이 한마을에서 함께 살며, 그들이 영적인 삶을 더 잘 감독할 수 있길 원하였다. 에스키모인들은 기쁘게 동의하였으며, "신헤른후트"는 번성하는 정착촌이 되었다. 새로운 주민들의 요청으로 교회당과 이어서 독신 남녀를 위한 집들이 세워졌다. 모임은 하루에 몇 차례씩 열렸다. 스타흐의 가장 중요한 조력자는 요한 쇠렌젠Johann Sörensen이었다. 형제들은 정의와 믿음을 위한 봉사를 함으로써 알려지게 된다. "신헤른후트"는 곧 인구가 과잉되었다. 이곳에 교인 512명이 살았다. "신헤른후트" 남쪽에 374명의 교인이 살았던 리히텐펠스(Lichtenfels, 1758)와 336명의 교인이 살았던 리히텐아우(Lichtenau, 1774) 두 개의 마을이 더 세워졌다. 이들 세 개의 정착촌은 그린란드의 선교 스테이션이 되었다. 요한 베크는 이곳에서 43년간 활동하였으며, 1777년에 죽었다. 그의 활동을 그의 아들이 이어갔으며, 그는 이곳에서 52년 동안 활동하였다. 그러나 다른 전염병으로 토착민 에스키모인들이 문자 그대로 집단으로 죽음을 당했으며, 잦은 전염병으로 정착촌은 점점 폐허가 되어갔다.

사냥하는 원주민들

1823 첫 번째 신약 전체 번역이 그린란드어로 출판된다.

1824 다음 선교 스테이션 프리드리히스탈Friedrichsthal이 설립된다.

1861 그린란드의 가장 북쪽에 선교 스테이션 우마나크Umának가 세워진다.

1864 이그들로르팔리트Igdlorpalit 선교 스테이션이 생겨난다.

1900 형제단은 이 형제들 선교를 덴마크 국가 교회에게 이양한다.

4. 북미주 선교(1735년부터)

선교 초기는 미국의 형제단 활동기와 매우 밀접하게 관련이 있었다. 친첸도르프 영토에서 실레시아 망명자들이 계속 증가되었다. 그래서 1733년에 이주자들이 이 지역을 떠나도록 법령이 발표되었다.

1734 아우구스트 고트리브 슈팡엔베르크는 친첸도르프 지시로 북미주 조지아로 형제단 30가족을 이주시키는 가능성에 대해 런던에서 영국 정부와 협상을 시작하였다. 그들은 사바나Savannah에 500에이커 토지를 약속받았으며, 원주민들에게 복음을 증언할 것을 동의받았고, 정부는 그들에게 군사적 의무에서 해방을 약속하였다. 친첸도르프는 이 조건에 만족하였으며, 미국으로 최초의 모라비아 정착촌 개척자들을 파송한다. 아우구스트 슈팡엔베르크는 이 원정의 대장이 된다. 11월 20일, 헤른후트에서 걸어서 덴마크까지 가서 배를 타고 조지아로 출발하였다.

1735 4월 7일 그들은 조지아에 상륙한다.

선교사들과 작별 인사를 하는 리히텐나우의 에스키모인들

1736 또 다른 그룹이 사바나로 도착한다. 그들 중 한 사람인 안톤 자이페르트Anton Seifert는 그들로부터 언어를 배우기 위해 인디언에게로 떠났다.

1738 15세의 다비트 차이즈베르거는 다른 그룹과 조지아로 왔다.
큰 노력으로 건설된 새로운 정착촌은 그러나 5년 후에 포기하게 된다. 영국과 스페인 사이에서 전쟁이 일어났다. 형제들은 싸움을 거부하자 조지아를 떠나라는 요청을 받았다.

1739 그들은 펜실바니아 북쪽으로 긴 여행을 떠났다. 슈팡엔베르크 지도 아래 그들은 레하이Lehigh 강의 땅에 베들레헴 도시를 건설하기 시작하였다.

1741 6월 28일 후에 형제단의 중요한 중심인 베들레헴의 기초가 세워졌다. 계속해서 나자렛도 세워졌다.
작고 조촐하였다. 다른 사람들을 계속 지원하기 위해 가능하였던 모든 사람이 일을 하고 돈을 벌었다.
여기서부터 북미뿐 아니라 서부 인도의 모든 선교사에게 지원이 되었다.
슈팡엔베르크는 "구세주의 무기고"라는 선교 학교를 설립한다. 훌륭한 조직가이며 위대한 비전의 남자(사람)였다. 누구도 그와 같은 그러한 커다란 열정과 결단력을 갖지 못하였다. 북미의 모든 인디언 부족을 개종하는 것이 그의 목표였다. 다비트 차이스베르거도 이 학교에서 공부하였다.

1742 특별히 독일 정착민을 대상으로 활동하였던 15명의 순례 설교자가 배출된다. 1748년까지 펜실바니아, 메릴랜드, 뉴저지, 뉴욕 주와 로드 아일랜드 그리고 마인에 31개의 선교 활동 장소가 생겨났다.

1744 7월 25일 슈팡엔베르크는 독일 마리엔본에서 주교 축성을 받았으며, 10월 말에 미국에서 헤른후트 활동의 지도자가 되었다. 그는 순례 선교자를 감독하였고, 인디언 선교 활동을 이끌었으며, 재정과 새로운 정착촌 건설 프로젝트 계획을 운영하였으며, 부분적으로 서인도와 수리남에서의 선교 활동에 대한 책임을 담당하였다.
활동은 계속 발전하였고, 베들레헴과 나자렛 선교 스테이션의 활동에 또 다른 형제들이 참여하였으며, 다양한 수익 사업이 확대되고 농장들이 만들어졌다. 이

북아메리카 베들레헴

러한 모든 사업은 미국에서의 활동과 선교뿐 아니라 다른 지역까지도 지원하는 자원을 공급하였다. 이미 1748년에 유럽과 활발한 무역이 진행되었다. 뉴욕과 유럽 대륙을 오가는 아이린Irene 선교선이 지속적으로 운행되었다.

1) 북미 인디언 선교

1740 8월 16일 흐리스티안 라우히가 뉴욕 주에 도착한다.
그는 인디언을 위한 첫 선교사로 부름을 받았다.
쉐코메코Shekomeko 마을의 모히칸인들 속에서 활동했다.
그들은 싸움을 하거나 평온한 시기에는 술에 빠져 살았다.
그들은 처음에 그를 미친 사람으로 보았고, 후에 그를 죽이려 하였다.
그러나 그가 하나님과 예수 그리스도를 말하는 방식이 추프Tschoop 추장을 감화시켰다.
그는 유명한 술꾼이었지만, 몇 주 후에 변화되어서 신앙에 눈을 뜨기 시작하였다.

1741~1743 친첸도르프가 미국에 도착하였다. 그는 체류 기간에 인디언을 세 번 방문하였다. 그는 쉐코메코 선교지를 방문하였고, 이로쿼이 민족의 6개 부족 대표와의 회의에 참석하였다. 바로 그들은 형제들이 그들 속에서 거주하고 그들의 언어를 배우기를 원했던 민족과 부족이었다.

1742 9월 7일 쉐코메코에서 첫 번째 인디언 교회가 세워졌다. 사나운 인디언들이 모범적인 크리스천이 되고, 가장 술을 많이 마시는 사람들이 술을 전혀 마시지 않는 사람들이 되었다. 쉐코메코는 모범적인 마을이 되었다.
또 다른 두 선교지가 세워졌다. 형제단이 된 인디언들은 유목 생활을 멈췄고, 땅을 경작하기 시작했으며, 형제단 규칙을 준수하였으며, 아이들을 학교에 보냈다. 술 취함, 절도를 멈추었고, 병자들과 부상자들 돌봄이 개선되었다. 복음은 사람의 내면을 변화시켰으며, 이러한 변화는 모든 면에서 나타났다.
그러나 이 활동은 식민지 개척자들과 지역 상인들 가운데 반대자들을 만들었다. 이로 인하여 형제들은 이 지역을 떠나도록 강요받게 된다. 라우히는 후에 서인도 제도로 부름을 받았으며, 다비트 차이즈베르거는 인디언 선교를 이어간다. 언어적으로 매우 재능이 있어 인디언 언어를 빨리 배웠다. 모하우크Mohawk 족에게 가는 도중 프랑스 스파이로 기소되어 한

형제단 정착촌 베타바라(Bethabara, 오늘날 Salem 지역)

동안 체포된다.

1746 6월에 일부 인디언은 형제들과 펜실베이니아로 떠난다. 그들은 나자렛 정착촌의 베들레헴 근처에 임시로 머물렀다.
여름 동안 그들은 블루 마운틴 맞은편에 있는 형제단 땅으로 떠났으며, 그나덴휘텐Gnadenhütten 인디언 정착촌을 설립한다. 또 다른 인디언들이 이곳으로 와서 정착촌은 매우 빨리 성장하게 된다. 1748년에 이곳에서 약 500명의 인디언이 세례를 받는다.

1747~1748 형제들은 다른 정착촌을 설립한다. 모든 정착촌은 헤른후트의 형태를 따라 설립되었고 운영되었다. 정착촌에는 규칙이 있었고, 인디언들은 농가 일과 생계를 꾸리는 것을 배웠다. 이것은 그들에게 새로운 것이었다. 그들은 물레방아, 방앗간과 제재소를 세웠으며, 경제적으로 매우 빨리 자립하였다.

1752~1754 선교는 계속 성공적으로 발전되었다. 당시 차이즈베르거는 이로쿼이스Iroquois 족 중심에 있는 오논다가Onondaga에서 거주하였으며, 술이 가장 큰 적이었던 인디언들 속에서 활동한다. 이로쿼이스 사전도 저술한다.

1755 프랑스와 인디언 전쟁으로도 알려진 프랑스와 영국 간의 7년 전쟁이 발발한다. 여러 인디언 부족이 전쟁에 어느 정도 개입하게 된다. 형제들은 중립을 유지하려고 노력하였지만, 프랑스로부터 그리고 마찬가지로 영국으로부터 그들은 어느 한쪽을 지지하고 있다고 의심을 받는다.
11월 24일 그나덴휘텐 정착촌은 밤에 프랑스를 지지하는 인디언들의 공격을 받았다. 11명의 사람들—선교사들과 그의 가족들—이 죽음을 당하였거나 화상을 입었고, 정착촌 일부가 불에 탔다. 몇몇 선교사들은 탈출하였다. 이 전쟁의 시기

친첸도르프와 이로쿼이 인디언과의 만남

에 인디언들뿐 아니라 백인 정착민들을 보호하기 위해 차이즈베르거는 600명의 인디언 형제들을 베들레헴과 나자렛으로 데려왔다.

1757~1760 그들은 베들레헴 근처에 나임Naim과 웨케탕Wechquetang 정착촌을 함께 세웠다. 이렇게 그들은 1763년 종전까지 살아남는다.

1763~1765 그러나 전쟁이 끝나자마자 백인 거주민들에 반대하는 인디언들이 독립을 위해 계속 투쟁하였던 소위 폰티액Pontiak 봉기가 시작되었다. 형제들 정착촌의 인디언들이 도주해야 했으며, 주지사의 중재로 정부의 보호를 받으며 필

라델피아에서 2년간 빈곤하게 살았다. 그러나 이곳에서 열병과 천연두로 사망한다.

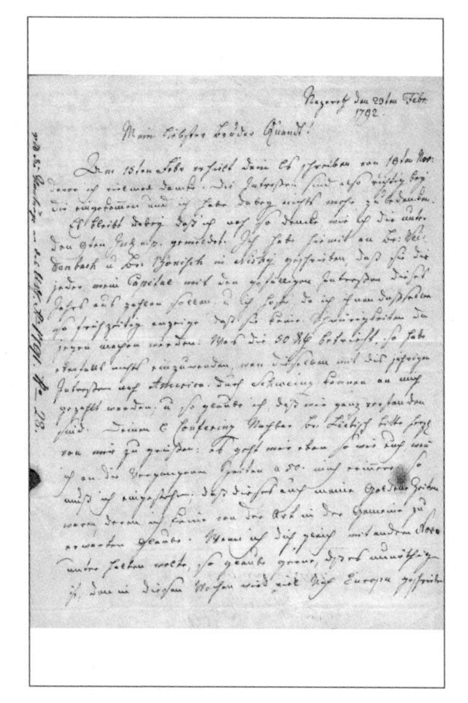

다비트 차이즈베르거 선교 편지

2) 델라웨어 부족 선교(1765~1903)

서펜실베이니아 그리고 오하이오를 거쳐 인디언들 공동체를 순회한다.
휴전이 체결되자 델라웨어Delaware 부족으로 가는 길이 열렸다. 형제들은 개개인에게 설교하기 위한 것이 아니라 전체 부족의 개종을 원했다. 차이즈베르거는 훌륭한 설교자일 뿐 아니라 건축가이자 조직가임을 증명한다. 이제 그의 활동은 절정에 달했다. 그러나 상황이 복잡하게 되었다. 언제나 반복해서 인디언 쪽으로부터 그리고 마찬가지로 백인 식민지 개척자들 측으로부터 역경과 박해를 당하였기 때문에 차이즈베르거는 인디언 교인들과 함께 이곳저곳으로 이동해야 했다.

1765 그들은 베들레헴 북서쪽에 위치하고 있는 인디언들이 떠나 비어있는 마을로 이주하여 프리덴스휘텐(Friedenshütten, "평화의 오두막") 정착촌을 건설한다.
새로운 정착촌은 훌륭한 평판을 일찍 받았다. 인디언들은 이미 낚시와 사냥만이 아니라 농업에도 종사하였으며, 다양한 농가 일과 상업도 배웠다. 마찬가지로 아이들을 위한 학교를 세웠다. 인디언들은 차이즈베르거의 설교에 크게 영향을 받았다. 정착촌은 2년 동안 선교 운동의 중심이 된다.

1768 델라웨어의 특별 초대를 받아 다비트 차이즈베르거는 다른 형제와 함께 펜실베이니아 북서쪽에 있는 델라웨어 마을 고쉬고순크로 떠났고, 그곳에서 그는 그들의 따뜻한 환대를 받는다. 이곳에서 차이즈베르거는 설교를 하였고, 선교관을 세웠으며, 게다가 의회의 동의로 마을에 주류 판매 금지를 발표할 수 있었다. 그러나 얼마 지난 후에 이교도 마법사들이 소문을 퍼뜨리고, 선교사들을 폄훼하기 시작했으며, 반복적으로 형제들을 위협하였다. 차이즈베르거는 여기서 활동을 지속할 수 없다는 것을 분명하게 알았다. 그럼에도 불구하고 여섯 가정이 개종하였고, 형제들이 그들과 함께 떠났다.

1769 박해 때문에 인디언들은 프리덴스휘텐 형제들과 함께 떠나 라분나크하네크 Lavunnakhanek로 갔으며, 형제들은 그곳에서 첫 세례를 베푼다. 이곳에서 차이즈베르거와 다른 사람들이 그들에게 합류한다. 그러나 그들은 다시 추방된다.

1770 열여섯 척의 배에 나누어 타고 강을 따

라 오하이오 주 경계까지 항해하여 그곳에 프리덴스슈타트(Friedensstat, 평화의 도시) 정착촌을 세운다. 여기서 많은 인디언이 세례를 받아 교회의 멤버가 된다.

1772 그러나 그들은 그곳에서 또 추방된다. 그들은 조상들의 땅을 떠나 펜실베이니아에서 오하이오로 가야 했다. 오하이오에서 평화로운 10년을 살면서 선교를 훌륭하게 성장시켰다.

1772~1780 차이즈베르거는 델라웨어 부족과 우호적 관계를 가졌다. 새로운 정착촌 건설을 위해 토지를 기부했던 네타베트베스Netawetwes 부족장에 의해서도 받아들여졌다. 차이즈베르거는 델라웨어 사람들에게 설교를 하였으며, 그의 설교는 오하이오에서 첫 개신교 설교였다.
받은 토지에 형제들이 함께 쇤브룬Schönbrunn, 그나덴휘텐(Gnadenhütten, "은혜의 오두막"), 리히텐아우(Lichtenau, "빛의 언덕") 그리고 후에 살렘Salem 정착촌을 세웠다. 선교사들과 델라웨어 조력자들로 조직된 위원회는 쇤브룬을 아름다운 도시로 성장시킨다.
인디언 문제 해결을 위한 국가 대표, 모건Morgan 대령은 차이즈베르거 마을의 인디언들은 완전히 문명화되었을 뿐 아니라 심지어 백인들에게도 모범이 되었다고 말하기까지 한다.
다비트 차이즈베르거는 복음을 강조했다. 그러나 마음속에 또 다른 한 가지 소망을 더 가지고 있었다. 바로 오하이오에서 기독교 인디언 국가 창설이었다. 델라웨어 부족장 네타베트베스Netawetwes도 이 생각을 지지한다. 그러나 이 계획은 영국 정부의 승인 없이 될 수 없었다. 그러나 준비 협상 중에 또 다른 전쟁 – 미국 독립 전쟁(1775~1783)이 벌어졌다.
전쟁이 오하이오까지 확산되었을 때 차이즈베르거는 다른 사람들과 함께 절대

다비트 차이즈베르거 인디언 설교

중립을 유지하기로 결정한다. 차이즈베르거는 미국 장교들이 기독교 인디언들의 군 복무 소집을 금지하는 법 제정을 의회에 호소하도록 베들레헴 위원회에게 요청한다. 그러나 중립을 지키면 지킬수록 부당한 의혹에 더 많이 노출된다.

1781 그들은 영국군을 돕는 인디언 그룹에 의해 공격을 받았고, 모두가 북쪽에 있는 선더스키Sandusky로 끌려갔으며, 이 인디언들이 다른 선교사들과 함께 차이즈베르거를 심문하기 위해 디트로이트로 끌고 갔다. 그러나 적절한 재판을 받은 후에 그들은 결백하다고 선언되어 선더스키에서 새로운 정착촌을 설립하는 것을 허락받았다.

1782 선더스키에 기아가 덮쳐서 농작물을 수확하기 위해 여성과 어린이들을 포함한 무리가 은밀하게 그나덴휘텐으로 되돌아간다.
그러나 3월 8일 그들은 미국 군인들에게 습격받아 어린이들을 포함하여 96명이 학살을 당하였고, 머리 가죽이 벗겨졌다. (그들의 유골은 후에 올바르게 매장되어 오늘날 이곳에 기념석이 세워졌다.)

1783 커다란 슬픔을 안고 나머지 인디언들이 북쪽 캐나다로 떠나 영국 영토에서 "노이 그나덴휘텐Neu Gnadenhütten" 정착촌을 세울 수 있었다.

1786 전쟁이 끝난 후 117명의 인디언이 남쪽으로 이동하여 "노이 살렘Neu Salem" 정착촌을 세웠지만, 다른 전쟁으로 1791년에 이곳에서부터 도망쳐야 했다.

1787 베들레헴에서 "이방인 복음 전파를 위한 협회"가 세워졌고, 이 협회가 선교사들을 크게 지원하기 시작한다.

1792 페어필드Fairfield 정착촌이 세워졌고, 2년 후에 여기서 기도처가 엄숙히 문을 열었다.
여기서 그들은 20년 동안 평화롭게 살면서 선교 활동을 한다.

다비트 차이즈베르거

1797~1798 형제들은 미국 정부로부터 더 많은 토지를 받았으며, 그곳으로 일부 인디언들과 다비트 차이즈베르거가 함께 이사해서 차이즈베르거가 자신의 마지막 정착촌이자 13번째 정착촌 고셴Goshen을 세운다. 여기서부터 다시 형제들이 다른 인디언 지역으로 선교를 떠났으나(예를 들어 치페와[Chippewa] 부족으로) 언제나 성공한 것은 아니었다.

1808 11월 17일 다비트 차이즈베르거는 87세로 죽는다. 그는 인디언의 사도였으며, 베테랑 선교사였고, 63년 동안 선교 활

인디언들의 이동

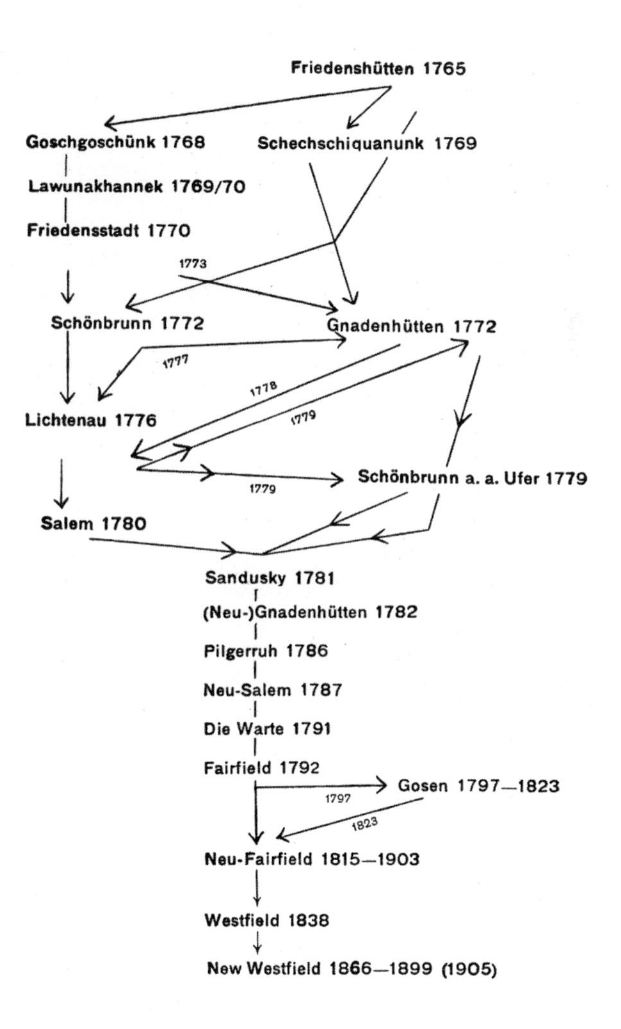

Friedenshütten 1765
Goschgoschünk 1768
Schechschiquanunk 1769
Lawunakhannek 1769/70
Friedensstadt 1770
1773
Schönbrunn 1772
Gnadenhütten 1772
1777
1778
Lichtenau 1776
1779
1779
Schönbrunn a. a. Ufer 1779
Salem 1780
Sandusky 1781
(Neu-)Gnadenhütten 1782
Pilgerruh 1786
Neu-Salem 1787
Die Warte 1791
Fairfield 1792
Gosen 1797—1823
1797
1823
Neu-Fairfield 1815—1903
Westfield 1838
New Westfield 1866—1899 (1905)

동을 하였다. 그의 선교 활동 이외에 그는 다양한 인디언 언어로 교과서, 사전, 읽기 책, 찬송가를 집필했으며, 성경 일부와 몇몇 다른 서적을 번역하였다. 붉은색 피부를 가진 인디언 형제들 속에서 살다가 죽었다. 고쉔Goshen에 묻혔다.

1813 페어필드 정착촌은 또 다른 전쟁으로 붕괴된다.

1815 베들레헴으로부터 방문 이후 이전 페어필드 근처의 캐나다 지경에 뉴페어필드 New Fairfield 정착촌이 세워진다. 여기서 교회가 수십 년 동안 지속되면서 크게 성장할 수 있었다.

1842 9월 17일 캐나다 지경에 세워진 교회 50주년을 기념한다. 그날 성인 101명과 어린이 432명이 세례를 받는다.

1848 8월 13일에 그들은 매우 기쁘게 새로운 교회를 개척한다.

1903 인디언들은 점점 더 영어와 영국 생활 방식의 영향 아래 놓이게 된다.
6월 1일 이 활동은 영국국교회로서 남아 있는 델라웨어 부족의 인근 지역에서 활동하던 감리교도들에게 이양된다.

3) 뉴페어필드 정착촌에서 먼 서쪽 지역

1837 새로운 정착지를 찾기 위해서 일부 인디언들이 포그레르Vogler와 미케쉬Mikeš 두 선교사와 함께 뉴페어필드에서 서쪽으로 떠난다. 캔자스Kansas에 있는 인디언 지역에 웨스트필드Westfield 정착촌을 세운다. 교회는 특별히 델라웨어 부족 사람들로 구성된다.

1853 그들은 이 장소를 다시 떠나야 했다.

고쉔에 있는 다비트 차이즈베르거의 무덤

1860 뉴웨스트필드New Westfield를 세웠다. 그러나 인종적으로 혼합된 기독교 마을을 장기적으로 선교 센터로 유지할 수 없었다. 시간과 조건들은 그러한 상황을 해결하지 못하였다. 뉴웨스트필드는 1900년에 미국 형제단에게 그들의 목적을 위해 이양된다. 오늘날에 이곳에서 형제단의 활동은 없다.

4) 체로키족 선교(1801~1896)

1801 살렘 형제들이 체로키Cherokee 부족 선교를 위해 북조지아로 선교 여행을 몇 차례 다녀온 뒤에 아브라함 스타이너 Abraham Steiner와 비한Byhan 형제들이 그곳에 스프링플레이스Springplace 정착촌을 세워 선교를 계속한다.

1807~1813 형제들은 조지아에서 플린트Flint 강가의 크리크Creek 부족 선교를 시도하였다. 그러나 그들의 노력은 실패한다.

1817 체로키 부족의 두 번째 부족장으로 인디언 피가 절반만 흐르는 찰스 히크스 Charles R. Hicks 형제가 선출된다.

1821 그의 영향과 경건 덕분에 오케로지Oochelogy라는 또 다른 선교 스테이션이 세워졌다.

1838 토지에 대한 백인들의 욕구 때문에 모든 인디언이 조지아에서 강제 추방된다. 선교사들은 그들과 함께 아칸소Arkansas로 떠난다.

1840~1843 선교사들은 흩어져 있는 인디언들을 다시 모으고, 체르키 부족의 작은 교회 가나안Cannan과 뉴스프링 플레이스New Springplace 그리고 시온산(Mount Zion) 지부를 세운다(1849).

1861 미국 시민전쟁 시기에 두 개의 장소가 파괴된다. 그 후에 우드무운트Woodmound와 탈레콰Talequah 선교 스테이션이 세워졌지만, 웨스트필드Westfield의 경우와 비슷한 이유로 1896년에 인디언 선교가 종결되고, 미국 형제단에게 이양된다.

1899 북아메리카 형제단 활동을 북과 남, 두 지역으로 나눌 것을 헤른후트 총회가 결정한다.

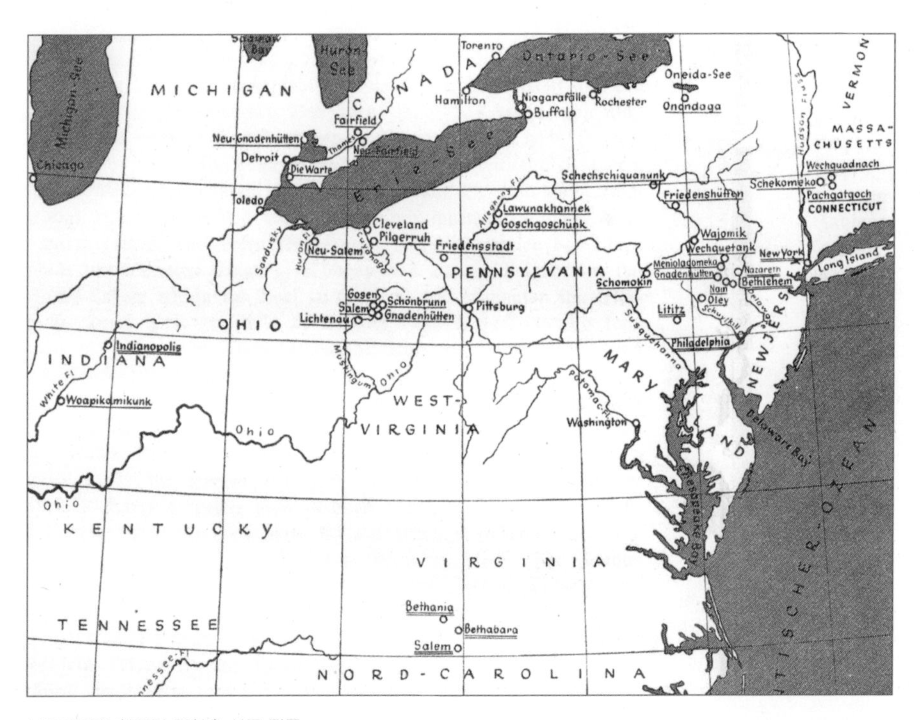

북아메리카 형제단 정착촌 선교 지도

5. 남미 대륙: 수리남 선교

1734 수리남 식민지가 네덜란드 정부에 속해 있었기 때문에 슈팡엔베르크는 수리남에서 형제들이 정착할 수 있는 조건을 협상하기 위해 암스테르담으로 떠난다.

1735 3월 7일 첫 식민지 개척자들이 여행을 떠난다. 그들은 작은 농장을 구입하여 경작한다. 그러나 다른 사람들의 유입으로 인해 폭동이 일어나기 시작하자 형제들은 곧 이 장소를 떠나 다른 곳으로 옮겨 성공적으로 선교를 수행한다. 선교는 인디언, 부시맨 그리고 노예 흑인들 속에서 진행된다.

1) 아라와크 부족 선교(1738~1808)

1738 데메라라Demerara 강 주변에서 선교 활동이 시작된다. 수리남은 네덜란드 식민지였으며, 후에 영국인들이 식민지 리오 데 베르비체Rio de Berbice*라고 명명하였다. 이곳에 인디언 부족 아라와크 부족이 살았다.

1740 비로니에Wironje 강에 아라와크Arawak 선교 스테이션 필거후트Pilgerhut가 설립된다. 요하네스 귀트너Johannes Güttner 그리고 루드비히 데네Ludwig Ch. Dähne가 첫 선교사들이었다.

1748 인디언들을 위한 복음 설교는 결실을 가져오기 시작한다. 이곳에서 지식이 많을 뿐 아니라 매우 능력 있는 신학자 살로몬 슈만Salomon Schumann이 활동을 시작하였다. 인디언 언어를 빨리 배웠을 뿐 아니라 벌목을 하였으며, 자신의 정원을 가꾸고 인디언들에게 노동을 소중히 여길 것을 가르쳤다. 얼마 후 그는 260명의 인디언을 돌보았으며, 그중에 180명이 세례를 받았다. 요한복음, 서신서 그리고 그리스도의 고난에 대한 이야기를 아라와크 언어로 번역하였으며, 아라와크 사전과 문법을 저술하였다.

선교사 슈만과 아르와크 인디언

1757 그들은 사라마카Saramaka 강에 선교 스테이션 샤론Sharon과 1759년에 선교 스테이션 에프렘Ephrem을 설립하였으며, 에프렘은 후에 잦은 홍수로 인해 강을 따라 상류쪽으로 이전해야 했으며, 후프Hoop라는 이름으로 불렸다. 그러나 이 지역은 전염병과 기근에 시달린다.

1760 10월 6일 슈만이 겨우 41세로 죽는다.

---

* 1802년 영국령 가이아나(Quyana) 일부가 되었다. 140쪽 "남미-영국 기아나" 참조.

1763 흑인들의 반란이 일어났으며, 혼돈과 폭력이 빠르게 퍼졌다. 필거후트Pilgerhut 선교 스테이션은 불탔고, 형제들은 도망쳐야 했다.

1779 샤론 스테이션의 활동도 취소된다. 부시맨의 잦은 공격으로 위협을 받고, 식량에 대한 염려로 고통을 받는 인디언들이 지속적으로 이 지역을 떠났다. 그래서 형제들은 후프 선교 스테이션 활동에 집중하였다.

1789 피셔J. G. Fischer 선교사 덕분에 다시 한 번 이곳 선교가 더 발전된다. 그는 인디언들이 한 장소에 정착하게 되면 선교에 더 유익할 것으로 생각하였다. 곧이어서 첫 세례가 있었다. 그러나 활동이 전체적으로 기울어졌다. 왜냐하면 많은 인디언이 알코올에 중독되었기 때문이었다.

1806 선교 스테이션의 상당 부분이 불에 탔고, 1808년에 이 선교가 결정적으로 끝난다.

수리남 인디언들

2) 부시맨 부족 선교(1765년부터)

부시맨은 수십 년간 원시림 속에서 숨어 살다가 도망친 흑인 노예들이었다. 그들은 크게 네 부족으로 나뉜다. 아우크Auk, 사라마크Saramak, 마투아리Matuari, 코피마크Koffimak.

1765 흑인 봉기가 끝났으며, 노예 제도가 폐지되고, 부시맨들은 완전한 자유를 얻었다. 주지사가 나라의 정치적 안정을 유지하기 위해 이곳에 형제단이 선교를 시작하도록 요청한다. 아우크 부족은 선교사를 받아들이는 것을 거절하였기 때문에 수리남 강의 사라마크 부족에서 활동이 시작된다.
루돌프 스톨Rudolf Stoll 그리고 토마스 존스Thomas Jones, 첫 선교사였던 이들에게는 커다란 도전이었다. 부시맨 부족에게 가려면 큰 폭포가 있는 강을 따라가야 했고, 폭염과 습한 원시림의 안개는 유럽인들에게 생명을 위협할 만큼 위험하였다. 존스도 곧 사망했고, 여기에 도착한 다른 형제들도 얼마 있다가 죽어갔다.
형제들은 선교를 열렬히 지지하였던 아비니Abini 부족장의 호의를 받았다. 심지어 그는 설교자로 유명해졌으며, 그의 설교 두 개는 오늘날까지 보존되고 있다. 스톨은 그의 도움을 받아 "흑인 영어"로 4복음서를 번역하였다.

1771 아비니의 아들 아라비Arabi가 첫 세례자가 되었다.

1773 부시맨 그룹이 이주한 밤베이Bambey 선교 스테이션이 설립된다. 이어서 형제들은 그들을 따라서 이사하였다.

1777 부시맨 첫 번째 사도인 스톨R. Stoll이 죽는다.

1784 형제들도 다시 이주를 해야 했던 곳에서 뉴밤베이New Bambey 선교 스테이션이 설립된다. 그 당시 20명의 부시맨이 복음을 듣기 위해 왔다.

1790~1791 교육에 대한 부시맨의 소망이 커지기 시작하였다. 형제들은 때때로 그들을 방문하였으나 많은 질병과 죽음 때문에 선교사들은 이 활동을 발전시키지 못한다.

1813 주로 젊은 사람들의 무관심과 선교사들의 부족으로 뉴밤베이New Bambey에서의 활동이 중단된다. 일부 충실한 사람들만이 도시들에서 선교사들과 연락을 유지하며, 원주민 협력자로서 일하였다.

1830~1840 부시맨들은 다시 교육에 대한 열망을 보여주었으며, 도시에 있는 형제들을 방문하였으며, 뉴밤베이에서 활동을 재기하기에 이른다.

1840~1859 새로운 봉사자들과 교사들이 이곳으로 왔으나 건강에 해로운 기후로 인해 모두 오랫동안 견디지 못한다. 선교사들은 병들어 떠나거나 아니면 최악의 경우 여기에서 죽었다. 그 결과 부시맨들까지도 이 지역을 완전히 떠나 덤불 숲속으로 흩어져 살았다.

부시맨

3) 식민지의 흑인들 선교(1754년부터)

1754 일부 형제들 선교사들은 파라마리보 Paramaribo로 파송되었고, 그들은 여기서 초기에 수공업자로 일하였으며, 자기 생활비와 아라와크 선교를 위한 다른 활동 자원도 마련한다. 농장과 마찬가지로 도시에서도 부정적인 입장으로 인해 형제들은 제일 먼저 선교 활동을 전혀 할 수 없었다.

1776 첫 번째 세례가 행해졌으며, 파라마리보에서 선교 스테이션이 설립된다.

1778 형제들이 첫 교회당을 세웠으며, 형제들에 대한 분위기가 바뀌었다. 도시에서 점점 더 많은 흑인이 그들과 합류하였다. 동시에 형제들이 방문할 수 있는 농장들

도 점차 많아졌다.

1785 형제들이 시골로 갈 수 있는 가능성이 생긴 것은 또 다른 변화였다. 주변 농장의 흑인들과 더 가까이 있기 위해 그들은 곧바로 시골에 솜멜스디크Sommelsdyk 선교 스테이션을 세웠다. 도시에서도 선교는 확장되었으며, 점차 주위에서 신뢰도 얻게 되었다.

1793 형제들은 네덜란드 자이스트Zeist에 "선교회"를 세워 수리남 선교를 전폭적으로 지원하기 시작한다.

1799~1816 이 지역은 과도기에 몇 차례 영국의 식민지가 되었다.
최종적으로 네덜란드 식민지가 된다.

1821 파라마리보Paramaribo의 천연두 전염병과 대화재 이후 복음을 증언할 가능성이 다시 열려 형제들은 농장의 노예들에게 가서 설교할 수 있었다.

1835~1859 형제들은 이미 존재하는 대부분 농장에서 선교 스테이션들을 설립할 수 있었다. 따라서 샤르로텐부르크Charlottenburg, 살렘Salem, 비크호이젠Beekhuizen, 루스트 엔 베르크Rust en Werk, 레린달Leliendal, 카타리나 소피아Catharina Sofia, 히렌디크Heerendijk, 베르사바Bersaba, 워터루Waterloo 그리고 클레비아Clevia 선교 스테이션이 설립된다. 90개의 농장에서 형제들은 설교할 수 있었다.
지역 흑인 영어와 네덜란드어로 형제단 첫 번째 『암호(로중)』를 출판하였다(1857).

수리남 원주민 정착촌

1863 노예 제도 폐지 그리고 1873년 완전한 자유에 대한 권리 선언으로 많은 흑인이 도시로 들어왔다. 도시 교회는 빠르게 크게 성장하여서 7개의 작은 교회로 분립해야 했다. 당시에 일부 선교사가 노예제도로 인해 결혼하지 않고 동거 생활을 하는 흑인들에게 질서와 기독교 태도를 가르치려고 노력하였다. 그러나 언제나 이성적으로 그리고 공감하여 진행된 것은 아니었다.

1898 선교사들은 한센병 환자를 위한 피난처를 설립한다.

1907 수리남은 형제단의 자치 선교 관구가 된다. 시골과 마찬가지로 도시에서도 학교들이 세워지기 시작한다.
형제들 선교사들은 교회 헌법과 행정을 만들어 영적·교회적 문제를 경제와 상업 문제와 분리시킨다.

1930 원주민 성직자들이 교육을 받는 신학교가 세워진다. 수리남 선교 관구에 60개 이상의 다양한 학교와 몇 개의 병원이 있었다.

1963 수리남의 형제단은 전 세계 형제단에서 자립적인 선교지가 되었다.

1975 더 나은 생활 조건을 찾아서 이 기간에 대규모로 수리남 사람들이 네덜란드로 이주했다. (네덜란드 형제단에 가입한 이민자들은 이미 오늘날 유럽 대륙 선교지 형제단의 숫자를 넘는다.)

베데스다 — 한센환자를 위한 선교 스테이션

6. 남아프리카 선교

남아프리카는 네덜란드 식민지였다. 케이프라고 불리는 남아프리카 지역의 원주민들은 서쪽에 호텐토트Hotentot 종족과 동쪽에 카프르Kafr 종족이 있었다.

1) 호텐토트 종족 선교(1736년부터)

식민 개척자들은 호텐토트 종족을 사람으로 여기지도 않았고, 그들을 짐승처럼 취급하였으며, 누구도 돌보아주지 않았고, 그들을 그들의 땅에서 추방시켰다. 이에 대한 소식이 헤른후트까지 들려왔다.

1736 2월 6일 헤른후트에서 26세의 게오르크 슈미트Georg Schmidt가 선교를 위해 떠났다. (그는 모라비아 쿤발트[Kunvald, 현재 지명 쿠닌Kunín]에서 태어났으며, 17살 때 비밀리에 헤른후트로 떠났다.) 그는 처음에 네덜란드로 가서 그곳에서 승선 허락을 받기 위해 오랫동안 기다렸다.

1737 7월 9일 게오르크 슈미트는 케이프 타운에 도착했다.

1738 바비안스클루프(Bavianskloof 후에 그나덴탈Gnadenthal)에서 정착하였다. 집을 지었고, 호텐토트 종족에게 처음 설교했던 곳에 배나무를 심었다. 그 배나무는 기념수가 되었으며, 그 후에 이 나무 아래에서 모임이 진행되었다.
아프리카 사람들에게 땅을 경작하는 것을 가르쳤고, 어린이들에게 읽고 쓰기를 가르쳤다. 매일 밤 그의 주위에 청중이

그나덴탈의 코이코이(Khoikhoi, Hotentot) 지역 교회

모여들었다. 그들에게 친첸도르프의 글을 읽어주었으며, 로마서를 가르쳤다. 오늘날까지 전해지는 자신의 일기에 그는 모든 것을 기록하였다.

1741 친첸도르프로부터 안수 증명서를 받은 후 그는 첫 호텐토트 신자를 세례하였다. 얼마 후에 그의 교회는 약 50명이 되었으며, 그들 중에 7명이 세례교인이었다.
네덜란드 장로교회 성직자들이 박해를 시작하였다. 그들은 교회 지도자들로부터 형제단 선교사들의 활동을 경고하는 목회서신을* 받았다. 호텐토트 종족을 경멸하고 그들을 짐승처럼 취급하였기에 그들에게 기독교 복음을 전하는 것을 견딜 수 없었던 식민 개척자들로부터 위협을 받았다.

1743 게오르크 슈미트는 세례와 활동을 금지당했으며, 네덜란드로 소환되었다. 장로교회가 있는 텍셀Texel 섬에서 자신의 활동을 변호하였으며 금지가 해제되어 다시 돌아갈 수 있기를 기대하였다. 그러나 헛되이 기다렸으며, 그의 교회는 목회자 없이 남아 있었다.

1744 게오르크 슈미트는 다시 독일로 돌아온다.

1787 요한 라이헬Johann Fr. Reichel은 인도 방문에서 돌아오는 길에 슈미트의 선교 활동 흔적을 케이프에서 발견하였으며, 케이프의 네덜란드 친구들이 슈미트의 선교가 재개되기를 갈망하고 있음을 알게 된다.

1789 형제단 총회는 남아프리카에서 선교 활동을 재개하기로 결정하였다.

1791 형제들 선교사들은 네덜란드 동인도 회사로부터 사전에 선교사들 숫자와 명단을 등록할 것과 기독교 교회가 전혀 없는 곳에서만 활동을 시작하는 조건으로 케이프에서 형제단 선교를 시작하는 것을 허락받는다.

게오르크 슈미트

1792 헨드리크 마르스벨트Hendrik Marsvelt, 요하네스 다니엘 슈빈Joh. Daniel Schwin 그리고 요한네스 흐리스티안 퀴늘Joh. Christian Kühnel이 파송된다. 그들은 이전에 게오르크 슈미트가 활동했던 곳에서 정착하는 것에 대해 동의를 받아 낸다. 그들은 그곳에서 그의 집터뿐 아니라 그가 세례를 베풀었던 레나Léna라는 나이 많은 원주민 기독교 여성도 발견한다. 지금까지 슈미트에게 선물로 받은 신약성경을 귀중한 보물로 간직하면서 자신과

* 1738년 10월 30일 암스테르담 교회 당국은 목회서신을 모든 성직자와 식민지인 수리남, 남아프리카, 동인도에 보낸다.

가장 가까운 사람들에게 그것을 읽어주었다. 선교사들은 첫 번째 원주민 그룹을 모으기 시작하였으며, 얼마 후 그들 가운데 몇 명이 세례를 받는다. 아프리카 사람들은 하나님 말씀에 대한 커다란 열망을 가졌으며, 많은 무리가 모여들었다.

1794 또 다른 고난과 박해가 시작되었다. 그러나 하나님은 형제단 선교사들을 도와주셨다. 네덜란드와의 전쟁에서 형제단 선교를 지지하였던 영국이 남아프리카를 차지하였다. 영국의 보호 아래 선교가 다시 빠르게 성장하였다.

1796 3월 24일 성대하게 그들은 그나덴탈Gnadenthal에서 기도처 문을 열었으며, 수공업 작업장을 세우고, 정원과 들판에서 일하였다. 선교 스테이션은 모든 면에서 번성하였다.

1808 총독의 요청으로 그로에네크루프Groenekloof 선교 스테이션이 세워진다.

1817 아프리카 선교 활동의 발전이 스웨덴 신학자 요하네스 할베크Johannes P. Hallbeck와 관계를 이어준다. 그는 케이프 지역에 선교로 부름을 받아 1840년까지 선교 지도자로 임명받는다. 그는 뛰어난 조직가였으며, 자신의 활동과 성품으로 많은 사람들의 인정을 받았다. 1836년에 그는 형제단 주교로 선출된다.

1823 형제들은 첫 번째 병원과 또 다른 선교 스테이션을 헤멜 엔 아데Hemelen en Aarde에 세운다.

1824 그들은 엘림Elim 선교 스테이션을 세웠다.

1838 그나덴탈에 원주민 동역자를 위한 학교

코이코이(Khoikhoi, Hotentot)족 체코 선교사 프란티세크 흐레보운

가 문을 연다.
노예 제도 폐지 덕분에 선교 스테이션에 많은 호텐토트 부족들과 흑인들이 왔다. 특히 그나텐탈은 매우 크게 성장하였으나 그 성장이 오히려 교회 내부 생활에 불리한 점이 되었다.

1840~1859 식민통치자들의 요청으로 전도처들과 또 다른 선교 스테이션 — 로벤 아일랜드Roben Island, 비테바터Wittewater 등등을 설립하였다. 당시에 형제들은 자주 원주민들의 알코올 중독 문제와 씨름하였다.

1884~1898 사람들은 대도시로 가기 시작했고, 형제들은 케이프 도시와 포트 엘리자베스Port Elizabeth에도 선교 스테이션을 세우기로 결정하다.

1906 서부 케이프 지역에서 49명의 선교사들이 활동을 하였으며, 그들은 12,071명을 돌보았다. 20세기 후반에 엘림Elim에서 정신장애가 있는 원주민 아동들을 위한 연구소가 최초로 문을 연다.

1967 남아프리카 서부 관구는 19세기에 카프르Kafr 부족 선교가 시작되었던 남아프리카 동부 관구와 함께 포트슈테인 총회에서 자치를 선언한다.*

7. 래브라도 선교(1752년부터)

1752 첫 번째 탐험 여행은 경험이 많은 선장 요한 에르하르트Johanna Ch. Erhardt의 지휘 아래 진행된다. 이전에 그는 마르틴F. Martin을 만났던 서인도제도에서 도선사였다. 그러나 에스키모인들은 에르하르트와 그의 동료 다섯 명을 죽인다. 나머지 네 명의 형제들은 어렵게 배를 타고 돌아온다.

래브라도 원주민 마을

1763 본래 프랑스 식민지인 래브라도Labrador는 프랑스 평화 협정으로 대영제국에 속하게 된다.

1764 옌스 하벤Jens Haven이 두 번째 여행을 떠난다. 이미 4년 동안 그는 그린란드에서 선교사로 활동하였다. 그의 작은 키 그리고 그린란드 언어 지식은 에스키모인들을 만났을 때 큰 도움이 되었다.

1765 하벤J. Haven과 이전에 그린란드 덴마크 선교사였던 드라샤르트C. L. Draschart, 힐트J. Hilt, 슐뢰저A. Schlözer가 세 번째 여행을 한다. 조건들이 좋았다. 형제들은 두 달 동안 해안을 돌며 에스키모인들과 친구를 맺는다.

1769 영국 왕이 래브라도의 형제들에게 40헥

* 136쪽 "19세기 선교" 참조.

타르 땅을 기부한다.

1770~1771 하벤의 지도 아래 형제들은 건설을 시작하여 나인Nain 선교 스테이션을 세운다. 11명의 형제와 3명의 자매가 이곳에서 일하였다. 형제들은 주로 11월부터 부활절까지 교육과 선교 활동에 전념하였다. 이 기간 외에 에스키모인들 대부분은 선교 스테이션에서 멀리 떨어진 곳으로 사냥을 나갔다.
하모니Harmony라는 이름을 가진 배가 정기적으로 이곳에 오기 시작한다(1년에 한 번).

1773 정부 대리인 중위 컬티스Curtis는 에스키모인들의 문명화와 근면성을 매우 칭찬하였으며, 그들의 태도 변화에 놀랐다. 그러나 에스키모인들은 자신의 종교를 조금도 바꾸길 원치 않았다.

1776 두 번째 선교 스테이션 오카크Okak가 세워지고, 에스키모인 안게코크 킨그민구세Angekok Kingminguse가 첫 번째로 세례를 받는다. 선교는 이곳에서 계속되었지만, 그렇게 성과가 있지 않았다.

1782 래브라도 최남단에 호프데일Hopedale 선교 스테이션이 설립되다.

1790 유명한 마법사이자 실질적인 통치자이며 살인자인 투그라비나Tuglavina가 개종을 한다. 그는 최고 권력을 가졌으며, 다른 사람들에게 영향을 강하게 끼쳤으며, 그의 마술로 사람들이 불가사의하게 죽었다. 그가 권력을 가지고 있을 때 에스키모인들은 종교를 바꾸는 것을 두려워하였다. 그의 진실된 회개 이후 변화가 일어났다.

1800 1800년 말에 세 선교 스테이션에서 세례자가 110명이 되었다.

에스키모 어린이

1804 형제들이 성령 강림이라고 말하였던 신앙 각성이 전체 래브라도 연안을 따라 일어났다. 그 사이에 형제들은 투글라비나 마법사 외에 이곳에서 지난 40년 동안 그들의 성도착증이 민족에게 부정적 영향을 끼친 것을 경험했다. 에스키모인들이 이 성도착증을 포기하였을 때 신앙 각성이 커다란 영적 변화의 도구가 되었다.

1807 신앙 각성은 아이들 사이에서도 계속 일어난다.

1830 최북단에 헤브론Hebron 선교 스테이션이 세워지고, 영국 성서 공회는 이누이트 부족 언어로 신약과 시편을 출판한다.

1847~1848 기독교 교육을 받기 위해 추가로 80명의 에스키모인들이 헤브론 선교 스테이션으로 왔으며, 그들 중 많은 사람이 복음을 받아들였다.
조아르(Zoar, 1865), 라마(Rama, 1871), 마크코비크(Makkovik, 1896), 킬리네크

(Killinek, 1904) 이들 형제단 선교사들이 선교 스테이션을 계속해서 설립한다. 그들은 남부에서 이주한 다른 이주자들도 섬겼다. 여기에 복음은 뿌리를 잘 내렸다.

1865 오카크Okak에서 많은 사람을 죽인 바이러스 대전염병의 결과로 형제들은 버려진 아이들을 위한 고아원을 세운다.

1903 오카크에서 병원이 세워지고, 허턴A. K. Hutton 박사가 운영한다.

1906 7개의 선교 스테이션에서 29명의 선교사가 일하였으며, 그들은 1,321명을 돌보았다. 전염병, 주로 1차 세계대전 이후 스페인 독감이 이들 활동에 커다란 타격이 된다. 에스키모인 중 약 1/3이 사망하였으며, 일부 선교 스테이션도 사라졌다.

1939 해피 벨리Happy Valley 선교 스테이션이 세워진다.

1960 북서강 선교 스테이션이 세워진다.

1967 포트슈테이나Potštejna 총회에서 래브라도가 자치 관구가 된다.

1980 래브라도에는 5개 지역 교회와 2,400명 교인이 있다.

2009 영국에서 열린 총회에서 래브라도는 선교 교구로 결정되었다. 재정적으로 관구는 미국 선교 단체(2016년까지도)에 의존하였으며, 오늘날 래브라도에서 이들 단체의 지원 없이 활동하는 것은 상상할 수 없다.

칼리네크 선교 스테이션

8. 새로운 선교지 개척

헤른후트 교회가 서인도제도와 그린란드 선교를 돌보는 일에 전념하였을 때에 친첸도르프는 다른 지역의 선교를 계획하기 시작하였다. 극동아시아는 중요한 방향이 되었다.

1) 라피 부족과 사모예드 부족(1734~1737)

1734 안드레아스 그라스만, 다니엘 슈나이더, 요한 니치만 주니어가 라피 지역으로 파송을 받는다. 교회가 이미 라피의 덴마크 식민 지역에서 활동한 것을 고려하여 형제들은 더 북쪽으로 유목민 라피 부족이 흩어져 있는 정착촌에 가기로 결심한다. 스톡홀름을 거쳐 그리고 계속 배를 타고 울레아보르그Uleaborg까지 도착한다. 그러나 많은 사람이 그들을 만류하였다. 그럼에도 그라스만은 라피Laponci 부족 그룹들과 함께 그들의 고향 빙하 바다로 떠났다. 그러나 언어 문제로 그는 곧 돌아온다. 그러자 형제들은 당국 때문에 울레아보르그를 떠나야 했다.

1736 형제들은 다른 북쪽 부족 사모예드Samojed로 떠났다. 그들은 스톡홀름에서 모스크바를 경유하여 아르칸젤스크Archangelsk에 도착하였다. 그들은 그곳에 도착한 사모예드 무리와 함께 계속 떠나길 원하였다. 그러나 그들은 북쪽으로 더 멀리 여행하는 것을 허락받지 못한다. 반복적인 여권 신청 때문에 지방 당국은 그들이 스파이이거나 혁명가이거나 도굴

아르칸젤스크에서 체포된 선교사들

범이라고 비난하였다. 그들은 체포되어 후에 전시 위원회 앞에서 변호를 해야 했던 페트르부르크로 이송된다. 그들은 무죄 판결을 받았지만, 다시 돌아오지 않도록 위협과 함께 나라에서 추방된다.
한 가지 이유는 공식적으로 선교사가 아닌 수공업자로서 여행했기 때문이었다. 그들의 목적은 실패했지만, 친첸도르프 백작은 이 지역에서의 형제단의 다음 활동을 위해 제일 먼저 러시아 정교회와 형제들의 관계를 명확히 하는 것과 그들로부터 지지 또는 심지어 지원을 얻는 것이 필요하다는 것을 깨닫게 되었다.

사무엘 리버퀸

2) 암스테르담 유대인 선교(1738~1743)

1738 원래 베를린 출신인 신학자 사무엘 리베르퀸Samuel Lieberkühn은 유대인을 위한 선교사로 암스테르담에 파송된다. 그는 주로 랍비직 – 탈무드* 추종자들이 살았던 유대인 지구에서 2년 동안 살았다. 그래서 그는 예수 그리스도에 대해 공개적으로 말할 수 없었다. 그러나 리베르퀸은 그의 접근 방식과 삶의 방식에서 많은 유대인에게 살아있는 증언이 되었다. 그는 곧 그들의 신뢰를 얻을 수 있었다. 그는 매일 회당에 가서 율법 공부에 참석했으며, 그들이 부정한 것으로 간주하는 음식을 먹지 않았다. 간단히 말해서 그들은 그를 유대인으로 생각하였다. 그들은 그를 랍비 사무엘이라고 불렀고, 그의 말을 듣기 좋아했고, 100년 이후에도 그의 선행에 대해 이야기하였다. 리베르퀸은 여러 차례 번역된 『복음서의 조화』라는 책을 출판하여 선교 현장에서 매우 유용하게 사용하였다(예수 수난 이야기를 담고 있는 마지막 부분은 형제단의 모든 부분에서 여전히 사용되고 있다). 그러나 그의 활동이 결실을 맺기 전에 그의 활동 방법 때문에 유감스럽게도 형제들 쪽에서 오해를 받았기 때문에 암스테르담으로 소환된다.

1741~1743 다른 선교사들이 암스테르담으로 파송을 받았지만, 리베르퀸의 활동을 이어갈 수 없었다.

3) 기니 해안(1736~1769)**

1735 코펜하겐에서 친첸도르프는 기니 해안에서 온 혼혈인 흐리스티안 야콥 프로텐Christian Jacob Protten을 만났다. 1727년에 그는 자신의 뜻과 달리 세례를 받았던 덴마크로 끌려갔다. 그는 여기서 수공예를 배우려 하였으나 결국 그는 공부하는

* 구약에서 하나님이 분명하게 보여주신 구원의 길에 대한 유대인의 해석.
** 황금 해안, 현재 가나.

것을 허락받았다. 프로텐은 자신의 나라 상황을 이야기하였으며, 친첸도르프는 프로텐이 선교 활동을 위한 좋은 조력자임을 알게 되었다.

1736 헤르니크 후코프Henrick Huckoff와 함께 기니 연안으로 파송된다. 그들은 총독에게 추천하는 편지와 함께 네덜란드에서 출항한다. 기니 출신 프로텐은 현지 언어를 구사할 수 있었기 때문에 친첸도르프는 성공적인 선교가 있을 것을 기대하였다. 그러나 네덜란드 정부의 통치 아래 있는 아크라Acra 도시에서 활동하기 전에 후코프는 1737년 6월 열병으로 죽는다. 프로텐은 고향인 당시 덴마크 정부에 속한 엘미나Elmina 도시로 이사하여 그곳에 원주민 어린이들을 위한 학교 설립 허가를 요청한다. 그러나 여기서 그는 도망친 노예로 여겨 구금된다. 나중에 그는 유럽으로 돌아갈 수 있었는데, 그곳에서 형제들은 그에게 다른 일을 맡겼지만 그는 거절하였다.

1767 덴마크에 있는 기니 회사의 요청에 따라 헤른후트 형제들은 또 다른 다섯 명을 그 지역으로 파송한다.

1768 그들은 7월에 현장에 도착하였지만, 9월까지 그들 중 세 명이 죽는다. 회사의 이어지는 요청에 따라 또 다른 세 명의 형제가 파송된다. 식민지 개척자들로부터 멀리 떨어져 있는 내륙으로 모두 함께 가서 그곳에서 원주민들을 선교하는 것에 동의를 받는다. 그들은 장소를 찾아 집을 짓기 시작하였지만, 다시 열병이 나서 결국 형제들 중에 한 사람도 살아남지 못한다. 기니 회사의 반복되는 요청에도 헤른후트 사람들은 이 지역으로 다른 형제들을 파송하지 않기로 결정하였다. 형제들이 이곳에서 많은 희생을 하였지만 결과는 없었다.

흐리스티안 야콥 프로텐

4) 알제리(1740)

1734 부유한 상인 아브라함 리히터Abraham E. Richter는 친첸도르프와 만난 후 형제단에 합류한다. 얼마 동안 그는 독일에서 그리고 런던에서 살고 있는 독일인들을 대상으로 전도자로 활동한다. 암스테르담으로 돌아온 그는 슈라이버Schryver 제독을 알게 되었으며, 리히터에게 알제리에 있는 기독교 노예들의 영적 필요에 대해 이야기하였다.

1739 리히터는 이미 50세였지만, 형제들은 그가 이 선교 활동을 시작하도록 허락한다.

1740 그는 2월 11일에 알제리에 도착한다. 네덜란드의 추천서 덕분에 노예들을 위한 종교 교사로 임명된다. 3월에 흑사병이 발생하였다. 그러나 리히터는 계속 활동하였으며, 병자들도 돌보았다.

7월 10일 흑사병으로 죽는다. 비록 그는 여기서 매우 짧은 기간 활동하였음에도 많은 사람의 인정을 받는다. 영국 노예들 가운데 두 명이 그의 활동 덕분에 후에 형제단의 회원이 된다.

9. 동방 선교

1735 동방 국가들에 대한 가장 많은 정보를 얻기 위해 다비트 니치만(형제단 변호사, Syndikus)이 페테르부르크로 파송되었다. 중국, 시베리아, 타르타리아,* 캄차카 반도와 칼미키야 사람들에 대한 많은 정보를 가지고 돌아왔다. 이들 긍정적인 정보 때문에 친첸도르프는 형제들을 루마니아 발라히아, 에디오피아, 중국, 페르시아 그리고 힌두스탄Hindustán으로 파송할 것을 생각한다.

요한 니치만은 당시 리보니아의 레발**로 파송된다. 동방으로 가는 두 길이 있었다: 북쪽 길 — 형제들이 사모예드로 가는 길에 시도하여 실패하였던 러시아 경유 경로, 남쪽 길 — 콘스탄티노플*** 경유 경로.

콘스탄티노플, 오늘의 이스탄불

1) 콘스탄티노플(1740)

1740 친첸도르프가 그리스학자 아르비드 그라딘Arvid Gradin을 중재자로서 콘스탄티노플에 파송한다. 그는 그리스 가톨릭 대주교가 공감해줄 것을 기대하고, 이로 인해 동방 선교 활동의 문을 열 수 있기를 희망하였다. 그라딘은 대주교를 만나 그에게 그리스어로 번역된 친첸도르프의 형제단 역사책을 전해주었다. 그러나 그는 일정한 불신을 가지고 있었고, 만남은 매우 신중하였다. 그라딘은 형제단 선교를 위한 허락과 지원을 얻지 못한다.

2) 루마니아 발라히아(1740)

동방으로 가는 양쪽 길이 실패하자 형제들은 동방 선교를 위한 스테이션으로서 루마니아 발라히아에 형제단 정착지를 세울 것을 결정한다. 당시 발라히아 군주는 나라를 발전시키기 위해 독일 수공예 기술자들을 찾았으며, 직접 헤른후트로 형제들에게 편지를 썼다.

1740 여름에 안드레아스 예쉬케Andreas Jäschke

* 당시 러시아 제국 시베리아 남쪽 지역.
** 오늘날 에스토니아 탈린.
*** 오늘날 이스탄불.

와 자하리아시 히르쉘Zachariáš Hirschel이 다른 조건들을 의논하기 위해 부쿠레슈티에 도착하였다.
그들은 토지뿐 아니라 종교의 자유와 비관세를 약속받는다.
12월에 형제들은 고향으로 돌아온다. 그러나 군주는 곧바로 죽어서 합의된 계획들은 실현되지 못하였다.

3) 칼미크족(1742~1822)

1742 예쉬케 그리고 히르쉘이 다시 선교를 떠난다.
그들을 칼미크Kalmyk족까지 안내한 다음 계속해서 중국으로 콘라드 랑게Conrad Lange와 함께 떠난다.
그러나 페테르부르크에 도착하자마자 스파이로 지목되어 체포된다.
그들은 죄가 없는 것이 판명되어도 여행을 더 지속하는 것이 허락되지 않아 집으로 돌아와야 했다.

1762 칼미크족에게로의 여정은 좀 더 나아졌다. 예카테리나 대제가 러시아를 통치함으로써 러시아 문이 열렸다. 예카테리나 대제가 자신의 나라를 지키기 위해 숙련된 수공예인들을 초청하였고, 헤른후트 형제들에게도 러시아에 정착하도록 제안한다. 형제들에게 보호와 자유로운 활동을 약속한다. 그러나 러시아 교회는 이에 반대하였다.

1764 형제단 총회 결정에 따라 칼미크족 선교 활동에 매우 유리한 아스트라한Astrachan* 영토에 정착촌이 세워진다. 형제들이 세운 조건들이 페테르부르크에서 승인되다.

사렙타 형제단 마을

* 볼고그라드와 카스피해 사이에 있는 지역.

1765 첫 다섯 명의 정착민들이 도착했고, 10월 11일 새로운 집으로 이사한다. 볼가강 변에 사렙타Sarepta 정착촌이 설립되어 번성하였다. 1773년에 200명이 이곳 정착촌에 살았다.

1766 후에 주교가 된 요한 니치만 주니어가 이곳에서 활동하기 시작한다. 여러 북유럽 나라를 경유하여 갔다. 사렙타에서 1783년 죽을 때까지 활동하였다.

1769 사렙타에서 도둑질하거나 구걸하였던 칼미크족과의 첫 번째 만남이 일어난다. 나이츠Neitz, 하멜Hamel, 말취Maltsch 형제들이 칼미크 언어를 배우기 시작하였고, 그들의 마을에서 그들과 함께 살며, 심지어 의학 지식 덕분에 대규모 유목민 이동에 동참할 수 있었다.

1770 아버지가 한 해 전에 사렙타로 데려왔던 칼미크족 소녀가 첫 세례를 받았다. 그레고르Gregor, 나이츠Neitz, 사이퍼Seiffert, 파이퍼Pfeiffer 형제들이 공식적으로 선교사로 임명되었다. 그들은 때때로 칼미크족을 방문하였으나 그들의 이동하는 삶의 방식이 선교 활동을 실제로 불가능하게 만들었다.

1800 형제들은 칼미크 아이들을 위한 학교를 세운다.

1806 키르기즈 사람들이 자신의 아이들을 팔도록 만든 큰 기근이 발생한다. 정부는 그들에게 기독교 교육을 하기 위해서 아이들을 샀다. 사렙타에도 네 명의 소녀가 왔다. 그들은 1810년에 세례를 받았다.

1813 형제들은 런던 성서공회로부터 칼미크 선교를 위한 재정 지원을 받는다. 그러나 이것은 러시아 사제들에게 커다란 적대감을 불러일으킨다. 그럼에도 칼미크 네 가족들과 친밀한 관계를 맺었고, 그들은 사렙타 근처에 정착하게 된다.

요한 니치만 주니어

1822 형제들은 정부에게 선교 활동에 대한 양보를 공식적으로 요청한다. 그러나 그것은 거절되어 성경 배포는 가능하나 세례는 베풀 수 없었다. 그래서 형제들은 독자적인 칼미크 선교 활동을 할 수 없게 된다. 형제들이 선교한 23명의 칼미크 사람들은 후에 그리스 가톨릭교회에서 세례를 받았다.

1852 사렙타 지도자 즈비크H. A. Zwick가 저술한 칼미크 독일 사전과 서몽골어 혹은 칼미크어 문법이 출판되다.

4) 카프카즈의 타타르인

1768 7월 17일 쿠체라Kučera와 베헤르Becher 두 형제단 선교사가 사렙타에서 카프카즈Caucasus로 떠났다. 그 지역에서 보헤미아 형제단 후손들이 아직도 살고 있었다고 했다. 지역 사령관이 큰 위험 때문에 그들이 산을 넘어가는 것을 허락하지 않았다. 그는 그들에게 제일 먼저 타타르(Tatar 또는 Tartar) 언어를 배운 후, 예를 들어 상인으로 떠날 것을 권하였다.

1777 또 다른 두 명의 형제가 언어를 배우기 위해 아스트라한 지역으로 파송되었고, 그들 중에 예쉬케A. Jäschke가 있었다.

1781~1782 10개월 여정 끝에 그들은 티플리스Tiflis*에 도착하였으나 여정은 성공적이지 못하였다.

페르시아에서 두 번째로 큰 도시, 이즈미르

5) 페르시아, 현재 이란(1746~1750)

암스테르담에서 친첸도르프는 페르시아에 살고 있는 헤베르Cheber 부족을 그에게 알려 주었던 아르메니아 상인을 만났다. 동방의 현자들의 후손일 것으로 생각했다. 그런 이유로 친첸도르프도 그들에게 가기로 결심한다. 페르시아에 의사가 부족하였다.

1738 형제단 의사 다비트 크리겔슈타인David S. Kriegelstein을 파송하기로 결정했지만, 그 계획은 실행되지 못했다.

1743 아우구스트 엘러August Eller 의사가 아스트라한을 경유하는 여정을 출발하였다. 그러나 러시아 정부는 그의 여정을 허락하지 않아 집으로 돌아가는 길에 죽었다.

1746 의사 프리드리히 호커Friedrich W. Hocker 그리고 그와 함께 외과 의사 요한 뤼퍼Johann Rüffer가 파송된다.

1747 11월에 그들은 시리아 사막에서 바그다드로 향하고 있던 사막의 대상들과 함께 이스파한Ispahán 도시에 도착한다. 그들은 여행이 고통스러웠다. 두 번이나 쿠르트족의 공격을 받고, 강탈을 당하고 부상을 입었다. 이스파한에서 그들은 영국 영사를 방문하였다.
여기에서 그들은 헤베르 부족 사람들 대부분이 신앙을 포기하도록 유혈 학살을 당하고, 체포를 당하였다는 소식을 들었다. 두 의사도 결국 강제로 출국을 당하였다. 그들은 이집트를 경유해서 고국으로 돌아오다가 이집트에서 뤼퍼가 죽는다. 프리드리히 호커가 1750년 2월에 고

---

* 현재 트빌리시Tbilisi.

국에 도착한다.

6) 이집트와 에티오피아(1752~1782)

1752 호커는 콥트 교도들과 함께 일하려고 이집트로 돌아왔다. 그는 카이로에서 의사로 일하고, 아랍어를 공부하였으며 아베시니아Abesinia*의 콥트 교도들에게 갈 수 있는 허가를 기다렸다. 정치적 혼란이 그의 의도를 가로막았다.

1755 그는 유럽으로 돌아왔다.

1756 그는 다시 출발하였고, 이번에는 게오르크 필더Georg Pilder와 함께 아베시니아로 가려고 힘쓴다.

1758 그들은 10월까지 이집트에 머무른다. 그러나 그들의 배는 침몰하였고, 의료 장비를 잃어버리고, 새로운 장비를 위해 카이로로 돌아와야 했다. 그의 최근 편지들 중의 하나는 친첸도르프가 콥틱 대주교에게 형제들이 아베시니아 입국 허가를 얻도록 요청한 것이다. 그러나 둘 다 중병에 걸렸다. 필더는 즉시 고국으로 그리고 호커는 1761년에 고국으로 돌아간다.

1769 호커는 세 번째 이집트로 왔다. 그의 주요 동역자들은 요한 당케Johann Danke와 악기와 시계 제작자인 존 안테스John Antes였다. 소요가 일어나서 아베시니아로 가는 길이 막혔기 때문에 카이로에서 형제들은 자신들의 분야에서 일하였다. 그리고 무슬림에게 복음을 설교하는 것은 사형을 감수해야 한다는 것을 의미하였기 때문에 성경을 번역하기 시작하였다. 단케는 나일강을 따라 베네세Benesse 콥트 마을까지 배로 도착하였다. 여기에서 그는 크게 환영을 받았다. 그는 1772년 죽을 때까지 이곳에서 활동하였다. 이집트에서 형제들의 활동은 일반적이지 않았다. 형제들은 콥트교회 모임과 그들의 사제를 방문하였고, 그들과 믿음에 대해서 대화를 나누었다. 그들은 공개적으로 설교하지 않았지만, 단순한 하나님의 봉사와 신뢰로 그리고 사람들에게 선행이나 의식으로 구원을 받는 것이 아니라 십자가에 죽으신 그리스도의 살아있는 믿음으로 구원을 받는 것을 보여 주였다.

프리드리히 빌헬름 호커

1779 형제들은 종종 위험에 처했고, 안테스J. Antes는 채찍질을 당하기도 했다. 탐욕스러운 터키 총독은 재정적 보상을 기대하였다.

1782 호커F. Hocker가 죽었다. 그 외에도 그해

* 오늘날 에디오피아 산맥.

에 열린 형제단 총회는 이집트에 파송된 모든 형제들이 귀국하도록 결정한다.

10. 동인도 선교

네덜란드에서 암스테르담 주재 동인도 및 서인도 회사와의 접촉 덕분에 친첸도르프는 동인도도 선교 계획에 포함시키기로 결정한다.

1) 실론, 현재 스리랑카(1740)

1739 1월 18일 아우구스트 엘러August Eller와 다비트 니치만 형제단 변호사*는 네덜란드 식민지였던 실론 섬으로 파송된다.

1740 1월, 남아공에서 슈미트G. Schmidt를 만난 남아프리카에서 짧은 체류 후에 그들은 섬으로 항해하여 콜롬보 도시에 도착하였다. 여기에도 이미 목회서신** 이 도착한다. 그럼에도 지역 총독 폰 임호프von Imhoff와 식민지 사제 베첼리D. Wetzeli의 지원으로 그들의 활동은 초기에 성공적이었다.
무구루감팔라Mugurugampela에서 그들은 싱하라Sinhalese 민족들 사이에서 집을 세우기 시작한다.
4월 2일, 그들은 그곳으로 이사하여 원주민들과 관계를 쌓고 그들의 언어를 배우기 시작한다.
그러나 그들은 자신들의 활동을 원주민들에게만 국한하지 않았다. 그들은 수도를 방문하고, 이민자들 사이에서 활동하여 곧 그들 주위에 많은 사람이 모여들었

실론의 네곰보Negombo 요새

* Syndikus-라틴어 Syndicus, 법적 대리인.
** 136쪽 "남아프리카 선교" 참조.

다. 그러나 몇 달 후 그들은 활동을 끝내야 했다. 총독이 죽었고, 목회서신의 영향하에 있던 그의 후임자가 "이단적인" 활동들을 계속하는 것을 동의하지 않았다. 형제들은 이전에 들어보지 못한 엄청난 훼방죄로 기소된다.
10월 8일에 그들은 승선하여 암스테르담으로 돌아온다.

2) 벵골만 및 니코바르 제도(1758~1787)

1758 친첸도르프는 덴마크 왕실로부터 덴마크 동인도 무역 회사가 지사를 둔 벵골만의 니코바르 제도에 정착하는 제안을 받는다. 게오르크 스타흘만Georg J. Stahlmann은 형제단을 위해 조건을 협상하도록 위임받았다. 형제들에게 종교의 자유가 보장되어 원주민들 사이에서 활동하고, 세례를 주고, 교회를 세우는 것을 그들은 할 수 있었다. 그러나 이 허가는 니코바르 제도에서만 유효했다. 그러나 제도에 직접 정착하는 것이 가능하기 전에 형제들은 덴마크-할 선교 단체(Danish-Hall Missionary Society)의 관리하에 있던 이전 인도(Farther India)의 동해안에 있는 항구 도시 트랑게바르(Trankebar, 현재 트랑감바디Tarangambadi)에 정착하는 것을 허락받다.

1759 9월 28일에 첫 번째 그룹의 형제들이 구성되어서 그들은 여행을 준비하고 언어를 배우기 시작한다.

1760 7월 2일 게오르크 스타흘만G. J. Stahlmann이 이끄는 14명의 형제가 현장에 도착한다. 그들은 집을 얻고, 나라의 주식인 쌀을 재배하기 시작한다.

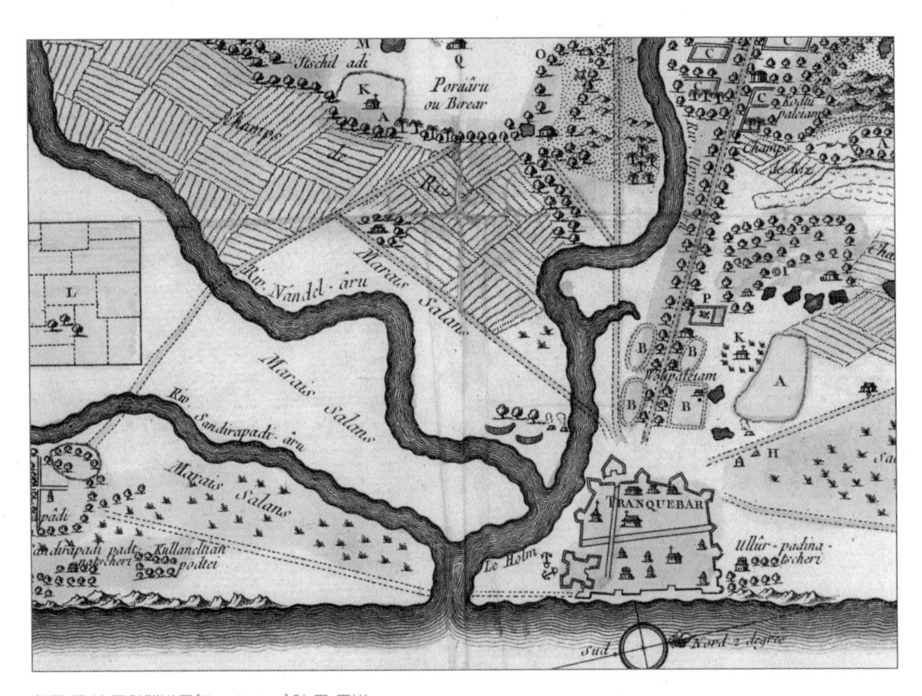

항구 도시 트알게바르(Trankebar)와 그 주변

1761 8월에 예슈케A. Jäschke가 이끄는 두 번째 그룹이 도착한다. 그러나 그는 곧 죽었고, 그의 아내도 얼마 후 죽는다. 형제들은 "형제의 정원(Bratrská zahrada)"이라는 정착촌을 세운다. 그들의 수공예 기술과 재배 기술 덕분에 정착촌은 곧 명소가 된다.

형제들은 니코바르 제도로 이주할 기회를 기다렸지만, 동인도 무역 회사가 잦은 사망으로 인해 그곳에서 지점을 폐쇄했다. 니코바르 제도 방향으로 항해하는 배는 하나도 없었고, 형제들은 제도에 도착할 기회를 오랫동안 찾았다.

그러는 동안에 형제단과 덴마크-할 선교회 사이에 큰 긴장이 일어났다. 선교회는 형제들의 활동과 그들의 선교 활동을 못마땅해했다. 그러나 동인도 무역 회사는 왕실의 지원을 받아 형제들을 보호했다.

1768 8월에 마침내 출항할 기회가 생겼다. 비슷한 방향으로 항해하는 배는 형제들을 화물과 함께 니코바르 제도로 기꺼이 데려다주었다. 지역 총독도 필요한 정보와 물품으로 그들을 도왔다. 형제들은 또한 현장에서 쉽게 조립할 수 있는 두 개의 목조 주택을 가져왔다.

여섯 명의 형제는 섬들 가운데 난카우리Nankauri라는 섬으로 출발해 그곳에 정착한다. 주변 마을의 족장들이 그들을 환대하며 맞이하고, 근처에 정착할 수 있도록 했다.

그러나 장마철이 시작되었다. 원시림의 해로운 환경으로 그해 말까지 세 명의 형제가 죽었다. 그들 중에 그들의 지도자와 의사가 있었다. 다른 사람들은 생계를 꾸리는 데 큰 어려움을 겪었다. 배는 의식적으로 섬을 피하거나 실제로 섬을 찾는 데 어려움을 겪었기 때문에 형제들은

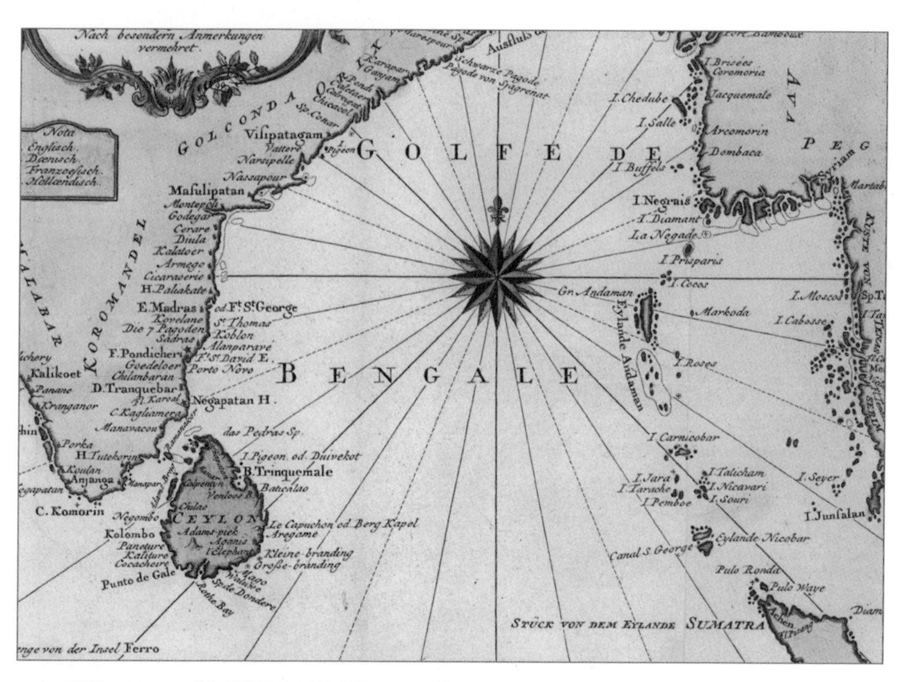

J. M. 벨린(1703~1772)의 벵골만과 니코바르 제도 지도

종종 연락, 소식 또는 기타 물품이 완전히 끊기는 경험을 했다.

1769~1773 섬에 무역 회사의 지점이 일시적으로 다시 문을 열게 되어 본토와의 정기적인 연결이 보장되었다.

1773 유럽에서 지난 몇 년 동안 금지되었던 지원들이 섬에 있는 형제들에게 도착하였다.

1774 형제들은 쌍돛대 배와 나중에 더 큰 배를 받아서 본토와 접촉을 유지할 수 있었다. 그러나 운영비는 매우 비쌌다.

1781 그들의 배는 프랑스 해적의 손에 넘어간다. 또 다른 덴마크 선박이 섬에 도착하는 데 3년이 걸린다. 형제들은 매우 궁핍하고 건강에 해로운 환경에서 생존하였으며, 힘들게 생계를 꾸려간다. 그들 중 일부는 죽는다.

1786 감찰하러 온 요한 라이헬Johann F. Reichel은 이 활동이 절망적인 상태임을 확신한다. 관리자들 또한 그에게 니코바르 제도로의 해운 교통이 비용적으로 매우 비싸서 계속 운영되지 못할 것이라고 전한다.

1787 마지막 형제들이 섬을 떠났고, 어떤 결과도 내지 못한 이 노력은 끝나게 되었다. 여기에 온 21명의 형제 가운데에서 8명이 고국으로 돌아간다.

질리나Žilina의 안드레아스 예슈케

3) 벵갈, 현재의 인도(1776~1792)

1776 아시아 무역 회사의 제안으로 요한네스 그라스만과 카를 슈미트Karl F. Schmidt 두 형제가 트랑케바르(트랑감바디)를 떠난다. 그들은 캘커타 근처의 갠지스강에 있는 세람푸르Serampur로 떠나가서 땅을 사고, 곧 그곳에서 활동을 시작한다. 요한네스 그라스만은 정원사로 일했고, 카를 슈미트는 의사였다.

1782 그들은 캘커타에서 영국 친구에게 토지를 선물로 받는다. 덕분에 이 지역에서도 활동이 발전할 수 있었다.

1783 그들은 덴마크 정착촌이 있는 파트나Patna로 이주한다.
형제들은 다음 그룹이 여기에 정착하도록 허락을 받는다.
외부 환경은 선교 활동에 매우 유리했지만, 형제들은 거의 극복할 수 없는 장애물에 직면했다.
처음으로 매우 강한 종교 체제를 만났으며, 그 종교와 직접 부딪치게 되었고, 형제들은 이를 어떻게 대응해야 할지

몰랐다.
기독교를 위해 누군가를 포섭하는 시도는 이곳에서 불안을 야기했고, 곧 추방될 위협을 받게 되었다.

1784 그들은 캘커타를 떠났으며, 3년 후 파트나를 떠났다.

1792 그들은 세람포어(Serampur 또는 Serampore)의 정착지를 폐지한다. 활동하는 동안 그들은 단 한 명의 노예 소녀에게만 세례를 베풀었다.

결론적으로 선교 활동 지원을 하기 위해 설립된 트랑게바르의 형제단 정착지는 그 의미를 상실하였다. 1792년까지 또 다른 지원들이 계속해서 오고 있었지만, 형제들 사이에는 긴장과 불일치가 있었다. 1795년에 선교 본부는 "형제단 정원" 정착촌을 폐지하기로 결정한다. 그 후 정부는 그들의 귀국을 허용했고, 1803년에 마지막으로 형제들이 인도를 떠난다.

형제단이 선교한 다양한 민족 가운데 첫 기독교인 (J. V. Haidt, 1747)

11. 유럽에서 형제단의 성장

형제단의 활동은 유럽에서도 빠르게 발전했다. 유럽 전역에 새로운 교회 공동체가 세워졌다.

1735 3월 13일 형제단 폴란드 지부의 주교인 다니엘 아르노슈트 야블론스키는 크리스티안 스트코비우스Kristian Sitkovius 주교의 서면 승인으로 베를린에서 재건형제단의 첫 주교를 축성한다.
헤른후트로 온 최초의 모라비아 망명자 가운데 한 사람인 수호돌 나드 오드로우 출신의 다비트 니치만이 첫 주교가 된다. 축성 때 두 명의 증인—바츨라프 즐라트니크Václav Zlatník와 야니크Janík—이 니치만 옆에 섰다. 다비트 니치만은 형제단의 63대 주교가 된다.

1736 12월 6일~9일에 마리엔본에서 백작 친첸도르프의 지도로 형제단 지도자들 회의가 열린다. 토론의 가장 중요한 주제는 주교직의 의미였다. 형제들은 주교직에 대한 형제단의 명확하게 정의되고, 독립적인 지위의 보장을 생각하기 시작한다. 홀슈타인의 덴마크 정착촌 필거루Pilgerruh, 네덜란드 히렌디크Heerendijk에서의 형제단 활동과 수리남과 북미에서의 선교에 관한 새로운 가능성도 논의되다.

1737 5월 20일 프리드리히 빌헬름 1세는 바로 그 친첸도르프 백작을 재건형제단 두 번째 주교로 축성하도록 야블론스키 주교(베른린의 칼뱅개혁교회 사제)에게 권한을 위임한다. 축성식은 야블론스키 주교의 집에서 행해진다. 다비트 니치만이 참석했고, 네슈노의 크리스티안 시트코비우스 주교는 자신의 동의를 편지로 보냈다. 증인은 다비트 니치만(syndicus, 대표자) 그리고 마티아스 쉰들러Matthias Schindler였다. 칼뱅개혁교회 사제들이 제3의 교회, 즉 재건형제단의 주교로 루터교인을 축성하였기 때문에 이 축성식은 당시에 매우 이례적인 일이었다.
루터교 목사 로테J. A. Rothe는 베르텔스도르프와 헤른후트를 떠난다. 그는 여기서 15년간 활동하였다. 그는 형제 공동체 설립에서 중요한 역할을 했다. 그러나 후에 그는 재건형제단 발전에 대한 열정을 잃어버렸다.
헤른후트가 설립된 지 15년이 지났으며, 친첸도르프가 참석한 기념일은 더 깊어진 기도 생활로 잘 거행된다.

주교 다비트 니치만

1740 7월 9일에 폴리캅 뮐러가 주교로 축성받는다. 그는 마리엔본 신학교를 담당한다.

1741 5월 25일에 얀 아모스 코멘스키 손자이며, 형제단 폴란드 지부 주교이며, 신학자이며, 개혁자인 다니엘 아르노슈트 야

블론스키가 베를린에서 사망한다.
7월 22일 요한 리치만 시니어Johann Nitschmann Sr.는 형제단 주교로 축성받는다.
11월 13일 "주 예수 그리스도"께서 친히 교회의 "최고 장로"로 선포되다. 지금까지 이 직제는 형제들 중에 한 사람이 맡았다. 현재의 이 직제 장로인 레온하르트 도버는 형제단을 발전시키는 자신의 임무를 감당할 수 없어 이 직을 사임한다.
"이 경험을 통해 형제단은 영적 교황직에 대해 자신들을 보호할 수 있게 되었다. 항상 구세주와의 개인적인 체험은 영적 생활을 이해하는 데 있어 토대가 된다. 형제 교단이 존재하는 첫 순간부터 진실로 예수 그리스도는 형제단 교회의 머리였으며, 궁극적으로 봉사에 대한 형제적 개념에 영향을 미쳤고, 즉 설교자들은 그리스도의 소유이며 섬김을 위해 합당하게 성화되며, 그분을 위해 그의 얼굴 앞에서 행해진 활동의 모든 형태는 평등하며 동등한 존경을 받을 자격이 있다."*

니즈키에 있는 형제단 교육학교

1742 호르니 루지체(체코명 Horní Lužice, 독일어 Oberlausitz, 폴란드어 Hornja Łužica)에 또 다른 체코 형제 망명 마을 니스케(Nízké, 오늘날 니스키 Niesky)가 세워진다. 얼마 후 동부 보헤미아와 북부 모라비아에서 비밀리에 살아가던 형제들 다수가 또 다시 떠난다. 예를 들어 돌니 체르므나 Dolní Čermná 마을은 모든 주민 전체가 이주한다.

1744 6월 15일 레온하르트의 형, 마르틴 도버 Martin Dober가 형제단 주교가 된다.

1744 7월 26일에 아우구스투스 코트리프 슈팡엔베르크가 형제단 주교가 된다.
형제들은 교회의 기능과 운영에 필요한 문제를 해결하기 위한 협의회를 매년 몇 차례씩 열기 시작한다.

1746 6월 14일 자이스트Zeist에서 프리드리히 벤젤 나이서Friedrich Wenzel Neisser, 다비트 니치만(syndicus, 대표자) 그리고 흐리스티안 프레데리크 스타인호퍼Christian Frederick Steinhofer는 주교로 축성을 받는다.
9월 25일에 런던에서 존 프레드리크 카머호프John Frederick Cammerhof가 형제단 주교로 축성을 받는다.
젊은 교육자 요한네스 랑구트Johannes M. Langguth가 백작 친첸도르프의 비서로 임명된다.
그는 후에 프리드리히 폰 바테빌레Friedrich

* Weinlick, John R. 『백작 친첸도르프』 (Stefanos, 2000).

von Watteville에 의해 입양되어 바테빌레의 바론(남작)이 된다.

1747 6월 4일 레온하르트 도버, 요한네스 본 바테빌레(란구트) 그리고 알베르트 안토니 비로트Albert Anthony Vierort는 주교로 축성받는다

1748 1월 10일에 프레데리크 마르틴Frederick Martin과 페터 뵐러Peter Böhler가 형제단 주교로 축성받는다.
릭스도르프Rixdorf의 형제단 정착촌 공동설립자 얀 예니크Jan Jeník가 태어났다. 후에 그는 릭스도르프에서 목사가 되고 죽을 때까지 활동한다.
마르틴 도버 주교가 헤른하크에서 죽는다.

1) 실레시아에서 형제단 지역 교회(sbor) 개척

1734 망명자들의 중요한 후원자인 에른스트 율리우스 자이들리츠Ernst Julius Seidlitz가 프로이센 지역의 오버-파이라우(Ober-Peilau, 폴란드어 Piława Górna, 1928~1945 Gnadenfrei)로 이주한다. 7년 후 헤른후트 형태를 따라서 그나덴프라이 이름의 형제단 정착촌이 설립된다.

1739 7월 9일 실레시아 야보르Javor에서 에른스트 율리우스 자이들리츠Ernst Julius Seidlitz가 체포되어 심문을 받는다. 왜냐

그나덴프라이, 현재 필라바 고르나

하면 금지에도 불구하고 망명자들을 보호했기 때문이다.
1740년 12월 21일 석방된다.

1741 그나덴프라이 정착촌이 설립된다. 형제들은 헤른후트와 활발하게 접촉한다.

1742 12월 25일 프로이센 정부는 형제단에게 프로이센 영토와 실레시아 어디에서나 정착할 수 있는 일반적인 라이센스를 발급한다. 형제단은 자립적이고 국가교회에 속하지 않은 독립적인 교회로 승인된다.

1743 1월 13일 그나덴프라이에서 형제단 지역 교회 설립식이 엄숙하게 열린다. 이 지역 교회의 회원이 되는 것은 결코 쉬운 일이 아니었다. 미래의 회원들을 순종과 규율로 묶는 질문들이 지원자들에게 주어졌다.
3월 21일 그나덴프라이에서 특별 회의가 열렸고, 이곳에 모라비아과 실레시아에서 온 망명자 35명이 함께 참석하였다. 그해 형제단 정착촌 건설이 시작되었다. 교인 수는 곧 200명에서 1,254명으로 증가했다.
7월 27일 형제들은 프로이센 왕 프리드리히 2세로부터 형제단 정착촌 그나덴펠트Gnadenfeld* 설립에 대한 특별 승인을 받는다. 형제단 설교자 미하엘 라우터바흐Michael Lauterbach가 여기서 봉사하기 시작한다. 그러나 현지 지역 루터교회의

그나덴베르크, 현재 쿠르지나 우 볼레스브체

* 오늘날 폴란드 파블로비츠키Pawłowiczki.

거부감, 후에 프로이센과 오스트리아와의 전쟁 등의 커다란 장애들이 수년 동안 발전을 방해했다. 1782년이 되어서야 그나덴펠트는 독립교회가 된다. 그때까지 그나덴프라이 형제들이 형제들 정착촌을 돌보았다.

실레시아에 또 다른 형제단 정착촌 그나덴베르크Gnadenberg와 그나덴네크Gnadeneck*가 설립되었다. 그나덴베르크는 1월 5일에 왕으로부터 특별 승인을 받아 이미 두 달 후에 지역 교회가 엄숙하게 문을 연다. 연말에 형제단 강당이 완공된다.

8월 25일 그나덴네크에서 프리드리히 폰 바테빌레Friedrich von Watteville가 주교로 축성받는다.

에른스트 율리우스 자이들리츠가 노바 솔**에 형제단 정착촌을 세우기 위해 이곳으로 왔다. 항해 가능한 강 오드라Odra가 근처에 있어서 정착촌 장소로 유리하였다. 6월에 형제들은 프로이센 왕 프리드리히 2세로부터 특별 승인을 받아 즉시 건축을 시작한다. 기도처, 고아원, 약국, 인쇄소와 줄무늬 직물 공장 건설을 계획한다. 일부 주민들의 불만 때문에 형제들은 이 장소를 위한 "도시 권리권(Městské právo)"을 1743년 10월이 되어서 받는다.

1744 형제들은 도시 건설을 시작한다. 일부 형제들이 헤른후트에서 신앙생활을 했던 대로 그렇게 자유롭게 그들은 이곳에서 살기를 원한다. 6년 후 272명의 정착민이 이곳에 살았으며 그들 중에는 시의회 의원들도 있었다. 전체 정착촌은 경제적으로 자립이 된다. 형제들은 병원, 학교, 약국, 묘지와 벽돌공장을 세웠으며 다양한 종류의 공예품을 생산하고 상업 활동을 하였다.

노바 솔

그들은 노바 솔에 실레시아 형제단 주교를 위한 거주지를 마련할 계획을 세운다. 노바 솔에 형제단 신학교를 세울 의도를 가지고 폴리캅 뮐러Polykarp Müller 주교가 실레시아로 이사했지만, 그 목적은 실현되지 못한다.

1747 6월 17일 폴리캅 뮐러가 죽는다.

1759 9월 24일 실레시아 3차 전쟁에서 러시아군이 노바 솔을 침공한다. 그들의 행동은 극도로 잔인했다. 러시아 군인들은 도시를 완전히 파괴하고 불태웠다.

1766 형제들은 도시를 재건하기 위해 노바 솔로 돌아간다. 에른스트 율리우스 사이들리츠가 죽는다.

* 오늘날 폴란드 보로베Borowe.

** 오늘날 폴란드 노바 솔(Nowa Sól, 독일어 Neusalz). 1945년에 이곳에서 활동이 잠시 중단되었다.

1769 그들은 노바 솔에서 새로운 기도처를 엄숙하게 연다. 프로이센 왕 프리드리히 2세는 경제적으로 도시 발전을 가속화하려고 노력하였고, 형제들은 그의 기대를 충족시킨다. 형제단 공동체는 자신들의 특정한 내적 결속력에도 불구하고 다른 지역 상인들에게 열려 있었으며, 형제들은 기꺼이 공적 생활에 참여했다. 전체 도시와 그 주변에 건전한 경제 발전과 도시의 전반적인 질서의 모범을 보여 준다. 1945년에 활동은 당분간 중단된다.
1781년 관용의 칙령 발표 이후에 형제단 정착촌으로 다른 이주민들이 오지 않았다.

2) 다른 활동의 발전

영국에서의 초기 활동은 선교 활동과 밀접한 관련이 있다. 친첸도르프는 여기에서 원래 형제단 설립을 생각하지 않았다. 그러나 런던은 해외로 가는 선교사들의 정착지 역할을 했다.

1739 페터 뵐러Peter Böhler 주교의 권유로 런던에 페터 레인 공동체(societa Fetter Lane)가 설립되었으며, 후에 여기서 존 웨슬리(John Wesley, 감리교 창시자)가 영적 갱신을 경험한다.

1742 10월에 관용의 법령에 따라 등록된 페터 레인 채플(Chaple Fetter Lane)은 영국 제도에서 형제단의 첫 번째 교회가 되었으며, 이 교회는 다른 활동의 기반이 된다.
1749년에 형제단은 잉글랜드에 의해 독립된 개신교 주교 교회, 구 형제단의 합법적 후계자로 승인이 된다.
1749년에 안수를 받은 존 체니크John Cennick도 독특한 인물이었으며, 순회 설교자로 일정 기간 활동한다. 그의 활동

런던의 페터 레인 건물

덕분에 많은 지역에서 그룹들 — 소사이어티가 형성된다.
귀족들의 지원 아래 잉글랜드와 아일랜드에서 형제단 마을과 지역 교회(sbor)들 설립이 일어나지 않았지만, 대각성 그룹들 덕분에 영국국교회들이 충분히 봉사하지 않는 지역 대부분에서 성장한다.

1750 옥부르크Ockbrook 형제단 마을은 페터 뵐러P. Böhler 주교의 결정에 의해 설립된다. 계속해서 그레이스힐(Gracehill, 1763) 마을이 세워졌고, 영국 형제단 교회 대표 벤자민 라트로브의 활동으로 페어펠트(Fairfeld, 1783) 형제단 마을 건설을 결정하게 된다.
1750년경 이미 재건형제단은 영국뿐만 아니라 다른 유럽 프로테스탄트 국가들에서도 자체 주교 안수와 자체 세계 선교를 하고 있는 독립적인 개혁교회(모라비안교회라고도 함)로 인정받는다.

1750 12월 6일 헤른후트에서 실레지안 교회들을 섬겼던 게오르크 바이브린거Georg Waiblinger가 주교로 축성받다.

1751 2월 3일 목수이자 헤른후트 공동 설립자인 흐리스티안 다비트가 죽는다.
9월 24일에 마테우 헬Matthew Hehl은 런던에서 주교가 된다.
존 카머호프John F. Cammerhof 주교가 죽는다.

1754 11월 14일 존 감볼트John Gambolt가 런던에서 주교가 된다.

릭스도르프 — 형제단 마을, 현재 베를린 지역

1756 3월 1일 소위 체코 시골 마을 릭스도르프Rixdorf가 베를린 남부 외곽에 세워진다. 작센주는 모라비아와 보헤미아에서 또 다른 망명자들을 받아들이기를 거부했기 때문에 특별히 호르니 체르므나Horní Čermná 인근 지역에서 온 보헤미아 형제들은 릭스도르프에서 새로운 피난처를 찾았다.

헤른후트가 설립된 지 약 20년 이후에 독일의 다른 지역과 네덜란드 및 덴마크에 다른 형제들 정착촌이 증가된다 (Heerendijk 1732, Pilgerruh 1737, Herrnhaag 1738, Neudietendorf 1742, Zeist 1746, Neuwied 1750, Kleinwelka 1751, Gnadau 1761, Christiansfeld 1772, Königsfeld 1807).

4월 25일 형제단 총회가 열렸으며, 여기서 친첸도르프 백작은 "모라비안 형제"에 대한 정의를 공식화하였다: "하나님의 백성의 행복과 자유를 누릴 수 있기 위해 그 자신이나 그의 조상 중 누군가가 모든 것을 버린 것을 증명할 수 있는 사람이며, 생명 외에는 구세주가 그들에게 요구한 모든 것을 포기한 사람이다."*

7월 5일에 안드레아스 그라스만이 형제단 주교가 된다.

1758 5월 12일 요한 니치만 주니어와 나타나엘 자이델Nathanael Seidel이 주교로 축성받는다.

1760 5월 9일에 제64대 주교 니콜라스 루트비히 친첸도르프 백작이 죽는다.

그 당시에 이미 재건형제단은 총 22명의 형제단 주교가 있었으며, 그중에 6명은

헤른후트 묘지에 있는 친첸도르프와 그의 친척들의 무덤

* Štěříková Edit a, *Jak potůček v jezeře*(호수의 실개천처럼) (Kalich, 2009).

모라비아 출신이었다.

1762 8월 2일에 니스키 형제단 정착촌 공동설립자 얀 라슈케Jan Raške가 죽는다.

1764 7월 2일에 마리엔본에서 재건형제단 첫 번째 헌법 총회가 열린다.*

1766 4월 1일에 첫 형제단 선교사이자 75대 형제단 주교인 얀 레온하르트 도버가 죽는다.
요한 니치만 주니어가 사렙타Sarepta의 새로운 정착촌으로 떠난다. 그는 그곳 칼미크족 사이에서 18년간 활동한다. 사렙타에서 그는 묻혔다.

1769 아우구스트 슈팡엔베르크가 이끄는 제2차 헌법 총회가 마리엔본에서 열린다.

1772 5월에 요한 니치만 시니어가 네덜란드 자이스트에서 죽는다.
10월에 베들레헴에서 다비트 니치만이 죽는다.
둘 다 형제단 선교사이자 주교였으며 모라비아 출신이었다.

1773 10월 7일에 카렐 아우구스트 파찰트Karel August Pácalt가 태어났으며, 후에 형제단 선교사이며 남아프리카 호텐토트 부족 선교의 계승자가 된다. 45세 나이로 죽는다.

1775 바르비Barby에서 헌법 총회가 열린다.

1777 바르비에서 또 다른 모라비아 출신이며 매우 겸손한 사람이며 주교인 프리드리히 벤젤 나이서가 죽는다.
4월 24일 헤른후트에서 주교 프리드리히 폰 바테빌레Friedrich von Watteville가 죽는다. 그는 어렸을 때부터 친첸도르프의 친구였으며, 처음부터 형제단 활동을 위해 자신의 삶을 불태웠다. 그는 훌륭한 설교자였으며, 설교와 사랑에 힘이 있었다.

안드레아스 그라스만

1779 3월 29일 네덜란드 자이스트에서 형제단 주교이며, 지도부 임원이며 기록보관자인 다비트 니치만(syndicus, 대표)이 죽는다.
슈팡엔베르크는 『이데아 피데이 프라트룸』(*Idea fidei fratrum*, 형제단 신앙의 개념)의 제목으로 저술한 재건형제단의 교리가 출간된다. 얀 예니크가 이 책을 체코어로 번역한다.

1781 주로 북유럽에서 활동했던 멜히오 차이즈베르거Melchior Zeisberger가 죽는다.

* 자세한 내용은 164쪽 "헌법 시노드" 참조.

1783 3월에 주교 안드레아스 그라스만Andreas Grassman이 죽는다.

1785 8월 2일 남아프리카 호텐토트 부족에서 선교 활동을 시작하였던 게오르크 슈미트Georg Schmidt 형제단 선교사가 죽는다.
그는 니스키Niesky에 묻힌다.

1786 훌륭한 법률가이자 친첸도르프 백작의 친구이며, 슈팡엔베르크의 중요한 협력자인 요한 프리드리히 쾨버Johann Friedrich Köber가 죽는다. 그는 1747년부터 형제단의 회원이었으며, 친첸도르프 생애 말에 그의 이상주의적인 계획을 잘 지휘 감독할 수 있었다. 처음 세 차례의 헌법 총회에서 중요한 법적 역할을 했다. 재건형제단의 새롭게 시작되는 구조를 도왔다.

1788 그나덴프라이에서 주교 바테빌레의 요한네스 폰 바테빌레가 죽는다. 그는 거의 50년간 교회를 섬겼다.

1792 9월 18일 베르델스도르프에서 주교 아우구스트 고트리브 슈팡겐베르크가 죽는다. 친첸도르프 죽음 이후 그가 그의 후임자가 되었다. 그는 단체의 적임자였다. 헤른후트에서 30년간 활동한 덕분에 교회의 조직적인 구조를 만들며 안정시켰고, 특별히 선교에서 자신의 지위를 강화하였다. 커다란 내적 권위와 명확한 비전으로 그는 88세가 될 때까지 재건형제단을 지도하였다.

아우구스트 고트리프 스팡겐베르크

3) 리보니아에서 디아스포라 선교

독일 기사 귀족들이 이미 리보니아(오늘날 라트비아와 에스토니아 지역)에 기독교를 전파하였다. 그럼에도 주민들은 비밀리에 계속해서 자연의 신들에게 제물을 바쳤으며, 주술을 행했으며 개혁(1521년)도 그것을 전혀 변화시키지 못하였다.

1721 뉘스타트Nystad 평화조약으로 끝난 대북방 전쟁 후 리보니아는 오랫동안 러시아의 영토가 되었다. 그러나 러시아인들은 그 땅에 정착하지 않았기에 발트-독일 귀족들이 자신들의 권력과 정체성을 계속 유지했다.
독일에서 신학을 공부한 성직자들이 리보니아로 할레 경건주의를 가지고 왔다. 경건주의는 귀족들 사이에서도 지지를 얻었다. 그의 사상과 함께 지역 농부들의 사회적 영적 상황에 대해, 시골 학교 건립에 대해 그리고 성경 번역 개정(라트비아어로 첫 번째 번역[1689], 신약 에스토니아어 번역[1676])에 대한 관심을 불러 일으켰다. 경건주의적인 귀족은 설립되고 있던 형제단 초창기부터 형제단과 친첸도르프 백작과 이미 접촉하려고 하였다. 그래서 형제들은 리보니아에서 진심으로 기대와 환영을 받았다.

1729 흐리스티안 다비트Christian David와 티모테우스 피들러Timotheus Fiedler는 리보니아를 방문한다. 그들은 리가에 잠시 정착하여 수공업자로서 일하였다. 그들은 지역 농부들과 가까이 지냈고, 그들의 상황에 대해 많은 것을 배웠다. 흐리스티안 다비트는 첫 번째 정착자로서 라트비아어를 배웠다. 형제들은 또한 볼마르Wollmar와 레발(Reval, 오늘날 탈린)을 방문하였다.
이것은 당시에 형제단의 가장 큰 디아스포라 활동의 시작이었다. 1733년에 피들러는 인도로 가서 선교를 계속한다.

1736 친첸도르프 백작도 리보니아에 도착한다. 그는 리가, 볼마르 그리고 레발을 방문하였다.
사람들로 가득 찬 많은 교회당에서 설교하였다. 그의 인물됨과 메시지는 귀족뿐 아니라 성직자와 시민들도 열광적으로 받아들였다. 이것은 형제단에게 또 다른 활동의 공간을 열어 주었다.
친첸도르프는 소위 "리보니아 계획"—과중한 일에 시달리는 루터 성직자들의 요청으로 그들을 돕도록 형제들을 파송하는 것—을 세웠다. 성경 공부, 잡다한 노동 그리고 지역 교회(sbor)를 위해 활발히 활동하도록 지역 교회 그룹 회원들 지도가 그들에게 맡겨질 주요 임무로 계획된다. 목회적 돌봄에서 형제들은 일찍 현지 신자들로 대체할 계획이었다.

1738 형제들의 지원으로 볼마르스호프Wollmarshof에 신학자 마그누스 분테바르트Magnus F. Buntebart의 지도 아래 교사 양성 학교가 설립된다.

레발, 현재 탈린 (에스토니아)

1738~1741 이곳에서 흐리스티안 다비트도 활동한다.
헤른후트와 그린란드에서와 마찬가지로 그는 여기에서도 형제단 센터 건설을 돕는다.
헤른후트에서 온 형제들(1740년까지 약 50여 명)은 전국에서 설교한다.
그들의 설교는 리보니아 전역에 빠르게 확산된 대각성 운동을 촉발시킨다.
에스토니아 북부와 외셀 섬(Ösel, 오늘날 사례만[Saaremaa])에서 대각성 운동이 귀족과 독일 시민들을 포함하여 전 인구에 영향을 미쳤다. 술집들은 텅텅 비었고, 새로운 직업 도덕이 지주들과 농노들 간의 관계를 개선시킨다. 교회 공간이 곧 신자들을 수용하기에 충분하지 않아서 모임은 야외 숲속에서 열린다. 폭풍우가 몰아치기 시작한 후에 형제들은 견고한 건물을 세우기 시작하였고, 각각의 지역 교회들 지도력은 점차적으로 현지 신자들의 손에 맡겨졌다. 어떤 곳에서는 헤른후트의 모델을 따라서 지역 교회들을 세웠다.
물론 이것은 루터교회와의 긴장을 가져왔다.
형제들은 의사, 교사 또는 수공업자로서 일했으며, 각 교회 교구에서 영적으로 각성된 라트비아와 에스토니아 신자들을 돌보았다. 그들은 현지 언어 설교와 친절함으로 지역 농부들의 마음을 점점 얻게 되었다. 이로 인하여 당시 독일 귀족의 폭정으로 만들었던 모든 독일에 대한 주민들의 증오를 끊었다. 오래된 이교도 관습의 악마적 올무로부터 해방시킨 목양과 사역이 대전환점이 되었다. 이 대화 후 농노들은 자신의 주인에게 가서 그리고 그들에게 훔친 물건을 돌려주었다. 그리고 지역 주민들은 이교도 봉헌 제단과 신성한 숲을 파괴했다.

1739 약 5,000명이 정기적으로 모임에 모였다.

1740 다른 형제들이 리보니아에 왔으며, 그들 중에 요한 니치만 주니어도 있었다.

1573년~1578년 리보니아 지역

Mahdas
islassitas garrigas jaukas
DSEESMAS
ohtrâ reisî drikketas/
un no
jauna pawairotas tahm
pehz
sawu muhsschigu isglahbschanu mekle-
damahm dwehselehm par labbu.

Tur kriht us waigu,un dseeda atkal to dseesminu
dseesmu no pirkschanas.
Rehwele, drikkehts pee Jehkabâ Jahnâ Köhlerâ
1742 Gaddâ.

1742년 라트비아어 형제단 찬송가

1742 리보니아 활동을 관리하도록 의사이자 신학자인 데이비드 지그문트 크리겔슈타인David Sigmund Kriegelstein도 헤른후트에서 파송받았다.
연말에 형제들은 그동안 활동으로 14,000~15,000명의 지역 신자들을 이루게 되었다.

1743 4월 16일 옐리자베타 여제의 러시아 제국에서 형제단 활동을 금지하는 법령이 발표된다. 그러나 이곳에서 형제단은 박해를 받으면서도 활동을 계속한다. 페테르부르크에서 당시에 칼미크 부족과 접촉을 시도했던 형제들은 체포된다. 리보니아에서 온 형제들도 그곳에서 투옥되었으며, 그들 중에 일부는 순교를 당한다. 형제들의 선교 활동은 멈추지 않았으며, 고통의 시간을 겪게 되었다.

1747 다디트 지그문트 크리겔슈타인도 체포된다. 12년 옥살이 후 석방되어 카잔으로 추방되어 그곳에서 1760년에 죽었다.

1764 해외 선교 활동에 새로운 확장이 또다시 일어난다.

1801 유럽 기독교에 매우 개방적이고, 형제단을 지지하는 알렉산더 1세가 러시아 황제가 된다.
형제단 활동은 여기서 19세기 중반까지 성장한다. 형제들은 농장 부지에 목조 예배당들을 세운다. 존재하고 있는 목록에 따르면 이곳에서 이미 1840년까지 253개 예배당이 세워졌다. 1854년까지 276개 예배당에 83,272명의 신자들이 있었다.
형제단은 이 지역(리보니아)에서 상대적으로 사회적 경제적 삶에 큰 영향을 미친다. 그래서 형제단에 대해 호감을 갖고 있는 발트 지역 귀족은 에스토니아와 라트비아의 삶의 방식에 대해 개방적이었고, 사람들의 민족 각성을 지원했다.

1857 전체 시노드는 리보니아의 형제단 활동 구조를 변경하기로 결정한다. 전체 시노드는 현지 신자들이 익숙해하는 특징적인 헤른후트 특성을 폐지한다. 그러나 이 결정은 현지 교인들의 영적 생활을 방해했고, 많은 사람이 형제단을 떠나게 하였다. 공동체는 작아졌다. 많은 예배당이 빈 채로 남았으며, 지역 루터교회에 팔리거나 이양되었다. 현지 교회에 점점 더 적응되면서 디아스포라 선교는 피해를 입었다. 그것은 환영할 일이었지만, 특징적인 헤른후트 활동으로 얻었던 영적 각성의 특색을 잃어버리고 있었다.

1903 자유롭게 활동할 수 있는 형제들 몇 명 만이 남았다. 그러나 형제단은 교회적 인 그리고 공적인 삶에 이전처럼 실제 적으로 더 이상 거의 영향을 미치지 못 하였다.
1914년 전쟁과 1918년 혁명으로 전체 상황이 완전히 바뀌었고, 전쟁과 혁명으로 형제단은 이 지역을 완전히 떠날 수밖에 없었다.

결론적으로 18세기에 형제단 선교사들은 총 24개국의 민족을 방문하였으며, 18세기 말까지 약 15,000명의 사람들이 그리스도에게로 돌아오도록 도왔다. 이것은 확실히 적은 숫자가 아니며, 오늘날에도 모라비아 형제들의 활동에 우리는 분명히 감사할 수 있다. 세계 형제단 교회들의 분포를 표시한 현재 지도를 보면 당시 윌리암 캐리처럼 똑같이 말할 수 있다. "이 모라비안들이 무엇을 했는지 보라!" 18세기의 형제단은 이방인들에게 특별히 십자가에 못 박히신 그리스도에 대해, 그의 고통과 그들의 죄로부터의 구원에 대해 증언하였다고 말할 수 있다.

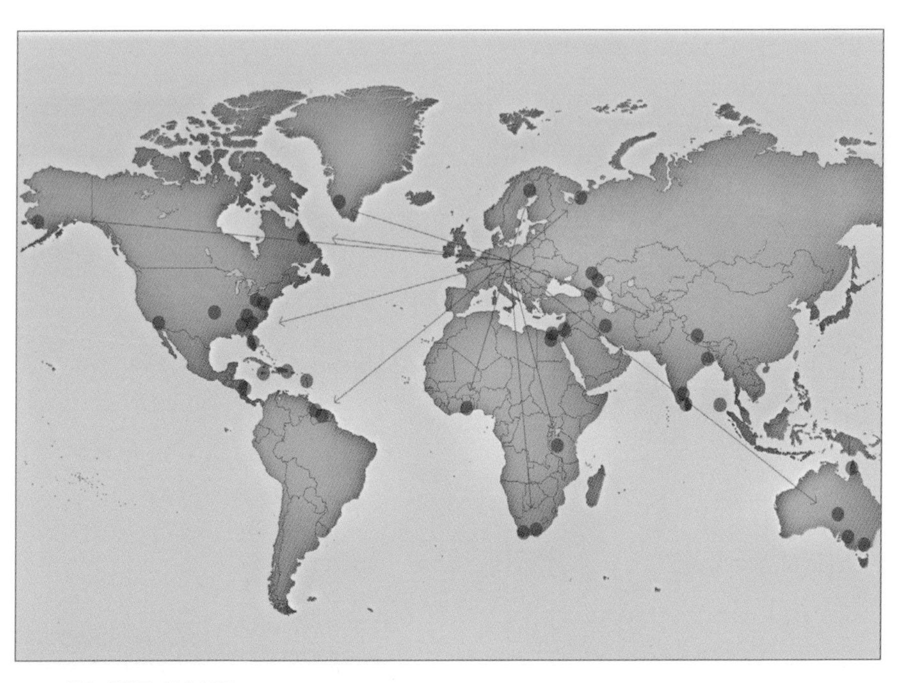

18~19세기 형제단 세계 선교

19세기 선교

형제단 해외 선교는 18세기에 이미 시작되었다. 19세기 초부터 다른 그룹들이 해외 선교를 하기 시작한다. 특별히 영국선교회가 해외 선교를 했다.
따라서 형제단은 다른 그룹들로부터 경험을 얻었으며, 그것은 형제단 선교 활동에 더 큰 열정을 가져왔다. 유럽에서 선교 활동의 결과에 대한 관심이 점점 높아지면서 형제단 선교 활동은 재정적 기부와 추가 지원을 더 많이 받게 된다. 활동에서 영적으로 성장하였지만, 자신들의 본래의 활동 방식을 포기하지 않았다. 형제단 선교의 관심은 전 영토와 민족들의 기독교화가 아니라 지속적으로 개인의 마음에 초점을 맞추고, 모든 사람을 그리스도와의 개인적인 관계로 이끄는 것이었다. 어떤 곳에서는 선교가 독립적인 활동으로 이미 전환되었고, 몇몇 지역에서는 형제들이 떠나야 했고, 다른 지역에서는 활동이 막 시작되었다.

1. 남아프리카 선교

카피르Kafir 사람들은 남아프리카 케이프의 동부에 살았다. 그들의 영토는 호텐토트 부족의 영토와 접했다(남아프리카 선교 참고).

1) 카피르족 선교(1818년부터)

1818 주위에 주로 호텐토트족이 살고 있었기 때문에 에논Enon 선교 스테이션을 설립하여 카피르 선교를 위해 준비하였다.
이곳에서의 선교 활동은 카피르족이 영

일하고 있는 카피르 부족 사람들

국인과 자주 전쟁을 했기 때문에도 천천히 시작되었다. 이 전투들은 매우 잔인하고 피비린내가 났다.

1827 다 바우아나Da Bauana 카피르 부족장은 자신의 백성들을 위한 선교 활동을 하기를 원한 형제들을 초대한다. 이 만남에 한츠 할베크Hanz P. Hallbeck와 프리치Fritsch 형제가 참석한다.

1828 첫 번째 선교 스테이션 실로Silo가 세워진다. 카피르족 외에 호텐토트족도 오기 시작하여 긴장을 불러일으켰다. 그 후 오랫동안 두 종류 예배가 드려지는 것이 필요하였다.

1850 고셴Goshen 선교 스테이션이 설립되었다. 1년 후 전쟁이 발발하여 형제들은 피신해야 했으며, 두 선교부는 파괴된다. 몇 년 후 다시 활동이 계속되었으며, 선교부 건물 외에 학교들도 세워진다.

1859 엔고티니Engotini에 또 다른 선교 스테이션이 생긴다. 선교사 하인리히 메이어Heinrich Meyer가 지비Zibi 부족장의 지원 아래 활동하였던 템블란드Tembuland 지역에서 선교부들이 계속 세워진다. 그 이후에도 활동은 퀸스타운Queenstown, 이스트 런던East London으로 확대된다.

1875~1905 엘루콜베니Elukolweni, 티나나Tinana, 베데스다Bethesda 등의 선교 스테이션이 문을 연다.
1894년~1913년에 주로 에논 선교 스테이션에서 일했던 체코 선교사인 프란티세크 흘레보운František Chleboun도 카피르 선교 활동에 전념하였다.

1901 원주민 교사와 동역자 양성을 위한 선교-사범 학교가 문을 연다. 그들은 믿음이 굳건하였고, 매일 사역에서 형제들을 위한 큰 조력자들이 되었다. 자신들의 정치적 독립을 잃어버리고 식민지 생활

카피르 부족에서 활동하는 선교사

에 복종해야 했던 카피르족들은 선교사들을 진정한 친구라기보다 정치적 중개인으로 여긴다. 그래서 활동은 천천히 지속되었다.

1906 이곳에서 98명 복음 전도자, 35명의 선교사 그리고 원주민 조력자 7명이 활동하였다. 그들은 8,771명의 신자들을 돌보았다.

1930 남아프리카 이 지역에서 형제단은 이미 61개 초등학교에 126명의 교사를 두었다. 이들 외에 3개의 전문학교도 설립되었다. 남아프리카 두 개의 관구 – 서부와 동부는 분리되어 독립적으로 활동하였다. 이 활동의 분할은 정당화되었지만, 관계의 소원, 분리적인 구조와 의심의 뿌리 깊은 해묵은 문제들이 일어났다.

1976 자메이카 우니타스 프라트룸 총회에서 두 개의 관구를 하나로 통합할 것을 결정한다.
오랜 과정이 시작되었다. 그 당시 큰 문제인 백인의 권리를 엄격히 선호하고, 인종차별을 선동한 남아프리카 아파르트헤이트(인종차별정책)가 모든 상황으로 인해 더 복잡하게 된다.

1980 남아프리카에 90,000명 이상의 등록 교인과 약 75개의 교회가 있었다.

1986 두 개 관구의 연합을 준비하는 위원회가 설치된다.

1998 새로운 법이 채택되어 그때부터 형제단은 남아프리카에서 하나의 관구로서 활동한다.

남아프리카 형제단 선교 스테이션의 주일

2. 남미 선교: 영국 기아나 선교(1835년부터)

에세퀴보Essequibo, 데메라라Demerara 그리고 베르비체Berbice 강 주변 지역은 선교사들이 아라와크 부족 선교 활동을 하였던 네덜란드 수리남에 본래 속했었다(남미 – 수리남 참고). 정부의 다양한 변화들 이후 그 지역은 1802년에 영구적으로 영국의 손에 넘어간다.

1835~1838 이곳에 흑인 선교가 시행된다. 콜레만Coleman 부부와 후에 하만Hamann 부부가 이곳에서 활동하였지만, 무관심과 상당한 어려움으로 인해 다시 종료된다.

1878 농장주의 초청으로 바르바도스Barbados

에서 세 명의 토착 원주민 형제 선교사 – 헨리 무르Henry Moor, 필그림A. Pilgrim과 교사 로베르트 포터Robert E. Potter가 도착한다. 그들은 흑인과 혼혈인들을 위해 일하기 시작한다. 그들 대부분은 이미 기독교인이었으며, 다른 지역에서 온 몇몇 형제단 교인이었다(노예 제도 철폐 후 흑인들은 일을 위해 여러 곳으로 이사하였다). 형제들은 각 그룹을 돌보는 것과 함께 교육 활동도 하였으며, 학교를 세웠다.
그레이엄스 홀(Grahams Hall, 1878), 태버내클(Tabernackle 성막, 1883)이라고 불리는 베터버웨그팅Beterverwachting, 퀸스타운(Queenstown, 1902) 선교 스테이션과 지역 교회 등이 데미라라Demerara와 베르비체Berbice 강 하구에 점차적으로 세워졌다.
헨리 무어Henry Moor 이후 전체 활동의 지도자가 된 원주민 활동가 존 딩월(John Dingwall, 1944년까지 이곳에서 근무)도 이 성장에 가장 크게 기여했다.

1907 가이아나는 자신들의 규칙이 있는 형제단의 독립 선교 관구가 된다.
선교사들은 이교도 부족(영인 혼혈인 쿨리[Anglo-Indians Coolie]) 선교 활동을 시작한다. 그러나 이 활동은 협력자와 재정적 자원 부족으로 충분히 발전될 수 없었다.
형제들이 돌보았던 또 다른 흑인 그룹들이 성장하였다. 이 기간이 가이아나 선교에서 가장 열매가 많았다. 이곳에 총 10개의 선교 스테이션들이 설립되었고,

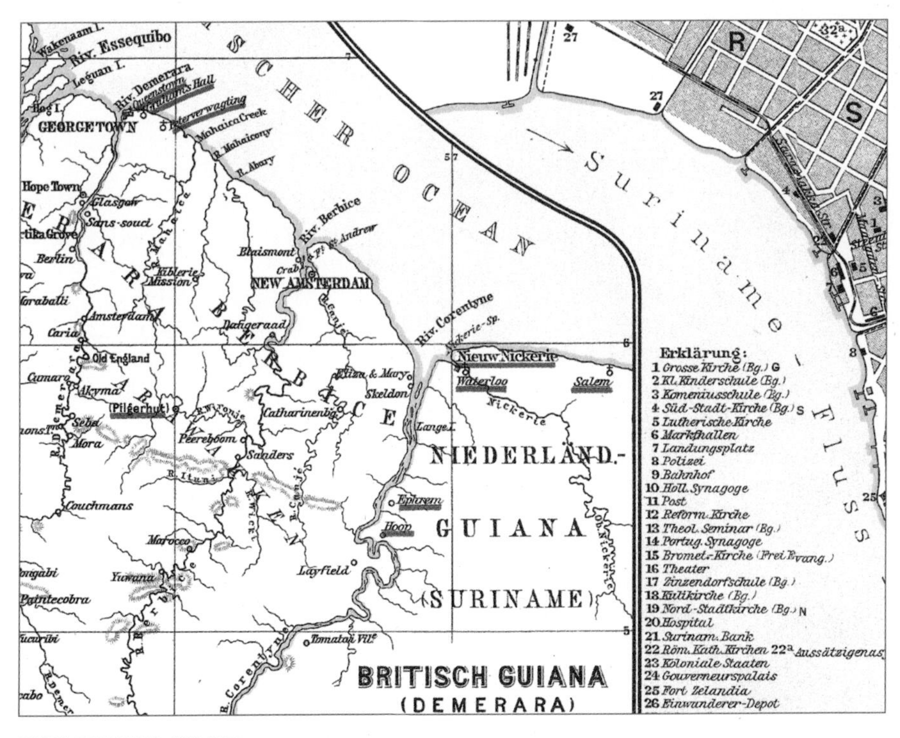

영국령 가이아나의 선교 지도

3,600명 등록 교인, 3개의 학교에 950명 어린이와 600명의 주일학교 학생이 있었다. 수도 퀸스타운에 딩월이 약 1,000명의 학생이 있는 코메니우스 고등학교를 세웠다.

1966 가이아나가 자치 독립 국가가 된 후 모든 지역 학교가 국립이 되었다. 가이아나는 오늘날까지 형제단의 선교 관구이다.

3. 중미 선교: 니카라과 선교(1849년부터)

모스키트Moskyt 해안*에 있는 미스키토Miskito 인디언들의 어려운 상황에 대한 정보를 바탕으로 1848년 형제단 총회는 이 지역에 선교사를 파송하기로 결정한다.

1849 3월 14일 하인리히 고트로프 파이퍼Heinrich Gottlob Pfeiffer와 그의 아내 요한 에우겐 룬트베르크Johann Eugen Lundberg 그리고 칸들러E. Kandler가 블루필즈Bluefields 수도에 도착한다. 영국 영사와 인디언 부족장의 승인으로 이곳에서 그들은 일하기 시작했다.
파이퍼는 사람들을 방문해서 설교하였고, 룬트베르크는 교육에 전념하였으며, 곧바로 학교를 열었다. 그들은 먼저 영어로 말하는 주민들에게 전념하였으며, 첫 번째 선교 스테이션을 설립한다.

1856 선교국에서 감독 방문 후 파이퍼 대신 자메이카 선교사로 활동하던 구스타프 포이리크Gustav Feurig가 파송받았다. 인디언 선교에 특별히 초점을 맞추는 것이 변화의 목적이었다. 자메이카 출신 원주민 교사 피터 블레어Petr Blair, 에두아르트 그룬네발트Eduard Grunewald, 아우구스트 마르틴August Martin 등등 다른 조력자들이 오기 시작했다. 피터 블레어와 그룬네발트는 인디언 언어를 매우 빨리 배웠다. 형제들은 그 후 해안을 따라 인디언 마을들을 방문하였으며, 새로운 선교 스테이션 막달라Magdala 그리고 펄라군(Perl Lagoon, 1855), 라마 케이(Rama Cay, 1858), 에파타(Ephata, 1860), 카라타(1875)가 설립되기 시작했다.

니카라과 마을

1865 큰 허리케인이 해안을 강타한다. 바다는 농작물에 범람하였고, 오랫동안 토양을 황폐화시켰다.
많은 집이 파괴되고, 기근의 위협을 받았다. 그럼에도 형제들은 인내하고, 집과 교회를 복구하며 계속 활동했다.

---

* 니카라과 및 온두라스의 동해안을 덮는 지역. 미스키토 인디언의 이름을 따서 명명됨.

1881 소규모로 시작되어 일어난 영적 각성이 전 해안에 걸쳐 확산된다. 인종 차이의 관계없이 대부분 주민은 두려움으로 자신의 죄를 분명하게 인식했다. 사람들은 결국 하나님에 의해 평화, 기쁨 그리고 용서의 확신으로 가득 찼다. 그들은 선교사들을 찾아와 세례와 성경 공부를 요청하였다.

가장 멀리 떨어진 곳에 있는 사람들도 무리를 이루며 왔다. 당시에 이곳에 있던 7명의 선교사는 아침부터 저녁까지 봉사했다. 다른 인디언 선교 스테이션들이 빠르게 설립되었다. 쿠암발트라와 율루(Quamwatla and Yulu, 1884), 샤론과 트와피(Sharon and Twappi, 1886), 국경 넘어 북쪽(온두라스 지역) 세 개의 허락된 선교 스테이션과 함께 다쿠라(Dakura, 1893), 샌디 베이와 바스라(Sandy Bay and Wasla, 1896) 그리고 또 다른 선교 스테이션들이 세워졌다(1906년까지 16개의 선교 스테이션).

1899~1914 니카라과의 정치적·경제적 어려움이 선교에 큰 영향을 끼친다. 지방정부는 스페인어 공용어 정책과 기존의 모든 형제단 학교들을 폐쇄시키는 새로운 학교 체계를 도입한다. 이미 16개의 형제단 학교가 있었다. 선교는 계속되었고, 형제들은 더 깊이 내륙으로 들어갈 수 있었으며, 그곳에 또 다른 선교 스테이션 대신 전도처를 세운다(1912년까지 68개 전도처 설립).

선교사들이 주로 순회 설교자가 되었다. 그사이에 교회와 학교에게 다시 자유를 보장하는 또 다른 혁명이 일어났다. 그러나 이로 인해 성장하는 가톨릭교회의 압력도 생겼다. 게다가 형제단 총회는 1909년에 선교의 모든 활동을 줄이기로 결정한다. 몇몇 형제들은 선교에서 해직되고, 어떤 형제들은 기후로 인해 병에 걸리거나 죽었다. 그들의 자리를 대신할 현지 조력자를 찾아야 했다.

원주민 어부들

1914 구이도 그로스만Guido Grossmann이 활동의 리더 역할을 받아들인다. 선교사가 부족함에도 46명의 현지 전도자와 10명의 조력자가 활동을 시작한다.

형제들은 자신의 활동 장소에서 일하고 가르치면서 순회 설교자로 봉사한다.

그들은 자신의 작은 영토에서 살았던 인디언 수무Sumu족에게도 도착한다. 선교사들과의 접촉이 가끔 있었고, 인디언들은 강을 따라 자주 이동하였음에도 1912년~1913년에 처음으로 수무인들이 세례를 받았다.

1919 미국의 헐버트 크루이크섕크Herbert Cruickshank가 지역 형제들 학교를 운영하게 된다. 그들의 강제 폐쇄 이후(1900년) 점차적으로 많은 곳에서 학교들이 복원될 수 있었다. 그러나 자원도 교사

도 모두 부족하였다. 크루이크생크는 형제단 학교들이 나라에 유익이 될 것이라고 정부를 설득하였다. 그래서 그들의 숫자가 다시 증가했다. 형제들은 또한 의료 경험이 풍부하여 전염병 시기에 도움이 필요한 모든 사람에게 큰 도움이 되었다.

1923 또 다른 빌위Bilwi 선교 스테이션이 설립되어서 형제단 선교가 없는 마을이 해안에 없었다.
인디언 수무족 선교 활동을 위해 견고한 기반이 된 무사파스Musafas 선교 스테이션도 설립된다. 초기에 곧바로 200명이 세례를 신청한다. 형제들은 계속해서 좋은 환영을 받는 내륙 선교에 집중한다. 선교사들은 지역을 나누어서 각자가 순회 설교자로서 자신의 지역을 돌본다.
이러한 방식으로 전도처의 네트워크를 만든다. 1929년까지 특히 왕스플루스Wangksfluss 강 유역에 모든 마을(하나를 제외한)에서 기독교 지역 교회의 토대를 갖게 된다. 선교 활동의 여지가 있었던 곳이 북쪽 방면이었다. 이 지역은 미스키토 인디언족이 살았던 온두라스 지역이었다(159쪽 "중미 온드라스 선교" 참조).

1925 미국 베들레헴에 있는 선교 본부가 니카라과에 있는 선교부를 인수한다. 지금까지 헤른후트에서 관리하였다.
하스G. R. Hearth는 미스키토 언어로 신약을 편집·출판한다.
성경이 점차 번역되어 신약의 첫 부분이 이미 1889년에 출판된다.

1926 하스는 미스키토 문법책과 사전을 편집·출판한다. 또한 첫 번째 선교 학교도 개설된다.

1930 총 1,218명의 학생이 공부하는 22개의 주간학교와 총 6,005명의 학생이 출석

왈라Wasla 선교 학교들의 학생들

하는 49개의 주일학교가 이미 운영되고 있었다. 열 명의 선교사와 22명의 현지 전도자가 43개의 선교 스테이션과 19개의 전도처에서 활동하였다. 교회에는 약 1/3은 영어로 말하는 크리올Criole족이며, 2/3는 다양한 미스키토 방언을 사용하는 인디언들이었다. 몇몇 곳에서는 형제들이 스페인어로 설교하였다.

1931 아메리카 인디언 원주민 교회를 위해 형제단의 『암구호』가 처음 인쇄된다.
콜레기오 모라보Collegio Moravo 고등학교가 블루필즈에서 문을 연다. 1950년 이후 600명 이상의 학생이 있었다. 빌와스카르마Bilwaskarma 그리고 푸에르토 카베사스Puerto Cabezas에 병원들이 점차적으로 세워진 이곳에서 형제단은 니카라과 동부 해안을 중심으로 오늘날까지

확장되고 있다. 이들 도시들에 학교 외에 도 마찬가지로 신학교도 설립된다.

1974 니카라과는 80,000명의 회원을 보유한 형제단 독립 선교 관구가 된다.

4. 호주 선교

1) 빅토리아 관구(1850~1907)

1835년 멜버른에 약 14,000명의 이민자, 도시 주변에 약 15,000명의 원주민과 일부 식인종이 살았다. 비록 원주민들이 우세하였지만, 식민 개척자들이 그들을 역겹고 위험한 해로운 야수로 취급하여 그들을 제거하려고 하였다. 호주 정부는 후에 그들을 보호하는 법을 발표하였으며, 보호구역에 거주하는 사람들에게만 적용되었다.

1848 헤른후트에서 시노드는 호주 원주민 선교를 시작하기로 결정한다. 형제단 회원이며 런던 형제 선교회 서기의 동생인 찰스 조셉 라 트로브Charles Joseph La Trobe는 빅토리아 주지사였다.

1850 2월 26일에 선교사 니스키 출신 안드레아스 태거Andreas Täger와 그나덴베르크의 프리드리히 슈피스에케Friedrich Spiesecke가 멜버른에 도착한다.

1851~1856 그들은 머리Murray 강(멜버른 북쪽 약 300km)에 있는 보가 호(Lake Boga) 도

블루필즈 선교 스테이션

시에서 활동하려고 하였다. 그들은 종종 여행을 하였으며, 원주민을 찾았고, 그들의 언어를 배웠지만, 어떤 결과도 얻지 못하였다. 그들이 곧바로 잃어버릴 땅에 정착하는 것을 허락받는 데 오랜 시간이 걸렸다. 그들에게 노출된 또 다른 어려움과 위험으로 형제들은 이 활동을 포기하고 헤른후트와 의논 없이 귀국한다.

1857 총회는 이 선교 활동을 재개하도록 장려하여 슈피스에케Friedrich Spiesecke와 하겐아우어F. Hagenauer를 호주로 파송한다.

1858 윔메라 지역(Wimmera, 멜버른 북서쪽)의 정부 권장 장소에 정착한다.

1859 그들은 에벤에젤Ebenezer 선교 스테이션을 설립하였으며, 언어를 배웠고, 원주민을 위한 학교를 열었다. 이로 인하여 점차적으로 그들의 마음을 사로잡았다.

1860 페퍼Pepper 소년이 그들 가운데 처음으로 세례를 받는다. 원주민들은 자신들의 본래의 생활 방식을 아주 천천히 포기한다. 그러나 점차적으로 정착하여 채소를 재배하고, 경영하고, 밭을 경작하는 것을 배웠다.

1863 또 다른 선교 스테이션 라마혁Ramahyuk이 세워졌다. 그러나 형제들은 유일한 한 가지 문제를 해결하지 못한다. 원주민들은 아주 어려서 죽었으며 그리고 설령 태어난 아이들이 생존을 해도 소수이며, 그나마도 약하고 병들었다.

1903~1907 이러한 이유로 점차적으로 두 개

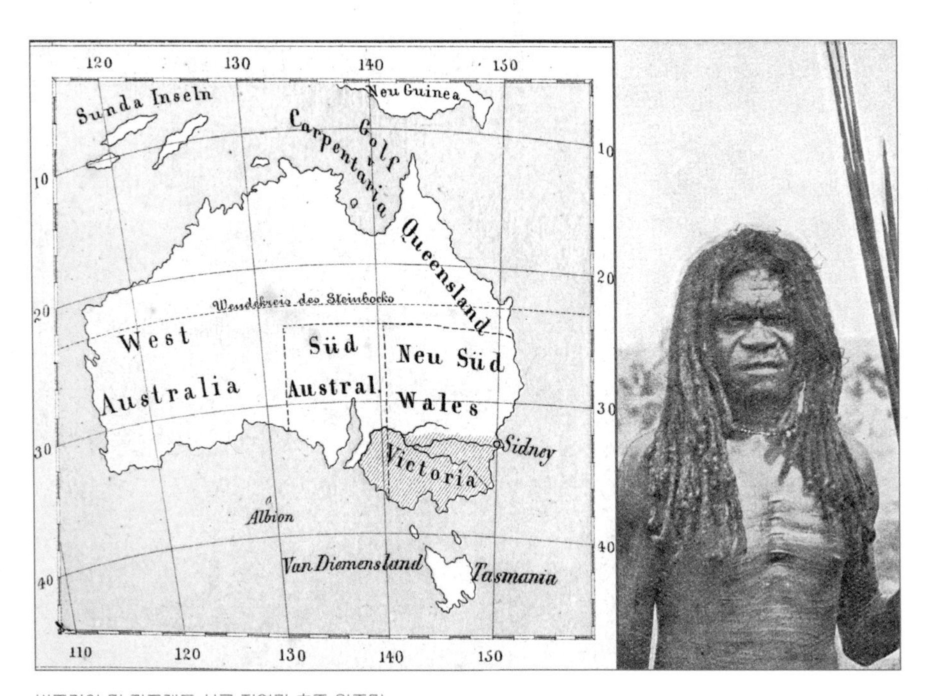

빅토리아 및 퀸즈랜드 선교 지역과 호주 원주민

의 선교 스테이션이 폐쇄되었으며, 남은 원주민들은 다른 곳으로 이주한다(1906년에 하겐아우어 부부가 이곳에서 활동하였고, 21명의 세례자를 돌보았다).

2) 퀸즈랜드(1891~1919)

1891 호주 북부 퀸즈랜드에 호주 장로교회의 지원으로 새로운 활동이 시작된다. 선교본부는 이곳으로 제임스 워드James Ward 부부와 헤이N. Hey를 파송한다. 케이프 요크 반도에 마푼Mapoon 선교 스테이션을 설립한다. 건강을 해치는 기후, 가뭄, 척박한 땅, 백인들에 대한 부당함, 이 모든 것을 선교사들이 직면해야 했다. 그러나 원주민들은 곧 친구들이 된다.

1895 워드J. Ward는 죽었지만, 그의 아내는 계속 특별히 학교에서 활동한다. 원주민들은 그녀를 "엄마"라고 불렀다.
이곳에 교회당, 목사관, 학교, 공예 작업장, 농장 건물 그리고 원주민 거주자를 위한 30채의 집을 세운다. 원주민 집들이 점차 증가한다.

1896 첫 번째 세례가 이루어졌고, 또 다른 선교 스테이션 웨이파Weipa와 후에 아우쿠룸(Aukurum, 1904)이 세워진다. 형제들이 보건 의료 활동을 시작했으며, 원주민들이 젊은 나이에 죽는 것을 막았다. 일부 원주민들이 다시 방황을 시작하여 이교도적인 삶의 방식으로 돌아갔을지라도 이곳에서의 활동은 성장하였다.

1907 마푼에서 51명, 웨이파에서 20명이 세례를 받는다.

마푼의 선교 건물 — 북퀸즈랜드

1919 재정적으로 선교를 지원하였던 호주와 태주메이니아 장로교회에 모든 활동을 이관한다.

5. 라다크와 남아시아 선교(1856년부터)

1850 헤른후트 형제단 협의회에서 형제들은 중앙아시아 몽골인 선교를 하기로 결정한다. 그 일을 위해 파겔Johannes E. Pagell과 하이데August W. Heyde가 부름을 받았다. 그들은 몽골어를 배우기 시작하였으며, 의학과 외과 지식을 배웠다. 러시아 당국으로 인해 러시아를 경유하는 여행이 불가능하여 형제들은 인도를 경유하는 여행을 결정한다.

1853~1856 그들의 힘들고 고통스러운 여정이 지속된다. 항로로 도착했던 캘커타에서 그들은 북서쪽 산길로 서 히말라야, 오늘날 카슈미르로 걸어갔다. 세 곳에서 그들은 중국 국경을 넘으려고 했지만, 매번 추방되었다. 상황이 바뀌게 되면 국경에서 제일 가까운 곳에 선교 스테이션을 세우기로 결정했다. 그러나 라다크Ladak 지역은 위험해서 몽골 주민들이 살고 있던 라훌Lahul 지역을 선택하였다.

1) 키엘랑

1856 그들은 땅을 사고 집을 지었던 키엘랑Kyelang에서 선교 스테이션을 세운다.

1857 세 번째 선교사 하인리히 예슈케Heinrich A. Jäschke가 그들과 합류한다. 그는 성경을 티베트어로 번역하는 임무를 맡았다. 그는 성경 이야기 외에도 석판 인쇄기계로 출판할 수 있는 다양한 소책자와 교과서를 번역하였다. 형제들은 주변 마을과 지역에서 복음을 전파하기 시작한다. 그리고 무관심과 폐쇄성으로 반

키엘랑 수도원

응했던 곳에서 그들은 읽기를 배우기 원하는 사람들에게 인쇄물을 배포하였다. 형제들은 키엘랑에서 학교를 설립하고, 보건 의료를 제공하였고, 경제를 발전시키는 것을 도왔다. 그들의 부인들은 여성들 사이에서 활동하였으며, 그 외에도 여성들에게 오늘날까지 지역 전통으로 남아 있는 양모 양말 뜨개질을 가르쳤다.

1865 처음으로 두 남성이 세례를 받는다. 또 다른 봉사자들이 라훌Lahul 지역에 도착하였다. 하이데는 후에 티베트 신약 성경을 개정하는 일을 시작한다. 자신의 지역에서 도망쳐야만 했고, 다시 돌아갈 계획을 세웠던 라다크 사람들이 키엘랑에서 개종한다. 라다크 사람들과 원주민 사이에 긴장이 생기고 있었다. 제1차 세

계대전 중에 선교사들은 떠났지만, 원주민 전도자는 계속해서 이곳에서 활동하였다. 전쟁 후 선교사들이 돌아와 1940년까지 활동하였다. 2차 세계대전으로 나라를 떠나야 했으며, 키에랑에서의 활동은 후에 취소된다. 이곳에 단지 교회당과 공동묘지 그리고 푼트소그Phuntsog 가족만 남았다.

2) 푸

1865 두 번째 선교 스테이션이 푸에 설립되었다. 마을은 티베트에서 이틀 떨어진 무역로에 있었다.
파겔Pagell 부부는 이곳에서 활동하였다. 처음에는 사람들이 그를 받아들이지 않았지만, 파겔은 훌륭한 준의료 종사자였으며, 점점 더 유명해졌다. 푸puh에 40명~50명이 모였으나 세례를 받은 사람은 아주 적었다.

1883 파겔 부부는 발진티푸스로 사망했고, 선교는 거의 사라졌다. 문제는 큰 빈곤과 식량 부족이었다. 많은 채무자들이 강제노동에 팔려 나가야 했다. 단지 선물과 쌀 때문에 오는 소위 쌀 기독교인이 생겨날 위험이 있었다. 선교사 테오도르 슈레프Theodor Schrev의 도착으로 상황이 바뀌었다. 그는 양모 가공 공장을 설립하였고, 가장 가난한 사람들을 위해 값싼 씨앗을 마련하였다. 그리고 학교를 다시 열었다. 목회적 돌봄은 여전히 매우 어려웠다.
기독교인들은 대부분 하류층이어서 기독교는 단지 가난한 사람들을 위한 것이며,

푸 선교 스테이션

상류층은 기독교를 경멸하며 바라본다는 인상을 불러일으켰다. 1924년 푸Puh에서 선교사들의 활동은 종료된다.

3) 라다크: 레

1885 레Leh 도시 근처 라다크 지역에 세 번째 선교 스테이션이 설립된다. 선교부 건물과 교회당은 정부 소속이었으며, 형제들은 임대료를 지불했다(외국인들은 이곳에서 어떤 것도 소유할 수 없었다). 레는 전략적 장소였으며, 라다크 지역의 수도였다.

1887 이곳에 학교와 의무실이 문을 열었고, 후에 의사 카렐 마르크스가 운영하는 병원으로 발전한다. 그러나 4년 후 발진티푸스로 그는 사망했다. 오랫동안 마르크스를 대체할 수 없었다.

1897 어니스트 쉐이브F. Ernest Shawe 의사가 도착하여 다시 병원과 학교를 열었으며 활동은 재개된다. 그러나 1차 세계대전 중에 독일 선교사들은 포로수용소로 보내졌다. 전쟁 후 이곳은 스위스인과 영국인 의사들로 교체되었다.

1897~1900 심라Shimla, 치니Chini, 칼라체Kalatse 선교 스테이션이 설립된다. 칼라체 이외에 다른 선교 스테이션은 몇 년 만에 다시 사라진다. 몇몇 곳에서 형제들은 활동가의 부족과 몇몇 곳에서 언어 차이의 문제를 겪는다.

1906 다섯 곳 지역 전체에서 5명의 남자와 13명의 여성이 활동한다. 그들은 150명을 돌본다. 키엘랑과 레Leh에서 점차적으로 대상隊商들을 위한 가스펠 인Gospel Inn이라는 쉼터를 설치하였다. 그러나 이곳에서 활동은 매우 힘들었다.

1920 런던의 워드A. Ward 주교가 레Leh를 방문했고, 첫 봉사자들인 조셉 게르간Joseph Gergan과 데와준그 단Dewazung Dan을 사제 안수한다.

프리드리히 오이겐 페터 주교

1927 프리드리히 오이겐 페터Friedrich Eugen Peter가 처음이자 유일한 서부 히말라야 관구 주교로 축성받는다. 그는 1936년까지 이곳에서 봉사했다.
라다크에서 현지 전도자들과 조력자들이 이미 오랫동안 독립적으로 활동했지만, 선교국은 현지인들에게 권한을 넘기길 원치 않았다. 이것은 교회 생활에 나쁜 영향을 끼쳤다.

1945 결국 교회는 독립한다.
수년 동안 이곳에서 키엘랑 출신 엘리야 체탄 푼촉Eliyah Thsetan Phuntsog이 활동하였다. 그는 신학을 공부하였고, 후에 티베트어 신약 개정판에 참여했다. 2차 세계대전 후 국가는 경제적 어려움을 겪었으며, 1947년에 카슈미르를 둘러싼 인도 파키스탄 전쟁이 시작되었다. 파키스탄이 많은 도시를 점령하였다. 선교사들은 전쟁으로 고통을 당하였으며, 종종 체포되었다. (카슈미르 분쟁은 1972년까지 지속되었다.)

1967 우니타스 프라트룸 총회*에서 "세계 형제단 과업Unity Undertaking"이라는 '세계 형제단의 활동'은 활동 지위를 얻어 모든 관구의 재정적 지원을 받는다.

1980 라다크에는 세 지역에 형제단 교회가 있었다: 레Leh, 칼라체Kalatse, 쉐이Shey. 현재 이 활동은 '형제단 선교 지역 — 남아시아' 활동 지위를 얻었으며, 영국 관구의 관리 아래에 있다.

4) 인도 라즈푸르

1950년대에 티베트는 중국 공산주의자들에게 정복되자 티베트인들은 인도로 탈출하기 시작한다. 그들 중 일부는 푼촉E. T. Phuntsog이 티베트어 신약 개정판을 완료한 히말라야 산기슭의 무쑤리Mussoorie에 정착한다. 푼촉은 티베트 200가구와 함께 활동을 시작하기로 결정한다. 따라서 예기치 않게 인도에서 형제단의 새로운 과업이 생겼다.

1957 티베트 난민 아동을 위한 시설이 다카(Dhaka, 동인도) 도시 근처 라즈푸르에서 설립되었으며, 후에 그 시설이 기숙 학교가 된다.

1961 그들은 이곳에서 난민들을 위한 작은 집을 만드는 목공소를 세워 건축을 도왔다.

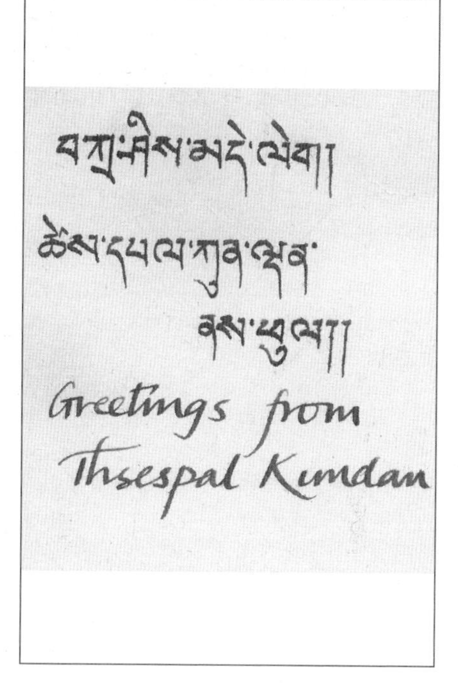

티베트어 문자 샘플

1963 라즈푸르에서 또한 그들은 현재 모라비안 인스티튜트 잔-판-링(Zhan-phan-ling, 티베트어이며 번역하면 "타인을 위한 좋은 장소")으로 발전한 야외 학교(Open Air School)를 열었다. 푼촉은 교장이 되었으며, 이곳에서 1971년까지 활동하였다. 1980년부터 그의 손자 체스팔 쿤단Thsespal Kundan이 인스티튜트의 교장이 된다.

1995 228명의 무슬림과 힌두교 어린이들이 모라비안 인스티튜트에 다녔다.

* 세계 형제단, 즉 우니타스 프라트룸의 총회(Unity Synod).

6. 알래스카(1885년 이후)

1884 알래스카를 위한 최고 학교 감독관인 선교사 출신 셸던 잭슨Sheldon Jackon 박사에 의해 관심을 갖게 된 형제들이 북미 지부 소속 두 명의 형제를 연구 조사 여행을 보낸다.

1885 이곳에서 윌리엄 와인랜드William Weinland와 존 킬버크John Killbuck 형제가 베델Bethel 선교 스테이션을 세웠으며, 큰 노력으로 집을 지었다. 그들은 에스키모 언어를 배우기 시작했으나 동시에 통역관의 도움을 받아 영어로 설교하였다. 다음 해에 학교도 세웠으며, 그 학교는 빠르게 성장하였다. 선교사들의 영향 덕분에 에스키모인들이 점차 이글루를 떠나 나무 집을 짓고, 식물 재배도 배웠다. 와인랜드는 현지 기후에 힘들어하여 2년 후에 알래스카를 떠나야 했다. 킬버크는 이곳에 아내와 함께 남아 설교자, 교사, 의사, 사냥꾼, 어부 그리고 목수가 되어야 했다. 그의 아내는 가족 외에 17명의 에스키모 어린이를 양육하며 돌보았다. 이것은 첫 번째 에스키모 고아원의 토대가 되었다.

1887 킬버크는 에스키모어로 원주민들에게 설교하기 시작한다. 그들은 그리스도의 희생과 하나님의 사랑의 메시지를 기쁨으로 받아들였으며, 그 덕분에 청중의 숫자가 늘어났다. 1년 후 첫 여덟 명의 에스키모인이 교회 교인이 되었다. 킬버크는 그 나라가 러시아에 속해 있을 당시에 그리스 가톨릭 사제에 의해 이미 세례를 받았던 것을 알게 되었다.
또 다른 선교 스테이션 카르멜Karmel이 설립되었지만, 이곳에서 활동의 결과가 없어 선교 스테이션은 다시 해산된다. 활동은 어려움을 겪었다. 처음에 선교는 형제단 미국 관구에 속하였으며, 후에 그 선교를 독일의 선교 본부가 넘겨받았으며, 2차 세계대전 후에 다시 미국 관구에 속하게 된다. 다른 활동가들도 이 지역에 왔지만, 자주 교체되어 안정된 팀을 이루지 못했다.

알래스카 에스키모인들이 먹는 물고기

1892 또 다른 선교 스테이션 오가비그Ogavig가 베델Bethel 북쪽에 세워졌으나 1908년 후에는 운용되지 않았다.

1901 첫 고아원이 베델Bethel에서 문을 열었으며, 후에 식민 개척자들과 정부에 의해 승인받은 경제와 기술 학교가 문을 열었다. 형제들이 선교 스테이션 건설을 위해 세운 작은 제재소와 순록 사육으로 재정을 감당하였다. 선교 스테이션이 정부로부터 1,046마리의 첫 순록 무리를 받았으며, 그중 1/3은 선교 재산이 되었다. 주로 원주민들이 순록을 길렀다.

1903 설립된 퀸하각Quinhagak 선교 스테이션은 주변 여러 마을에 살고 있는 에스키모인들의 또 다른 중심이 된다. 형제들이 세운 교회 종탑은 오랫동안 인근 항구의 등대 역할도 하였다.

1909 점점 더 많은 사람(금 채굴자들)이 알래스카에 왔고, 베델Bethel은 중요한 장소가 되었고, 선교사들이 그들과 함께 일하기 시작한다.

1915 또 다른 주요 선교부 퀴질링옥Kwigillingok이 설립된다.

1925 형제들이 특별히 어린이들에게 헌신하였던 누파피칭학Nupapitsinghak 선교 스테이션이 세워진다. 고아원과 학교가 세워졌다. 1930년에 이미 33명의 어린이가 있었다. 이곳에서 여성들(교사, 간호사)도 일했다. 에스키모인들은 그들의 활동을 매우 기뻐했다. 왜냐하면 지금까지 고아들이 매우 슬픈 운명을 겪었기 때문이었다.
존 힌즈John Hinz는 에스키모어 유픽Yupik어로 번역한다. 찬송가, 마태복음과 다른 글들을 번역·출판한다.

1927 번역된 전체 신약이 출판된다.
수년에 걸쳐 또 다른 선교 스테이션들도 생겨났다. 일부는 오랫동안 지속되지 않았으나 일부는 오늘날에도 운영되고 있다. 크웨스룩(Kwethluk, 1955), 디링햄(Dilingham, 1956) 그리고 앵커리지(Anchorage, 1962) 선교 스테이션 등이다. 후에 알래스카는 형

순록을 사육하는 베델 선교 스테이션

제단 자치 관구가 된다.

1990년대 유픽어로 성경 전체가 성공적으로 번역이 완성되어 출판된다.

7. 동아프리카, 후에 탄자니아 선교(1891년부터)

탄자니아는 탕가니카Tanganika와 잔지바르Zanzibar 국가들이 합병하여 세워졌다.

1885 유럽 열강에 의해 아프리카 대륙이 나뉜 후에 이 지역은 "독일령 동아프리카"(1919년까지) 명칭의 독일 식민지가 되었다. 형제단 선교사들은 두 지역에서 활동하기 시작한다.

1) 냐사: 남부 탄가니카 산맥

1891 냐사Nyassa 호수로부터 북쪽에 있는 식민지 남서부 지역에 네 명의 선교사가 룽웨Rungwe 선교 스테이션을 세웠다. 그들은 원주민 부족에게 농사일을 가르쳤으며, 그들의 신뢰를 얻었다.

1894~1900 이퍄나Ipyana, 루텡가니오Rutenganio, 운테굴레Untegule, 이소코Isoko, 음보지Mbozi 선교 스테이션들이 생겨나 수백 명의 원주민이 왔다. 처음부터 활동을 위한 재정 지원을 했기 때문에 젊은 기독교인들을 가르치는 데 성공했다.

1903 그들은 이곳으로 올 또 다른 사람들을 섬길 수 있도록 미래 교사와 전도자를 교육하는 곳인 조력자들을 위한 학교를 룽웨에 세운다.

룽웨Rungwe 선교 스테이션

형제들은 복음서를 냐큐사Nyakyusa 언어로 번역하는 일을 시작한다.

1904 그들은 또한 한센병자들을 위한 정착지를 세운다. 또 다른 선교 스테이션과 학교들이 생겨났으며, 활동은 번성하였다.

1906 이곳에서 32명의 선교사가 활동한다. 35개의 학교가 세워졌고, 이 학교들에서 4,198명의 학생, 81명의 교사가 있었다. 9개의 주요 선교 스테이션, 수백 개의 전도처가 있었으며, 1,291명의 교인이 있었다.

1910 원주민 기독교인들은 운테굴레Untegule에서 비밀리에 마술을 하던 사람들을 추방하고, 부적과 마법사의 물품을 불태운다. 그 결과 이 지역은 새로운 신앙 각성을 경험한다.

1912 니이카Nyika어 신약성경 번역이 완료된다. 1차 세계대전 동안 이 지역을 영국인들이 점령하여 모든 독일 선교사가 억류된다. 스코틀랜드 자유교회가 선교 활동 업무를 인계받았다가 1926년에 독일 선교사들에게 다시 활동을 인계한다. 전쟁 중 활동은 많은 피해를 입었지만, 숫자적으로 5,000명의 교인으로 증가하였다. 교육과 학교들이 계속 발전하였으며, 교육받은 교사들의 숫자도 증가했다. 학교에서 중부 아프리카 구어체 스왈힐리어를 가르쳤다.

2) 우냠웨시: 동 탕가니카

1897 독일 식민지의 출현으로 독일 형제단이 런던 선교회로부터 북서쪽 식민지에 위치하고 있는 우람보Urambo 선교 스테이

동아프리카 대회의大會議

션을 인수한다. 런던 선교회는 이곳에서 꾸준히 이미 20년 동안 활동하였으나 큰 성공을 거두지 못했다. 형제단은 새로운 기회를 찾았고, 냐산Nyassan에서의 활동을 연계하기 위해 더 남쪽에 또 다른 선교 스테이션을 설립한다.

1901~1907 키툰다Kitunda, 시톤지Sikonge, 이폴레Ipole, 키펜밥웨Kipenbabwe 그리고 우소케Usoke 선교 스테이션이 점차적으로 설립된다. 그러나 때때로 형제단은 식민지 정부의 장애물에 직면한다. 키툰다 선교 스테이션에 작은 교회가 세워졌고, 처음 원주민들이 세례를 받았다. 이곳에 청년들을 위한 학교와 기숙사도 설립된다.

1912 형제단은 타보라에서 활동을 시작한다. 그 당시 도시는 철도로 해안과 연결되어 크게 유용하였다. 지역의 학교 숫자는 24개로 증가했으며, 학생들은 1,000명에 이르렀다. 형제들은 의료 서비스도 발전시켰다. 그들은 원주민들에게 작물 재배와 것과 나무 다루는 법을 가르쳤으며, 건축용 벽돌을 생산하기 시작했다.
1차 세계대전 동안 이동 제한으로 가르데Gaarde 선교사 부부와 스펠리그Spellig 선교사 부부가 타보라 지역에 남을 수 있었다. 나머지 사람들은 프랑스로 억류되었다. 가아르데 부부는 전쟁 후에도 남아서 계속 활동할 수 있었다.
2차 세계대전 이후 영국, 덴마크, 스위스의 형제단들이 지역을 방문하여 이 나라에서의 미래 활동을 어디로 발전시킬지 모색하였다.

1967 남부 탄자니아와 서부 탄자니아 관구는 우니타스 프라트룸 총회에서 우니타스 프라트룸 자치 관구로 결의한다.
남부 탄자니아 관구는 빠르게 성장한 덕분에 1976년에 두 개의 관구로 분리되었으며, 같은 일이 서부 탄자니아 관구에서

우냠웨시Unyamwesi 지역

도 1986년에 일어난다.
현재 7개 관구—동부 탄자니아, 탄가니크 호수, 북부 탄자니아, 룩와Rukwa, 남부 탄자니아, 남서부 탄자니아 그리고 서부 탄자니아—가 여기서 활동하고 있다. 잔지바르는 "선교 지역의 규칙"을 가지고 있었고, 동부 탄자니아 관구의 관리 안에 있다. 탄자니아 형제단은 계속해서 성장했으며, 새로운 교인들이 빠르게 증가하였다.

유럽
: 위기와 재기의 시기

19세기의 첫 20년 동안 유럽 형제단은 선교 지역에서 선교 활동을 진행하면서 위기도 겪는다.

1803~1815 나폴레옹 전쟁이 유럽을 휩쓸었고, 특별히 선교 지원을 목적으로 하는 형제단은 많은 경제적 손실을 입는다. 위기에서 벗어나는 길을 찾는 완전히 새로운 세대의 헌신자들이 형제단에서 등장한다. – 요한 밥티스트 알베르티니 Johann Baptist Albertini, 프리드리히 루드빅 쾰빙Friedrich Ludwig Kölbing 그리고 크리스트리프 라이헬Christlieb Reichel.

1814 8월 24일 알베르티니는 주교로 축성받는다.

1818 총회에서 형제들은 예를 들어 "주 하나님께서 실제로 우리를 이곳에 왜 두셨는가?" 이 외에도 다양한 문제에 대한 답을 모색했다. 그들은 그 외에도 고문서 연구와 헤른후트 설립 100주년 준비 과정에서 특히 몇 가지 대답을 찾았다. 형제들은 점차적으로 자신의 사명의 의미를 다시 발견했으며, 그래서 형제단은 과거의 영적 약화와 무기력함으로부터 또 다른 내적 갱신을 경험하였다.

1822 6월 17일 헤른후트 설립 100주년 기념행사가 열린다. 축하 행사 동안 1820년에 쾰빙이 쓴 "재건형제단 기념일"의 역사 개관을 읽었다. 이것은 형제단이 위기에서 벗어나는 데 도움이 되었다.

1722년 6월 17일에 헤른후트 건설을 위해 사용된 첫 나무가 서 있었던 자리에 세워진 기념비

1824 알베르티니 주교는 1820년부터 회원이 되었던 형제단 장로협의회(166쪽 "헌법 시노드" 참조)의 의장이 된다.

1831 12월 6일 알베르티니 주교가 죽는다. 그는 특히 교사와 젊은 세대에게 큰 영향을 끼쳤다. 그의 설교를 듣고 예수에 대해 흥분했던 그의 청중 가운데 한사람이 프리드리히 클라인슈미트Friedrich E. Kleinschmidt였다(185쪽 "노바 솔의 개척자" 참조).

1832 전체 형제단이 형제단 선교 활동 시작 100주년을 축하한다.
이 행사를 위해 뢸빙은 형제단의 모든 회원에게 100년 선교 역사를 소개하는 『선교 역사 개요』 책을 썼다.
이 축하 행사는 전 교회에서 기쁨과 소망을 불러일으켜 선교를 지속시킨다.

1835 3월 13일 뢸빙은 주교로 축성받는다.

1840 12월 13일에 알베르티니의 절친이자 협력자인 주교 뢸빙이 죽는다. 1818년부터 그는 형제단 장로협의회 회원이었으며, 1832년부터 그는 이 협의회의 회장이 된다.

1841 7월 29일에 요한 플리트Johann Plitt가 죽는다. 그는 형제단의 신학교 재건에 기해 새로운 젊은 세대의 설교자들을 많이 배출시켰다. 1836년부터 그는 형제단의 기록 보관자로 일하면서 형제단 역사를 연구했으며, 1828년부터 사망할 때까지 작업한 형제단 역사의 기억에 남을 중요한 사건을 14권 책자로 만들었다.

1848 헤른후트에서 열린 총회는 다시 형제단 선교에 큰 관심을 기울였다. 위기와 재기는 형제단이 자신의 본래 구조에 정체하지 않고, 각 선교 지역의 점진적인 발전과 자립의 길을 다시 찾아가도록 하였

요한 밥티스트 폰 알베르티니

다. 현재까지 형제단 활동을 세 개의 자치 관구로 나누는 것을 승인(174쪽 참조)한 1957년 총회는 교회 결속에 대한 또 다른 시험이 되었다. 동시에 코멘스키(라틴어 코메니우스)의 지금까지 응답되지 않은 기도에 반응하려는 열망, 즉 보헤미아와 모라비아 — 조상의 땅으로 돌아가려는 열망이 교회 전체에서 점차 생겨났다.

20세기 선교 활동 확장

1870년대에 돌아갈 수 있었던 보헤미아와 모라비아에서 형제단의 또 다른 활동

의 발전이 형제단 전체에 큰 기쁨이 되었다(자세한 내용은 4장 참조). 선교 활동도 계속 확장되어 새로운 선교 지역들이 생겨났다. 20세기 후반에 몇몇 선교들이 결국 또 다른 자치 관구를 탄생시켰다.

1. 중미 온두라스(1930년부터)

온두라스는 인디언과 스페인 인도 혼혈종이 살고 있는 니카라과 북쪽에 위치하고 있다.

1914 니카라과 선교 활동 책임자인 라인케T. Reinke가 온두라스 국경 마을을 방문하였고, 현지 지역 미스키토Miskito 인디언들의 따뜻한 환대를 받는다.
그러나 이곳에 형제단 선교 스테이션을 세우려는 목적이 1차 세계대전으로 불가능해졌다.

1929 대통령과의 면담에서 예정된 선교 활동을 계속하는 것을 허락받은 구이도 그로스만 주교는 감독을 위해 떠났다.

1930 이미 니카라과에서 20년 동안 활동을 하였던 선교사 게오르크 하르트Georg Heart 부부가 활동을 맡는다. 카우키라Kaukira에서 첫 번째 선교 스테이션이 세워진다. 선교사들은 계속해서 니카라과와 긴밀히 협력한다.

1933 다네리 다운스Dannery Downs는 안수받은 첫 번째 미스키토 부족 인디언이 된다.

1934 브루스Brus, 부투크-아와스(Butuk-Ahuas, 1937), 코코빌라(Kokobila, 1938) 선교 스테이션이 세워진다. 니카라과와 온두라스 간의 지속적인 분쟁으로 활동이 방해받다.

1937 이 분쟁으로 또한 다네리 다운스도 적과 협력했다는 혐의로 구속된다.

모스키토 해안에서의 선교 활동

1938 대부분 같은 인디언 부족에 의해 두 나라가 생겨났지만, 온두라스에서의 활동은 니카라과와 완전히 분리되고, 독립적이었다.

1947 부투크-아와스Butuk-Ahuas에 치료소가 세워진다.

1978 브루스 라구나Brus Laguna 도시에 고등학교가 문을 연다. 이 시기에 이미 관구의 영적 지도에 대한 거의 대부분 책임은 현지인 형제들의 손에 있었다.

1995 탄자니아 우니타스 프라트룸 총회에서 온두라스는 우니타스 프라트룸의 자치 관구로 받아들여졌다.
지난 수십 년 동안 이 활동은 놀랍게 성

장하였다. 그러나 지역의 교회들 사이에서 점차적으로 일어났던 갈등이 1999년에 공개적인 분쟁으로 점차 발전했으며, 여기서 교회가 둘로 나뉘어진다. 오늘날 온두라스 관구의 등록 교인은 약 35,000명이다. 온두라스 관구는 오늘날에도 많은 어린이에게 고등교육을 할 수 있는 가능성이 있는 유일한 교회 학교들을 운영하고 있다.

온두라스 북쪽 벨리즈Belize의 새로운 활동이 오늘날 유망하게 발전하고 있다.

2009 우니타스 프라트룸 잉글랜드 총회에서 온두라스의 형제단 두 번째 소수파들이 제일 먼저 "연합 사업(Unity Undertaking)"으로 불렸다가 그 후에 우니타스 프라트룸의 선교 관구로 바뀌었다. 온두라스의 두 파들 사이에 매우 복잡한 과정을 거쳐 화해가 진행된다.

2. 중미 코스타리카(1968년부터)

1968 형제단 카리브 해 지역 협의회가 파라마리보(Paramaribo, 수리남)에서 열렸으며, 주변 6개 모든 관구가 코스타리카에서 공동 선교 활동을 하기로 합의한다.

합의 이후 시기에 특별히 니카라과에서 일부 가족이 이 지역으로 이주한다. 15년 만에 이곳에서 4개의 지역 교회가 세워졌으며, 또 다른 지역 교회가 형성되기 시작했다.

1981 우니타스 프라트룸 코스타리카 총회는 새로운 선교 활동을 승인했으며, 형제단의 전 세계 헌금은 이 해에 이 활동의 확

아와스(온드라스)의 샘 막스, 인디언 미스키토 족 코프(S. Goff)와 벤틀스(M. Bentles) 형제들

장을 위해 사용된다.

1983 2월 25일~27일에 산 호세에서 형제단 활동가들의 연례 회의가 열린다. 여기에서 형제들은 매년 새로운 지역 교회를 세우는 비전을 채택한다.
3월 11일에 코스타리카 형제단은 공식적으로 "코스타리카 모라비아교회(La Iglesia Morava en Costa Rica)" 이름의 독립 교회로 인정된다. 최근에 코스타리카는 특별히 세 가지 과제—주일학교 발전, 청년 활동 발전, 평신도 교육 증진에 중점을 둔다. 청년과 평신도들과의 활동은 제자 교육에 초점을 맞춘다. 프로그램은 회원들에게 선교 활동의 동기를 부여하고, 자신들의 지식과 기술을 발전시키도록 한다. 형제들은 이 활동에 의해 영적으로, 숫자적으로 성장하기를 기대한다.

2009 우니타스 프라트룸 잉글랜드 총회에서 이곳 관구가 우니타스 프라트룸의 자치 관구로 받아들여진다. 세계 각 지역에서의 선교적 노력과 또 다른 관구의 설립은 오늘날 형제단에서 계속된다.

사무엘 그레이 주교와 코스타리카 관구 의장 레오폴드 픽슬리

3장

헤른후트 영적 각성, 이어지는 선교 운동 그리고 우니타스 프라트룸 조직

세계 형제단의 삶과 발전

처음에는 헤른후트 영적 각성이 다양하게 발생하였다가 사라지는 유럽의 많은 운동들 가운데 하나가 될 것처럼 보였지만, 하나님의 인도하심으로 이러한 내적 부흥으로부터 점차 명확한 구조와 사상과 선교적 지향을 가진 교회(우니타스 프라트룸)를 탄생시켰다. 1727년부터 오늘날까지 점진적인 재탄생이 일어났다.

1727 형제단 마을의 삶을 감독하기 위해 5월에 헤른후트 공동체는 12명의 장로를 선출한다.
그리고 구 형제단의 관례처럼 추첨으로 그들 가운데 네 명을 소위 수석 장로로 선출하였다.
첫 번째 수석 장로들은 흐리스티안 다비트, 게오르그, 멜히오르 니치만 그리고 크리스토프 호프만이다. 형제들의 회의는 "장로협의회"로 불렸다. 수년에 걸쳐 협의회 멤버가 변경된다.
형제들은 자신들의 일을 스스로 결정할 수 있었지만, 공식적으로 성례전을 집례할 수 있는 복음주의 루터교회 아래 속하였다.
그래서 그들은 헤른후트로부터 루터교 목사 로테가 활동하였던 베르델스도르프 교회로 다녔다.
그 이후 몇 년 동안 헤른후트에서 지속적으로 지도부의 형태와 구조를 고민하였고, 빈번하게 변화가 일어났다.

1730 연말에 수석 장로에 단지 마르틴 리너만 남았고, 아우그스틴 나이서는 부수석 장로였다. 친첸도르프는 영지 소유자로서 일부 결정 권한을 가지고 있었다.

베르델스도르프 교회당

1733 연초에 마르틴 리너가 사망한다.
3월 26일에 당시에 다비트 니치만과 함께 성토마스 섬에서 선교했던 레온하르트 도버가 수석 장로에 추첨된다.

1735 그는 이 일을 위해 2월 5일에 헤른후트로 돌아왔다.
2월 12일에 취임식이 열린다. 레온하르트 도버는 이 직무를 매우 성실하고 신중하게 수행했다.
전 유럽에서 재건형제단의 계속되는 선교 활동의 성장과 지역 교회들의 발전 덕분에 한 사람에게 이 사명이 점차적으로 더 힘들고 어려운 과제가 되었다. 도버는 단지 헤른후트뿐 아니라 전체 재건형제단을 위한 수석 장로였다. 이 직무를 섬기는 동안 지역 교회들이 세워졌고, 선교 활동이 서인도제도에서, 그린란드에서 성장하였으며, 사우스캐롤라이나, 조지아, 수리남, 기니, 남아프리카 등등에서 순조롭게 발전하였다. 유럽에서의 활동은 독일, 네덜란드, 영국, 프랑스, 스위스, 덴마크, 스웨덴, 리보니아에서 계속 성장하였다.

1. 예수 그리스도, 형제단의 수석 장로

장로협의회 외에도 친첸도르프 백작도 종종 폭넓은 범주에서 주요 교회 일꾼들을 시노드협의회(synodus)로 소집했다.

1740 12월 5일~31일에 마리엔본에서 시노드협의회가 열린다.
그곳에서 레온하르트 도버는 이 사명의 과도한 업무와 지나친 책임으로 수석 장로직 해고를 요청한다. 그러나 협의회는 그의 요청을 받아들이지 않았다.

M. L. 친첸도르프 백작

1741 홀슈타인Holstein의 필거루Pilgerruh 지역 교회의 분열 이후 도버는 재차 자신의 사임을 요청했다.
9월 11일~23일에 시노드협의회가 런던에서 열렸다. 9월 16일에 협의회는 재건형제단의 수석 장로에 예수 그리스도를 임명하기로 결의한다. 이 결정은 전체 교회에 보내졌다.
11월 13일에 모든 형제단 지역 교회들이 이 결정을 엄숙하게 낭독하였다.
그 이후로 교회에 대한 권위는 소위 "총회 협의회"의 소관이 되었다.

1742 프로이센의 프리드리히 대왕이 이민자들로부터 성장한 모라비아 지역 교회들의 설립에 대한 소위 "일반 허가증"을 발행하였다(1742년 12월 25일에 허가증 발행). 이 허가는 모든 프로이센 국가들 특히 실레시아에서 유효했다. 이를 바탕으로 총회 협의회는 실레시아에 새로운 지역 교회 설립을 결정했다. 그래서 그라덴프라이, 그나덴베르크 그리고 노바 솔("새로운 소금"이란 의미의 도시 이름, 185쪽 참조) 등의 지역 교회들이 생겨났다. 모라비아 주교의 감독 아래 있었던 이 모라비아 정착지는 복음주의 루터교회 중앙 행정부로부터 완전한 독립을 보장받았다. 이로 인하여 프로이센에서 모라비아 교회가 주교 체제를 갖춘 독립된 교회로 승인을 받아 새로운 지역 교회들이 급속하게 성장했다.

1743 4월에 미국에서 돌아온 이후 친첸도르프 백작은 이 결정에 매우 만족하지 못하여 일시적으로 총회 협의회를 취소했다.

1745~1756 시노드협의회 구조가 점차 만들

어진다. 이 협의회는 친첸도르프 백작이 살아 있을 동안 운영되었다.

1760 친첸도르프 사망 후 아우구스트 슈팡엔베르크 주교와 게르스도르프의 요한 쾨버 형제단 변호사 덕분에 이 협의회들은 시노드의 실제 특성이 되었으며, "전체 시노드"로 명명된다.

2. 헌법 시노드

1764 "전체 시노드"는 독일 마리엔본에서 열린다. 각각의 지역 교회들과 전체 교회의 삶과 관련된 시노드의 모든 결의와 규정에 대해 논평하는 것을 위임받은 각 대표들이 전체 시노드에 참석함으로써 지역 교회들이 처음으로 대표가 되었다. 영적, 전 교회적, 시민적 그리고 경제적 문제 관리에 대해 의논하였다. 시노드는 당시 인정받은 교회 원로들—요한네스 폰 워터빌, 아우구스트 슈팡엔베르크, 레온하르트 도버, 프리드리히 폰 워터빌—에 의해 지도되었다. 전체 시노드는 다음과 같이 결정하였다: 모든 입법 권한은 전체 시노드에 속한다. 전체 시노드 총대들은 지역 교회들에 의해 선출되고, 차기 시노드를 책임지게 될 소위 "임원회"가 다시 시노드가 열리는 시기까지 교회를 이끌 것이다. 임원회는 시노드에 의해 선출되고, 9명으로 구성된다.

1769 전체 시노드는 다시 마리엔본에서 열린다. 전체 시노드는 5년 전에 승인된 효력 없는 몇몇 헌법 조항을 바꾸었다. 당시에 형제단이 안고 있었던 경제 문제와 부채를 주로 다루었다. 임원회 명칭을 "형제단 장로협의회"로 개명한다. 이 협의회는 전 세계 형제단에 대한 최고 감독권을 가졌고, 전체 시노드가 다시 열리는 기간에 교회를 이끌었다.
전체 시노드는 모든 지역 교회가 조직적으로나 경제적으로 완전히 자치를 하도록 결정한다.
지역 교회의 모든 내부 문제에 대해 형제단 장로협의회는 단지 자문 역할만 한다.

1750년 시노드협의회

1775 전체 시노드가 형제단 장로협의회 사무실이 있는 독일 바르비(Barby, 막데부르크 근처)에서 열린다. 전체 시노드는 1764년부터 1775년까지의 모든 이전 결정을 평가하였고, 교회가 영적으로 경제적 균형을 이루도록 조치한다. 전체 시노드의 결정이 잘 실현되도록 교회 원로들은 지역 교회들을 방문하여 내적 권위로 모든 전체 시노드 결정을 설명하였으며, 그들은 교회가 형제단 수석 장로인 예수 그리스도 안에서 헌신과 연대와 신뢰를 하도록 격려하였다.

전체 시노드는 형제단의 교리도 다루었다. 많은 숙고 끝에 1734년의 결정을 따르기로 합의했다.

"예수 그리스도의 피를 통해 하나님과 죄인의 화해가 이루어진다. 구원의 확신은 일반적으로 계시된 십자가의 말씀에 달려 있으며, 개인적으로는 십자가에 못 박히신 구세주에 대한 개인적인 신실한 믿음에 달려 있다."*

형제단 장로협의회 회원들은 종종 지역 교회를 방문하여 교회 일치를 도왔다.

연합의 강화와 각각의 지역 교회들에 대한 감독을 주교들처럼 그런 같은 방식으로 수행한다.

주교들은 본래의 형제단과는 달리 단지 사목과 기도의 역할만 가지고 있고, 이것은 헌법적으로도 명시된다.

주교들은 재건형제단에서 높게 평가되었으며, 모든 지역 교회는 그들을 존경하였고, 그들의 권면을 진지하게 받아들였다.

주교들은 전체 형제단의 안수와 축성을 위임받았다.

그들은 내적 권위로 종종 명예직을 맡아 교회 운영이 잘 진행되도록 도왔다.

독일 바르비Barby — 형제단과 형제단 장로 협의회(KSJ) 집행부 소재지

* *Obrazy z dějin Jednoty Bratrské, díl druhý*(형제단 역사의 그림들) (Bratrský list, 1911).

3. 전체 시노드

형제단 장로협의회 사무실은 헤른후트로 이전하여 그곳에 다음 전체 시노드를 소집한다. 1931년까지 이곳에서 전체 시노드가 열렸다.

1782 전체 시노드는 친첸도르프 백작 이전 영지인 베르델스도르프에서 열린다. 영국과 미국의 지역 교회 대표들도 처음으로 총회에 참석했다.

1789 전체 시노드는 헤른후트에서 열린다. 이 총회는 예를 들어 부동산 매매와 같은 외부 문제에 대한 논의에서 제비뽑기 방식을 포기했다. 다른 경우에는 제비뽑기 방식이 계속 유지되었다. 총회는 "선교부" 설립을 추진했으며, 후에 이것은 "선교 본부"로 바뀌었다.
1782년, 1789년 두 전체 시노드는 해외 선교, 학교 선교, 디아스포라 선교를 지속하는 것에 기뻐하였다.

1801 6월 1일~8월 31일까지 이 전체 시노드의 잘못은 평신도가 거의 없었다는 점이다. 지역 교회를 위해 선출된 대표자들은 주로 교회에서 급여를 받는 봉사자들이었다. 단지 헤른후트 지역 교회에서만 교회의 비급여자 평신도 두 명이 대표로 참석하였다. 세속 생활이 교회 공동체에 침투하였고, 젊은이들이 교회에서 멀어지고 있기 때문에 전체 시노드는

베르델스도르프, 친첸도르프 영지領地

교회의 심각한 위기를 숙고하였다. 그러나 전체 시노드는 영적 쇠퇴를 변화시키는 데 도움이 될 어떤 결정도 내리지 않았다. 교회 원로들은 지난 세기 말에 세상을 떠났고, 교회는 정체성을 잃어가고 있었다.

1818 6월 1일부터 열린 전체 시노드 회의에 젊은 세대가 참석한다. 여전히 구시대의 유일한 증인이었던 늙은 형제단 주교 쿠노우가 총회 의장으로만 남아 있었다. 다른 대표자들은 주로 자신들의 영적 선조들을 이미 잊어버렸고, 초기 헤른후트 영적 각성에 대해 이상주의적인 생각만을 가지고 있었다. 전체 시노드 회원들은 책임감 있게 그리고 열정적으로 교회의 어려운 상황을 해결하려고 하였지만, 아직 경험이 충분하지 않았다. 그러나 그들은 자신들의 전임자들처럼 열악한 상황에 개의치 않고 오히려 형제단이 여전히 주님의 교회인가라는 근본적인 질문을 하였다.

1825 5월 30일부터 전체 시노드는 일치 상태에 대한 완전히 다른 그림을 가져왔다. 흐리스티안 다비트가 건축을 위해 첫 번째 나무를 베어냈을 때(1722년 6월 17일)인 헤른후트 설립 100주년을 기념하는 축하 행사는 확실히 도움이 되었다. 교회는 이 축하 행사를 위해 잘 준비되었으며, 축하 행사는 며칠 지속되었다. 기념일을 위해 프리드리히 루드비크 퀼빙

1722년 6월 17일, 흐리스티안 다비트가 헤른후트 건설을 위한 첫 번째 나무를 베다.

의 저서 『재건형제단의 기념일』이 1821년에 출판되었다. 이 책은 고문서 자료에 근거하여 집필되었고, 새로운 젊은 세대가 형제단 정체성을 이해하는 데 도움이 되었다. 따라서 교회는 내부적으로 회복되었으며, 시노드의 대표자들은 일치가 무엇인지, 왜 하나님께서 형제들을 부르셨으며, 형제단의 사명과 삶을 위해 필요한 다른 긴급한 결정이 무엇인지 더 깊이 이해할 수 있게 되었다. 퀼빙(후에 주교가 됨)은 내적 권위로 전체 시노드를 이끌었다.

1836 5월 30일~9월 3일까지 열린 전체 시노드는 형제단의 일부 지역 교회에 큰 영향을 미친 두 가지 흐름을 다루었다. 극단적 과격파 경향은 개별 지역 교회를 세울 때 완전한 자립과 모든 독특성(예를 들어 형제단은 예수 그리스도를 수석 장로로서 준수하였다)으로부터의 분리로 더 큰 회중주의를 요구했다. 온건파 경향은 전체 시노드의 모든 결정과 보고를 인쇄하여 공개함으로 민주적이 되길 원했다. 그러나 그들의 동기는 위선적이었다. 전체 시노드의 대의원 중 누구도 이러한 의견의 흐름을 지지하지 않았다. 오히려 형제단은 전체 시노드에서 의견이 일치하였으며(예를 들어 1741년 11월 13일 축일의 의미를 처음 공식화했다) 또한 형제단 안에서 예수를 수석 장로로 부르기로 결정했다고 해서 형제단이 다른 개혁교회들보다 우위에 있다는 어떤 특별한 독특성이 자신들에게 있다고 생각하지 않는다는 것을 표방했다. 전체 시노드 보고서의 간략한 내용은 마침내 1838년에 인쇄되어 지역 교회와 마을의 주목을 끌었다. 전체 시노드에 남아프리카공화국, 자메이카, 서인도제도의 대표자들도 참석했다.

1818~1836년에 열린 전체 시노드는 만장일치로 세기 전환기의 위기로 인해 빚을 지게 된 형제단의 경제적인 문제를 처리

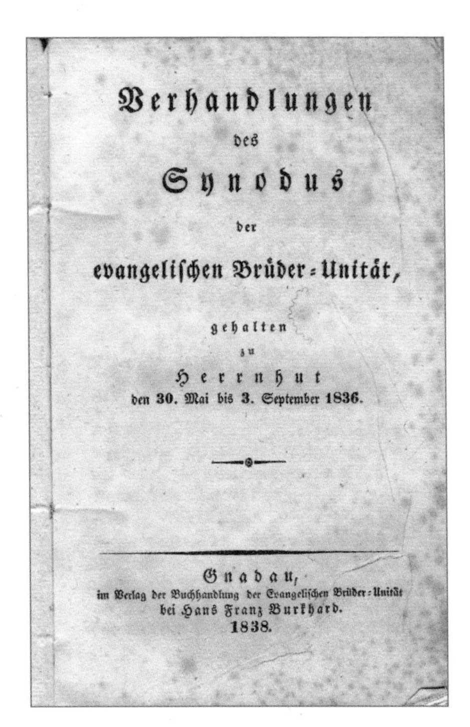

1836년 전체 시노드 회의록, 1938년 출판

하였다. 특히 지역 교회의 회원과 형제단 마을의 주민에 대한 관점과 관련하여 회원권 문제 그리고 제비뽑기 사용의 문제 등도 다루었다.

1848 5월 29일~9월 5일 열린 전체 시노드 회의가 처음으로 공개적으로 개최된다. 전반적으로 이것은 시노드와 지역 교회 사이에 더 깊은 연결로 기여하게 된다. 형제단 장로협의회는 또한 지역 교회에 시노드 대표를 교회 밖 시민 단체 가운데서도 선출할 것을 촉구한다. 시노드는 개혁교회들과의 보다 긴밀한 에큐메니칼 협력, 세례와 자녀 견진 문제, 새로운 지교회 설립, 미래 목회자들의 신학 교육 문제 등을 다루었다. 시노드는 감사하게도 교회 재정이 개선되었다는 소식을 들었다. 이 시노드는 형제단이 1818년부터

진행되어 온 내적 영적 변화가 일어났음을 주목한다. 시노드는 또한 새로운 장소로 성장한 선교 활동을 더 명확히 했다.
형제단은 지역 단위인 관구로 구성되었으며, 각 관구에는 지역 문제를 다루는 관구 시노드도 있다.

1857 6월 8일~9월 1일까지 전체 시노드 회의가 헤른후트에서 열린다. 시노드는 복잡한 구조적 위기를 맞이한다. 남북전쟁과 독립투쟁 이후 북미 지역 교회들은 완전한 자치에 대한 열망이 커졌다. 세기의 전환기에 영국 지역 교회들도 비슷한 열망을 키웠다. 두 국가는 시노드에 최소한으로만 대표들을 참석시켰다. 형제단 장로협의회 회원들도 대부분 독일인이었다. 따라서 미국 관구 시노드는 개별 관구가 완전히 독립할 것을 제안했다. 이로 인해 독일에서 소란과 분노가 일어났지만, 형제단의 내적 영적 성숙함과 조정 능력으로 시노드는 독일, 영국 및 미국의 세 개의 관구를 설립하는 것으로 의견을 모았다. 북미 관구는 후에 남미와 북미 두 개로 나누어졌다. 10년마다 소집될 전체 시노드가 교회의 최고 기구로 결의된다. 그러나 10년이란 기간은 항상 충족되지 않았다. 시노드는 또한 사용되고 있는 "형제단"을 공식 라틴어 이름인 "Unitas Fratrum(UF)"으로 사용하기로 결의한다.

헤른후트

19세기에 형제단은 선교 이외에 보헤미아와 모라비아 조상의 땅에서 활동을 재개하려는 열망이 커졌다. 시노드와 협의회에 대한 이어지는 개념들의 변화는 이러한 발전과 다른 관구의 설립에 대한 증거를 제공한다.

1862 소위 "체코-모라비아 위원회(ČMK)"가 독일 관구 내에서 활동하기 시작했는데, 이 위원회는 "체코-모라비아 활동(ČMD)"의 이름으로 보헤미아와 모라비아에서 활동 재개를 준비한다.

1869 5월 24일~7월 8일까지 헤른후트에서 전체 시노드가 열린다. 이 회의에서 시노드의 의장 레빈 테오도르 라이헬이 첫 헌법 시노드부터 지난 100년간의 형제단의 삶과 활동을 하나님께 감사함으로 평가한다.

이 시노드는 우니타스 프라트룸(UF) 전체의 권한에 속한 것, 단지 관구의 권한에 속할 것과 그들 시노드의 결정에 속할 것을 재정의한다.

시노드는 규칙을 세 가지 영역으로 나눈다: 1) 교리와 삶의 일반 원칙, 2) UF 공동 헌법, 3) 이교도 세계—선교 지역에서 UF 공동 활동.

독일 관구는 소위 "유럽 대륙 관구(EKP)"로 불리기 시작했다. 유럽 대륙 관구에 독일, 스위스, 네덜란드 그리고 후에 독일과 스웨덴 지역 교회들이 속하였다.

또한 시노드는 보헤미아와 모라비아 선교 활동의 조직과 사명에 근본적인 변화를 발전시키고 승인하였다.

"세계 형제단은 세 개의 관구 모든 곳에서 하나님의 왕국을 위한 다양한 활동 외에도 체코 형제들의 조상들의 땅인 보헤미아와 모라비아에서도 공동 사업을 한다. 여기서 우리는 여러 수준에서—부분적으로 디아스포라 활동, 부분적으로 주님께서 허락하시는 대로 지역 사람들을 위한 선교 활동을 행할 수 있다."*

레빈 테오도르 라이헬

1879 5월 26일부터 7월 3일까지 헤른후트에서 열린 전체 시노드는 다른 대륙에서의 각 선교지와 사역자들, 그들의 책임 및 재정 상황에 대한 문제를 다루었다. 시노드에 남아프리카, 상 투메 섬, 세인트존 섬, 수리남, 니카라과 출신 대표들이 참석했다. 체코-모라비아 활동과 관련해 형제단 장로협의회에서 계속 관리하기로 결정했다.

* *Verlass der Allgemeinen Synode der Brüder-Unität 1869*, § 115 (Gnadau, 1869).

1889 5월 27일~7월 1일까지 헤른후트에서 열린 전체 시노드는 교회, 지역 교회(회중), 형제단 등의 용어에 대한 내부 이해를 재정의했다. 교회는 무엇보다도 교회의 자립을 위해서가 아니라 내면의 이해와 공동체(지역 교회)와 연합(團)이 되는 자신의 과제를 위해 노력해야 한다.
시노드는 또한 선교 지역에서 필요한 확장을 승인했다. "체코-모라비아 활동(ČMD)"의 활동도 긍정적으로 평가되었고 참석한 모든 사람들은 1880년에 오스트리아에서 "개혁 형제교회(Evangelická bratrská církev)"라는 독립교회로 인정된 것에 대해 하나님께 감사했다(189쪽 참조).

1899 5월 16일~6월 30일까지 전체 시노드는 헤른후트에서 다시 열린다. 전체 시노드는 형제단의 규칙을 다시 만들고 부분적으로 새롭게 재정렬했으며, 선교 영역에서 활동의 방향, 선교사들의 문제 그리고 각 선교지의 선교의 재정적 안정을 정의하였다. 그리고 시노드는 "체코 모라비아 활동(ČMD)"의 실질적인 결정, 개별 개발 단계와 활동을 승인한다(197쪽 참조).

1909 5월 18일~7월 3일까지 전체 시노드는 헤른후트에서 재확인 또는 새롭게 정의를 내린 원칙과 규칙들을 정비한다. 시노드는 다른 두 관구를 과도기 관구로 승인한다. 그것은 자메이카와 서인도-동인도 제도의 관구들이다.
시노드는 지금까지 교회 통치 기구로서 기능하였던 형제단 장로협의회 기능을 종료하고, 그것을 "형제단 임원회"로 대체한다. 형제단 임원회는 체코-모라비아 위원회(ČMK)와 함께 체코 모라비아 활동을 계속 감독한다(198쪽 참조).

1914 5월 14일~6월 13일까지 헤른후트에서 열린 전체 시노드는 다음 회기에 기능적이고 유효하도록 형제단 원칙과 규칙에 대한 수정 작업을 다시 진행한다. 그리고 시노드는 체코-모라비아 활동(ČMD)과 관련하여 소집을 발표하고, 체코-모라비아 위원회(ČMK)를 새로운 구성으로 선출한다.
1차 세계대전이 발발하다.

1899년 헤른후트 전체 시노드

1918 종전 직후 형제단 임원회가 열렸으며, 이 회의에서 임원회는 UF가 영적 일치와 연합으로 연결되어 있다고 발표한다. 이 발표는 전쟁에 참여했던 여러 나라의 많은 우니타스 프라트룸 회원이 모인 네덜란드 자이스트에서 1919년 여름에 열린 형제단 협의회에서 재확인된다.

1922 8월 11일~21일까지 형제단 협의회가 헤른후트에서 열렸고, 오스트리아-헝가리 제

국이 체코슬로바키아, 오스트리아, 이탈리아, 유고슬라비아, 폴란드 국가로 분할된 후 형제단 규칙의 수정안을 승인한다. 그리고 협의회는 새로운 체코슬로바키아에서 체코-모라비아 활동(ČMD)의 기능 구조를 새롭게 모색한다(199쪽 참조).

1931 5월 28일~6월 22일까지 헤른후트에서 전체 시노드가 다시 열린다. 시노드는 보헤미아와 모라비아에서의 활동에 관하여—체코슬로바키아 관구 설립을 위해 형제단 모든 회원이 적극 참여해 준비하기로 한 결정을 받아들인다.
"형제단은 참으로 형제자매의 일치임을 기쁘게 선언했다. 우리는 크고 작은 나라의 형제와 자매들이 어깨와 어깨를 나란히 하고 교회와 하나님 나라를 위해 일해야 한다."*

1946 7월 3일~7일 전체 협의회가 스위스 라 똔느 몽미하일Montmirail에서 모인다. 협의회는 어떤 면에서 전체 시노드를 대체했고, 전후 UF 상황을 한눈에 파악할 수 있도록 전체적으로 조망했다. 전쟁으로 인해 유럽 대륙의 독일 지역이 경제적으로 사회적으로 가장 큰 피해를 입었다. 실레시아의 망명자들은 네덜란드 국경으로 이주해서 어려운 상황에서 새로운 정착지를 개척한다. 동시에 실레시아의 경제적이며 상업적인 기업들(노바 솔, 그나덴프라이, 그나덴펠트)도 파괴되었다.
전체 협의회는 불타버린 헤른후트 교회당 건립을 돕기 위한 결정을 발표한다.
그리고 협의회는 영국과 미국 관구의 현안과 체코슬로바키아 공화국의 상황에 대한 보고를 받는다.
다른 결정들은 예루살렘, 수리남, 남아프리카의 우니타스 프라트룸UF 활동과 관련이 있다. 그리고 독일 선교사들 가운데 나치 입장으로 교회에 심각한 해를 끼친 일부 독일 선교사들로 인해 다른 선교 활동에 독일 선교사들의 참여가 가능하지 않다는 견해가 독일을 제외하고 지배적이었다.

1946년 협의회 개최지 몽미하일Montmirail 성

1957 8월 13일~9월 10일까지 해외에서 처음으로 전체 시노드가 열린다.
시노드는 베들레헴(Betlehem, 미국)에서 26년 만에 만난다.

시노드는 예를 들어

- 다섯 번째 자치 관구를 발표했다. 조상의 땅의 형제단 – 체코슬로바키아 관구이다.

* Vacovský, Adolf, *Úzká rada Jednoty bratrské* (조상의 땅의 재건형제단)(1997).

- 이른바 "연합의 기반"(Ground of Unity —형제단 규칙 참고)을 새롭게 공식화한다.

- 새롭게 관구를 분리하여 분류하다. "관구"(이전 자치 관구), "시노드 관구"(이전 자치를 위한 과도기 상태의 관구), "지부 관구"(이전 선교 지역).

- 26명의 주교가 1727년 8월에 창설되어 최소 100년 동안 지속된 "기도 파수꾼" 복원을 촉구함.

5. 시노드 유니티

1967 7월 6일~8월 13일까지 포트슈테인Potštejn에서 전체 시노드가 열린다. "전체 시노드"(Generální synod) 용어는 점차 "시노드 유니티"(Unity synody, 세계 형제단 시노드)로 대체된다. 조상의 땅에서 열린 UF의 첫 시노드였다. 시노드에는 당시 UF가 복음을 증언했던 18개 지역(1967년 관구 현황 도표 참조)의 대표들이 참석했다. 각 관구는 자신의 활동을 보고한다.

시노드는 특히

- 미래와 당시 분단된 세계의 상황에 대한 핵심적이고 근본적인 결정을 내렸다.

- 새로운 UF 규칙(Church Order Unitas Fratrum, COUF)을 승인한다. 기존의 관구를 평등하게 한 혁명적 조치였다.

- 형제단 주교단에 관한 몇 가지 규정을 제정하다.

1967년 포트슈테인 전체 시노드의 형제단 주교들

키산지(T. Kisanji), 미시갈로(P. Misigalo), 음방굴라(T. F. Mbangulla) — 1967년 포트슈테인 전체 시노드 탄자니아 관구 대표

- 신생 관구는 이제 영적 자립을 더 크게 누릴 수 있고, 기성 관구는 이 새로운 관구들의 선교적 노력에 대한 현재까지의 책임에서 벗어나게 될 것임을 결정하다.

- 지역에서 교회의 활동이 성장함에 따라 "시노드 유니티"는 7년에 한 번 소집할 것을 결정하다.

1974 6월 23일~7월 10일까지 유럽과 미국 이외의 지역에서 처음으로 자메이카의 킹스톤에서 시노드 유니티가 개최된다. 시노드는 시노드 회기 중에 모임을 갖고 각 시노드 결의의 집행을 감독하는 유니티 위원회(Unity Board, UB)에 의해 소집된다. 유니티 위원회(UB)는 각 관구의 대표들로 구성되며, 20세기 동안 UB는 집행 기구이며 시노드 유니티를 책임진다. 관구 대표 외에도 시노드 유니티는 지부 관구와 선교 활동(사업)의 대표들도 포함

1967년 관구 현황

	관구	지역 교회	성직자
1	남미	46	55
2	북미	114	103
3	영국	40	40
4	체코슬로바키아	18	19
5	유럽 대륙	18	65
6	서부 남아프리카	25	35
7	수리남	55	30
	시노드 관구	지역 교회	성직자
8	자메이카	38	15
9	동부 남아프리카	21	16
10	니카라과	17	22
11	탄자니아, 남부 고지대	33	32
12	탄자니아, 우냠웨지 부족	13	14
13	동인도제도(오늘날 동부 카리브해)	44	25
	지부 관구	지역 교회	성직자
14	알래스카	16	8
15	영국령 기니	11	4
16	히말라야	1	1
17	온두라스	19	5
18	래브라도(캐나다 뉴펀드랜드)	5	4
	총 등록 교인 302,593명	537	493

된다.
시노드 유니티는 다음과 같이 발표한다.

- UF는 지정학적으로나, 경제적으로나 분열된 세계의 한가운데에 살고 있다.

- 각 관구는 자신이 거주하는 지역의 많은 특정 문제를 해결해야 한다.

- 관구들 사이에 정치적, 문화적, 사회적 관점의 차이가 존재한다.
  그럼에도 시노드는 1967년 포트슈테인 시노드에서 결의한 길을 계속 이어갈 것임을 확인한다.

1981 8월 29일~9월 13일까지 시노드 유니티가 헤른후트(당시 동독)에서 열린다. 시노드는 위원회들과 총회로 진행되었으며, 46건의 결의안을 채택했다.
그중 하나는 다음과 같다:
형제단은 십자가의 말씀을 성경과 복음에 대한 모든 설교의 중심으로 받아들인다. 기쁜 소식의 전파에서 자신의 가장 중요한 사명과 존재 의미를 본다.

시노드 결의이다.

- 자치 관구들의 의장들로 구성된 유니티 위원회(UB)는 시노드 유니티 회기 중에 최소한 1회는 소집되어야 함을 결정했다.

- 성장하는 선교 활동 덕분에 UF 범주 안에서 구조의 새로운 형태를 찾도록 기존의 탄자니아 관구들에게 권고하였다.

- 형제단 선교 250주년을 기념할 1982년에 기도 파수꾼를 영구적으로 복원하고, 그들의 시간표를 작성할 것을 시노드는 UF에 요청한다.

- 코스타리카에서 새롭게 출현하는 활동은 니카라과 관구의 돌봄 안에 있을 것이며, 래브라도 관구는 USA 관구 돌봄을 받는다.

1981년 헤른후트 전체 시노드

1988 7월 3일~16일까지 시노드 유니티가 앤티가(카리브해 지역) 섬에서 모인다.

시노드 유니티:

- 형제단 주교의 직무에 대해 토론을 하였다. 그들의 사명과 봉사를 새롭게 정립할 필요가 있었다. 시노드는 "형제단 주교를 위한 지침서" 작성을 제안하였다. 이 지침서는 얀 아모스 코멘스키(코메니우스) 탄생 400주년 기념이 체코슬로바키아 연방공화국에서 열린 1992년에 첫 번째 형제단 주교의 전세계 협의회에서 만들어졌다. 1993년에 지침서는 의견과 승인을 위해 유니티 임원회에 제출되었다.

- 소위 "재세례"라는 최근 문제에 대해 적절한 사목적 접근이 고려되도록 개별 관구에 제안했다.

1995 8월 13일~25일에 시노드 유니티가 다르에스살람(Dar es Salaam, 아프리카 탄자니아)에서 개최된다.

시노드 유니티:

- 형제단 주교단의 주제를 다시 자세히 다루었고, 제안된 "형제단 주교를 위한 지침서"를 수정했다. 형제단 주교의 봉사방식에 관한 몇 가지 수정사항은 UF 규칙에 통합되었다.

- 또 다른 자치 관구 — 온두라스를 받아

1995년 관구 현황

	관구	지역 교회	선교 스테이션	성직자
1	알래스카	23	1	13
2	남미	56	5	65
3	북미	56	5	65
4	영국	37	2	28
5	체코	21	24	18
6	도미니카공화국	37		30
7	유럽 대륙	26	4	57
8	기아나	8		2
9	온두라스	77	12	13
10	인도	4	7	5
11	자메이카	56	2	21
12	남아프리카	91	186	66
13	코스타리카	5	2	4
14	래브라도(캐나다)	5	2	3
15	니카라과	176	135	46
16	수리남	55		40
17	남동부 탄자니아	103		80
18	남탄자니아	102		88
19	탄자니아 룩와	22	300	33
20	서탄자니아	41	181	61
21	동카리브제도	48	4	33
	총 등록 교인 622,210명	1099	869	840

들이다.

- 회기 중에 교회의 발전과 관리의 맥락에서 UF 구조에 대해 새로운 개념을 적용해 보도록 유니티 임원회(UB)에 요청했다.

- 세상에서 UF의 현재 선교적 사명을 "새로운 세상 증언(New World Witness)"이라는 제목으로 공식화했다:

  - 다른 문화권(추콧카[Чукóтка], 가리푸나[Garifuna] 등)의 손길이 닿지 않은 사람들 가운데서 선교.
  - UF가 아닌 다른 교회가 이미 활동하고 있는 국가(예: 잠비아, 말라위, 자이르)에서의 선교.
  - 멀티미디어 매스컴을 통한 선교 또는 도시 선교(노숙자, 학생 등).

- 알바니아, 프랑스령 기아나, 잠비아, 말라위, 인도, 아시아 등에서의 선교 활동을 UF 선교 정의의 토대에서 채택된다.

- 헤른후트에 저장된 UF 고문서는 형제단의 공동 작업이며, 고문서 관리에 대한 예산 편성을 결정했다.

- 전 세계적으로 "재세례"라는 새로운 현상이 나타났기 때문에 시노드는 교회 내에서 이 투쟁에 많은 부분을 전념하였다. "재세례"는 일반적으로 받아들여지지도, 수락되지도 않을 것이나 각 관구는 자신의 뜻에 따라 소위 "세례 확인식"을 만들 수 있다고 결정된다.

2002 8월 8일~19일까지 시노드 유니티가 미국 베들레헴에서 개최된다.

시노드의 주요 의제:

- 현대 영적 흐름에 대한 UF의 태도

2009년 잉글랜드에서 열린 우니타스 프라트룸 총회

- 동성애 문제에 대한 UF의 입장(동성애자들의 안수 가능성, 동성 결혼).

UF가 다문화 세계와 매우 다른 정치적·사회적 조건을 가진 다른 세계 대륙에서 활동하고 있다는 관점에서 어떤 관구도 이러한 방향에서 어떠한 다른 조치를 취하지 않도록 시노드는 전체 교회에 모라토리엄을 선포하였다.

2009 7월 27일~8월 7일까지 시노드 유니티는 영국에서 열렸다.

- 각 관구들의 구조에서 근본적인 변화가 생겼다. 완전한 관구들 외에 지부 관구 대신에 소위 선교 관구 그리고 선교 지역

이 계속 존재할 것이다.

- 시노드는 완전한 관구 — 코스타리카를 받아들였다.

6. 선교 관구

: 기아나, 키고마Kigoma, 콩고, 래브라도(캐나다), 말라위, 북탄자니아, 동 탄자니아, 잠비아, 잔지바르Zanzibar.

7. 선교 지역

: 벨리즈Belize, 부룬디, 프랑스령 기아나, 케냐, 쿠바, 페루, 르완다, 우간다.
우니타스 프라트룸(UF)는 유럽, 미국, 카리브 제도 및 아프리카의 4개 세계 지역(Region)에서 활동하고 있다. 등록 교인 기준으로 다음과 같은 백분율로 분포되어 있다.

– 유럽 지역: 3%
– 미국 지역: 6%
– 카리브제도 지역: 21%
– 아프리카 지역: 70%

2010 10월 1일~8일까지 캘거리(캐나다)에서 유니티 임원회(UB) 회의가 열린다(UB는 이미 시노드 회기 중에 정기적으로 회의를 한다). 14개 관구와 4개 선교 관구의 대표가 참석한다. 이번 회의는 UF가 가장 빠르게 성장하고 있는 아프리카 지역의 영향력이 커지고 있음을 보여 준다.
아프리카 지역은 점점 경제적으로 자립하고 있으며, 실천신학 문제에 대한 자신의 견해를 명확하게 표현한다. 예를 들어 그들은 동성의 교회 결혼식이나 동성애자 안수를 단호히 거부한다.
UB는 또한 콩고를 완전한 관구로 승인한다. 결과적으로 UF는 18개의 완전한 관구를 갖게 된다.
인도는 남아시아의 선교 지역이 되었고, 아프리카 시에라리온은 선교 지역으로 받아들여졌다.
2012년 이후에 점차적으로 새로운 관구가 생겨난다: 북탄자니아, 탄자니아 — 키고마(탕가니카 호수), 말라위, 잠비아, 동 탄자니아.
현재 우니타스 프라트룸(UF)에 23개 관구가 있으며, 2015년에 그들의 등록 교인 수가 100만 명을 넘었다.

2009년 관구 현황

	관구
1	알래스카
2	북미
3	남미
4	영국
5	체코
6	유럽 대륙
7	온두라스
8	자메이카
9	남아프리카
10	코스타리카
11	니카라과
12	수리남
13	탄자니아, 룩와
14	남탄자니아
15	남서 탄자니아
16	서탄자니아
17	동카리브해

2014년 세계 모라비안교회(UF) 현황

관구	교인	지역 교회	가장 큰 문제	사업과 프로젝트
아프리카 Region(UF 교인 백분율 분포 70%)				
남아프리카	42,740	86	인종차별	모라비아 신학교
탄자니아, 룩와	65,570	48+396시골	180만 HIV와 80만 AIDS 환자	산림-나무 재배, 양봉
남탄자니아	152,163	140	마법사의 영향 아래 있는 어린이들	아보카도 재배, 교육, 보건 의료
서탄자니아	102,439	47	숙박업 직원의 급여 및 출장비 재정 부족	교육, 사회봉사, 고아원
남동 탄자니아	269,800	198		나무 판매, 인쇄소 운영, 바라카 지역 라디오, 교인들 십일조 생활 시작, 재정 자립도 증가, 학교, 형제단 병원, 고아원, 주중 사흘 사회봉사 센터
팅카니카 호수	27,124	27	빈곤	농업, 수입 사업으로 숙박건물 건설, HIV/AIDS 교육, 학교 교육, 무슬림 선교, 난민과 고아 돌보기, 보건 의료, 교도소 봉사
북탄자니아	3,495	48		
동탄자니아	22,973	69		
콩고	21,307	9	남성 부족, 10년간 내전	전후 국가와 교회 재건
말라위	4,570		가뭄, 지진, 대홍수, 봉사자 부족	농업-양돈업, 캐슈넛 재배, AIDS 부모가 있는 고아 돌보기, HIV/AIDS 퇴치 전략 개발, 여성 지원, 여객 운송 및 인도적 지원을 위한 자동차 지원, 체와어로 『암호』(로중) 출판
선교 지역	케냐, 동 콩고, 르완다, 탄자니아-이링가, 탄자니아-루부마/은좀베			
카리브 Region(21%)				
동카리브	15,432	51	범죄, 매춘, 도박, HIV/AIDS 위협	재정 자립의 길, 삶과 올바른 경제를 위한 적극적 방법, 청소년 돌봄, 인근 도서島嶼 선교
코스타리카	1,015	3		음악과 예배 학교-다기능 센터 학교 확장 계획
온두라스	25,480	83	빈곤층, 병자, 사회적 소외계층에 대한 도움 필요, 허리케인 문제	농업과 양계, 신학교, 진료소, 산부인과 Clinica Evangelica Morava, 2개의 위성 보건소, 마약 중독자와 마약 거래로 영향을 받는 사람들을 위한 봉사
니카라과	97,380	226	허리케인-흉년-기아, 빈곤, 질병, 교회 분열	농업 및 어업 개발, 상호협력 및 의료 지원의 발전, 교육-모든 세대 지원, 사회 개발 연구소, 모라비아 신학교, 모라비아 대학교 센터
자메이카와 케이맨 제도	8,444	60	경제 위기, 실업과 범죄 증가, 시골 지역 교회 교인 감소, 봉사자 부족, 허리케인	성인 포함 교육, 농업 개발(재배와 축산), 도시계획 분야의 직업 교육, 진료소 활동, 라디오 방송과 그 목적-장례식 사업, 도시 선교 지원

2014년 세계 모라비안교회(UF) 현황

관구	교인	지역 교회	가장 큰 문제	사업과 프로젝트
아프리카 Region(UF 교인 백분율 분포 70%)				
수리남	40,000	73	강한 사탄주의, 오컬티즘 (주로 젊은층들), 마약, 도박, 매춘, 현대판 노예, 젊은 설교자 부족	사회복지, 의료 봉사, 수도의 젊은이들을 위한 센터와 도시 선교, 신학교육, 학교 교육(64개 초등학교, 9개 중고등학교, 기독교 교사를 위한 학교), 녹음실, 서점, 게스트를 위한 숙박시설이 있는 컨퍼런스 센터
선교 관구	가이아나, 온두라스			
선교 지역	벨리즈, 프랑스령 가이아나, 가리푸나 민족, 아이티			
아메리카 Region(6%)				
북미	21,271	93	동성애 성직자 안수 승인, 교인수 감소, 관구의 노령화, 도전-세계화 사회의 변화에 대한 대응, 양로원 필요	교육-베들레헴 모라비아대학과 신학교, 세계 선교 위원회-북남미 두 관구를 위한 공동 기구
남미	15,650	56		교육-가장 오래된 전통-살렘 아카데미, 빈곤층 지원 센터(Sunnyside Ministry)와 빈곤 아동 무료의료 서비스, 시에라리온 선교 활동 개시
알래스카	1,917	23	연어 어업(감소 추세)이 교회와 가족의 경제에 영향을 미침, 높은 실업률, 높은 연료비-원거리 지역 교회들 목양을 위한 이동(항공 이용만 가능)	현지어 성경 번역, 청소년 목양, 신학교육, 모라비아 도서관, 저녁 찬양, 세미나, 축제, 워크숍…
선교 관구	래브라도(캐나다)			
선교 지역	쿠바, 페루, 시에라리온			
유럽 Region(3%)				
영국	2,000 친구-1만	32	모든 지역 교회들이 점점 비어간다.	2개 학교(Fulneck에 한 개), Café Church and Messy Church 프로젝트-교회에 가기 싫어하는 사람들에게 더 가까이 다가가기 위한 노력
체코	3,360 친구-1만	28	경제적 자립 접근	숙박시설, 목공소, 중고가게, 카페, 로스팅, 건축설계 및 그래픽 스튜디오, 소프트웨어 개발, 가족과 노인 센터, 낮은 문턱 클럽, 초등학교, 유치원, 얀 블라호슬라프 신학교, 폴란드 선교
유럽 대륙	16,154	24	다양한 신학적 문제에 대한 다른 견해들, 교인 감소	이곳에서 형제단 "암호"(로중)를 결정하고 출판하며, 많은 세계 언어로 판매, 회의 세미나 클럽 조직, 많은 사회복지 시설과 학교 운영, 가난한 관구에 큰 기부를 하는 교회 재단 운영, 헤른후트에서 재건형제단 시대부터의 가장 중요한 고문서 보관소 운영 관리
선교 관구	헤른후트 노회/체코			
선교 지역	남아시아, 북인도, 네팔			

4장

조상의 땅으로 다시:

관용의 칙령부터 벨벳 혁명까지

서막

빌렘 하르트비크 부부

1781 10월 13일 관용의 칙령이 발표된다.
황제 요세프 2세의 명령으로 계몽주의적 개혁의 범주에서 체코 땅에서 부분적으로 비가톨릭 크리스천을 위한 종교의 자유가 허용된다.
여전히 그들 가운데 지하교인 체코 형제들인 프로테스탄트 지지자들은 국가에 의해 승인된 개혁교회 신앙고백 — 아우구스부르크(루터) 또는 헬베티크(칼뱅), 두 개에 대해서 결정할 수 있다.
당시 형제단은 오스트리아-헝가리에서 허락되지 않았다.
특히 동보헤미아, 비소치나, 북모라비아에서 150년간의 재가톨릭화 압박을 견뎌낸 프로테스탄트 지지자들은 그래서 황제에 의해 승인된 프로테스탄트 교회에 합류하였다.

1793 2차 폴란드 분할로 60개의 형제단 공동체에서 단지 11개만이 남았다. 살아남은 폴란드 형제단의 중심은 형제단 고등학교가 있는 레스노였다.

1793 프로이센 정부는 포즈나뉴 자문위원회 사안의 폴란드 형제단을 자신들의 베를린 칼뱅개혁교회에 종속시켰다.

1817 이 활동은 취소되었다. 그러나 구형제단의 전통을 이어받은 몇몇 폴란드 형제단 정착촌은 살아남았다.

1830 12월 12일 빌렘 하트비크, 그리고 후에 그의 협력자가 된 프리들리히 에마루엘 클라인슈미트가 크워츠코의 웽지체Łężyce에서 태어난다.

1844 3월 31일에 오이겐 슈미트가 태어났고, 후에 포트슈테인에 있는 체코형제단의 첫 번째 교회의 설교자가 되었다.

1849 종교의 자유에 대한 일부 제한은 황제 칙령에 의해 그리고 후에 새로운 오스트리아-헝가리 헌법에 의해 해제된다. 그때부터 개혁 교도들은 역사 발전에 따라 완전하게 갖게 된 권리를 점점 더 크게 요구하였다.

1855 6월 14일에 실레시아 그나덴베르크에서 테오필 라이헬이 태어난다. 그는 후에 체코 형제단 설립자가 된다.

1857 1월 6일 차슬라프에서 바츨라프 반추라 Václav Vančura가 태어난다. 그는 후에 주교가 된다.

1861 4월 8일 프란츠 요세프Franz Joseph 1세 황제의 프로테스탄트 칙령이 발표된다. 이 법은 개혁 교도들에게 많은 법적 조

직적 기반을 주었으며, 이종성찬 개혁교회를 당시까지 지배하던 로마교회와 동일시하였다. 마찬가지로 법은 외국 개혁교회들과 관계를 맺는 것도 가능하게 하였다.

노바 솔의 개척자

1862 11월 25일 독일 관구 시노드가 헤른후트에서 열린다. 이 회의에서 조상의 땅 보헤미아와 모라비아에서의 선교 가능성에 대해 논의한다. 시노드는 헤른후트 임원회에 공식적으로 선교 활동을 시작하도록 권면한다. 체코-모라비아 위원회(ČMK)가 구성되고, 하인리히 라이헬, 구스타프 뮐러, 테오필 라이헬, 테오발트분더링이 체코-모라비아 활동(ČMD)을 담당한다. 특히 그란덴프라이의 설교자이며, 후에 주교가 된 테오발트 분더링은 이 활동(ČMD)에서 올바른 교회 지도자로 증명된다.

형제들 사역자들은 개혁교회의 지역 교회들과 멀리 떨어져 있는 디아스포라로 흩어져 있는 개혁 교도들에게 집중하였다. 그들은 방문해서 가정예배를 드리고, 신앙 서적을 배포하였다. 이 활동을 위한 재정은 전체 체코-모라비아 활동에 대해 조직, 재정, 관리 일체 책임을 지고 있던 유럽 형제단의 헌금과 기부금으로 충당되었다.

체코-모라비아 위원회(ČMK) 위원들 — 테오발트 분더링, 하인리히 레빈 라이헬

노바 솔의 목사이자 설교자인 프리드리히 에마누엘 클라인슈미트는 이 활동의 중요한 개척자가 되었다. 복음 활동의 재복구를 위해 보헤미아와 모라비아에 흩어져 있는 형제와 자매들의 소수 무리들을 격려하였다. 클라인슈미트는 점차 그들의 영적 경제적 상태를 알게 되었다. 1862년~1865년 그리고 1866년~1869년 기간 동안에 개혁교회 교구들 대부분을 방문하였다. 지역 개혁 교도들과 영적 대화를 나누었고, 부활하신 예수 그리스도의 권능에 대한 분명한 증언을 그들에게 하고, 간절하게 그들과 기도했다. 그러나 한 그룹에서 다음 그룹으로 이동하는 것이 쉽지 않았다. 이 방문을 잠시 중단케 하는 여러 장애물이 발생하였다. 클라인슈미트도 외국에서 목사와 교회 교사와 지역 교회들을 위한 재정 지원을 조직함으로써 체코 교회를 크게 도왔다. 부르그하르트는 그의 설교 방식에 대해 썼다.

"클라인슈미트는 확실하게 개인의 회심을 요구하였으며, 자신의 청중의 다양한 마음 상태를 설명하고, 죄 용서를 받았는지 개인 각자가 알아야 함을 특히 강조한다. 그리고 그는 매우 온화하게 그리고 냉정하게 말하지만, 자신의 주제에 대해 언제나 그대로 실천하여 결국 그의 말의 효과는 강력했다."*

오랫동안 체코와 모라비아 개혁 교도들의 존경받고 능력 있는 친구였던 클라인슈미트에게 순회 설교자이며 성경 반포자인 안드레아스 쾨터와 빌렘 하르트비크 협력자들이 곧 합류했다. 한 사람은 실레시아 출신으로 본래 가톨릭 교인이었다. 후에 그는 그나덴프라이 지역 교회 교인이 되었으며, 여기서 분더링의 제안으로 체코로 부름을 받는다. 하르트비크는 단순한 목수 조수였으나 믿음의 힘과 확신에 대한 신뢰가 있었다. 그는 복음에 대한 신실한 증언자가 되었다.

프리드리히 에마누엘 클라인슈미트

1866 체코-모라비아 활동(ČMD)의 중심이 초기 몇 년간 가장 열성적이고 탁월한 형제단 사역자 빌렘 하르트비크가 정착했던 푸를리츠코로 점차 옮겨졌다. 호르니 체르므나가 그의 중심 활동지가 되었다.
프로이센-오스트리아 전쟁이 시작되어 하르트비크의 선교와 디아스포라 여행이 일시적으로 중단된다. 지역 주민들에게서 주춤거리는 무관심과 거부감의 분명한 징후와 맞닥트린다. 그는 프로이센 시민이었으며, 이전에는 환대와 친절의 개방적이던 문들이 그에게 닫혔다.

* 형제단 서신(Bratrské Listy), ročník I., č. 5, 1894.

6월 1일 형제단 선교사 프란티셰크 흘레보운이 오를리츠코우스테츠코 지방에서 태어났다. 그는 남아프리카에서, 처음에 게오르크 슈미트가 활동했던 호텐토트 부족의 케이프 지역에서 선교 활동을 하다가 어느 정도 후에 카프르Kafr로 불리는 지역 원주민 사이에서 독립적인 활동을 하였다. 이른바 보어 전쟁 발발 후 선교 본부는 그를 아프리카 최남단에 있는 엘림 호텐토트 지역 교회로 보냈다. 9년 후 그는 실제로 다시 시작했던 자신의 카피르 종족 선교로 돌아갔다. 유럽으로 다시 돌아온 1913년까지 선교 활동을 했다. 1차 세계대전으로 인해 그는 아프리카로 돌아갈 수 없었다. 후에 프란티셰크 흘레보운은 특히 트루노프 지방에서 활동하였다.

1868 독일관구(1869년 이후 유럽 대륙 관구) 시노드는 체코-모라비아 활동(ČMD) 관리를 체코-모라비아 위원회(ČMK)를 통해 베르텔스도르프의 독일 관구 사무국이 시행할 것을 확인했다. 위원회는 이 활동을 계속 관리하고 새로운 봉사자들 모집과 무엇보다 재정 모금을 감당하게 된다.

1869 5월 24일~7월 8일까지 열린 전체 시노드는 체코-모라비아 활동(ČMD)의 발전에 대한 보고를 기쁘게 받아들이고, 이 활동을 독립시킬 가능성에 대해 미국과 영국 관구의 제안을 논의하였다. 그러나 제안은 독일 형제들의 반대에 부딪힌다. 그들은 보헤미아에서 계속해서 현재까지 하던 대로 오스트리아 개혁교회 범주 안에서 일하길 원했다. 형제단은 오스트리아에서 교회로 승인받지 못하였기 때문에 재정적으로 행정적으로 어려움을 두려워했다.

프란티셰크 흘레보운

전체 시노드는 최종적으로 다음과 같이 승인했다.

1. 보헤미아와 모라비아에서 형제단이 이미 현지 개혁교회들의 범주 안에서 보조적으로 활동하는 곳에서 상황이 달라지지 않는다면 이러한 방식으로 계속해서 일할 것이다.

2. 보헤미아와 모라비에서 형제단의 활동은 형제단 선교 활동과 동등한 위치에 두게 되며, UF의 이름과 재정으로 시행된다.

3. 보헤미아 또는 모라비아 어떤 곳의 형제단에게 말씀과 성만찬의 섬김 요청이 들어온다면, 특히 기존의 지역 개혁교회로부터 아주 멀리 떨어져 있는 장소로부터

온 것이라면 이 요청을 사전에 신중하게 고려한 후에 응해야 한다.

"시노드는 주님께서 원하시면 조상들의 땅으로 돌아오는 형제단을 위해 주님께서 친히 땅을 준비하실 것이라는 믿음의 용기로 그렇게 결정했다."* 그래서 체코-모라비아 활동(ČMD)은 장래에 자신의 지역 교회들을 설립할 가능성과 함께 전체 UF 차원의 활동이 되었다. "회의 내내, 교회 활동이 독립할 수 있고, 지역 교회 설립에 유리한 어떤 특정된 보헤미아 또는 모라비아 장소가 거명되지 않은 점은 흥미롭다. 시노드는 주님이 그러한 장소를 언젠가 자신의 뜻에 따라 친히 보여주실 것을 믿었다."**

포트슈테인 지역 교회 첫 설교자 오이겐 슈미트 가족

* Vacovský, Adolf, *Obnovení Jednoty bratrské v zemi otců*(v rámci časopisu JB, 조상의 땅에서 형제단의 재건) (ÚR Jednoty bratrské, 1997).

** *Verlass der General Synode der Evangelischen Brüder-Unität* (Gnadau, 1914).

첫 형제단 지역 교회

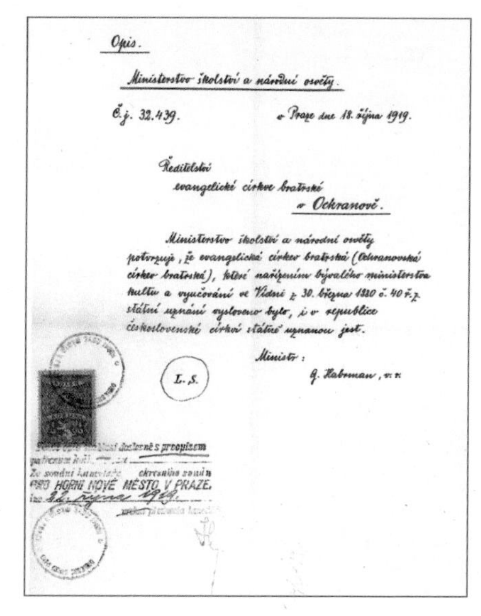

Opis.

Ministerstvo školství a národní osvěty.

Č. j. 32.439. v Praze dne 18. října 1919.

Ředitelství
evangelické církve bratrské
v Ochranově.

Ministerstvo školství a národní osvěty potvrzuje, že evangelická církev bratrská (Ochranovská církev bratrská), které nařízením bývalého ministerstva kultu a vyučování ve Vídni z 30. března 1880 č. 40 ř. z. státní uznání vysloveno bylo, i v republice československé církví státně uznanou jest.

Ministr:
G. Habrman, v. r.

L. S.

...souhlasí doslovně s prvopisem
...
Ze soudní kanceláře okresního soudu
pro HORNÍ NOVÉ MĚSTO V PRAZE,
dne 22. října 1919.

오스트리아-헝가리 지역의 형제단 승인서 (1919년)

1870 동보헤미아의 포트슈테인 사람들의 첫 그룹이 영적 봉사를 요청했다.
10월 16일에 형제단 첫 지역 교회가 이곳에서 세워졌다. 이 교회는 후에 다시 보헤미아에서 활동이 성장하는 기초가 되었다. 실로 미약한 시작이었지만, 그 선교의 발전은 많은 사람들의 삶에 행복을 가져다 주었다.

1872 5월 20일에 체스카 리파 근처 두바에 두 번째 지역 교회가 세워졌다.
10월 13일 보헤미아의 첫 설교자 오이겐 슈미트가 포트슈테인에서 봉사하도록 부름을 받았다.

1873 1월 1일 형제단 『암호(로중)』가 체코어로 출판되기 시작했다.

등록

1874 5월 20일 종교단체 법적 승인에 관한 법률 제68호(제국법)가 공포되었다.
7월 19일 헤른후트의 형제단 임원회는 형제단 승인에 대한 협상을 오스트리아 당국과 하기 시작했다. 오스트리아-헝가리의 회원 숫자가 적어(1875년 200명, 1876년 212명) 요청은 다소 의외였다. 따라서 요청에 대한 논의는 1876년 2월 5일의 새로운 제출 이후에 시작되었다. 그러나 승인 절차는 행정적 협상뿐 아니라 정치적 사건으로 인해 지연되었다.

1879 5월 26일~7월 3일까지 열린 전체 시노드는 체코-모라비아 활동(ČMD)은 계속해서 체코-모라비아 위원회(ČMK)의 도움과 조언으로 "형제단 장로협의회"에 의해 관리될 것을 결정했다. 위원회는 9명의 위원으로 구성된다: 유럽 대륙 관구(EKP) 5명, 영국 관구 2명, 미국 관구 2명. 위원들은 항상 전체 시노드에 의해 임명된다.

1880 3월 30일에 형제복음교회(헤른후트 형제교회)를 독립교회로 승인하는 결정문이 발행된다. 제국법 40조항에 따라 결정된 그 문서는 하인헨베르크(오늘날 리베레츠) 고문서실에 보관되어 있다. 형제단 임원회는 승인 요청서에 "형제단" 이름을 명시하는 것을 원치 않았다. 승인은 체코 형제단에 새로운 행정적 변화의 필요성을 의미하였다.

1882 3월 16일 플젠에서 소설가이며 형제단의 열렬한 칭송자인 네온티나 마시노바가 태어난다. 그녀는 형제단과 코멘스키(코메니우스)에 관한 많은 책을 저술했다. 1975년 2월 10일 라즈네 벨로흐라트에서 죽고, 그곳에 묻혔다.

1883 포트슈테인과 두바 지역 교회들을 위해 지역 교회 규정이 작성되어 이들 교회들이 공식적으로 승인을 받는다.

포트슈테인 지역 교회는 승인을 받을 당시 196명의 등록 교인이 있었다. 포트슈테인 지역 교회는 란슈크로운 지枝교회를 분립시켰다. 오이겐 슈미트가 설교자가 되었고, 바츨라프 메다체크가 협력자가 되었다. 체르므나와 첸코비체에 있는 그룹이 우스티 나드 오를리체에서 자체 지도자가 있는 새롭게 생겨난 그룹과 함께 란슈크로운 지교회로 들어간다.

두바 지역 교회는 75명 등록 교인이 있었으며, 카를 베른하르트가 설교자가 되었다.

그래서 보헤미아의 형제단은 활동과 발전의 새로운 단계로 접어들었다.

형제단 고아원

고아원들은 보헤미아의 형제단이 독립적으로 시작한 활동이었다. 교회는 이 활동에 대해 어떤 계획도 없었으며, 많은 고아들을 남긴 프로이센-오스트리아 전쟁의 결과로 자연스럽게 발전되어 이 활동이 시작되었다.

1867 6월 4일 빌렘 하르트비크는 체르므나에서 첫 번째 고아를 받았다. 고아 소년들이 특히 하르트비크의 순회 설교자의 일에 방해가 되었기 때문에 체코-모라비아 위원회(ČMK)는 심각하게 반대하였

체르므나 고아원 소년들

다. 그러나 하르트비크가 곧 루드밀라 삼코바와 결혼하게 되었고, 그의 아내가 아이들을 돌보는 일을 도왔다. 그녀는 엄격하였지만, 배려심이 많은 어머니였다. 1년 동안 10명의 고아들을 받아들였다. 이 활동을 지원할 재정이 부족하였으며, 아이들 숫자의 증가로 더 넓은 거주 공간이 필요했다.

1870 독일과 스위스의 통 큰 기부자들 덕분에 그리고 친구들의 지원으로 체르므나에 농장을 구입할 수 있었다. 소년들과 하르트비크 부부가 이곳에 거주하였으며, 새로운 예배실 공간도 있었다. 3년 후 집이 전소되었으나 놀라운 헌신 덕분에 집은 다시 건축되었다. 초기의 어려움과 주변의 적대감에도 불구하고 형제들은 이 활동을 통해 신뢰와 공감을 얻었다. 소년들의 숫자는 점점 늘어나 40명이 되었다.

1886 5월 26일 체르므나에서 더 이상 수용할 수 없는 소녀들과 함께 포트슈테인에서 비슷한 활동을 시작하게 된다. 아주 짧은 시간 안에 새로 구입한 집은 20명의 소녀로 가득 찼다. 이러한 사회봉사의 창설을 포트슈테인 지역 교회 설교자 오이겐 슈미트가 도왔다. 그는 이 봉사를 사랑하였고, 1889년에 설교자로서 두바로 옮겨갔을 때 그곳에서도 고아들을 도왔다. 후에 두바에 특히 독일 소년들을 위한 또 다른 고아원이 문을 열었다.

1898 12월 2일에 두바에 처음 네 명의 소녀들을 위한 고아원이 문을 열었다. 그러나

두바의 소녀 고아원 건물

구입한 건물을 다시 수리해야 할 필요가 있었다. 1904년에 고아원은 14명의 소녀를 수용할 수 있도록 개조되었다.

1899 고아를 돌보는 것도 체코-모라비아 위원회(ČMK)에서 승인되었고, 전체 시노드가 보헤미아 형제단의 부상하는 선교의 자연스러운 부분으로 허락하였다.

보우인 디아스포라 선교

1882 보우인의 보헤미아 이주자 사이에서 디아스포라 활동가를 지원할 수 있도록 노바 솔 근천 스타라 차바에 있는 교사 기관 책임자가 형제단에게 500마르크를 제공했다. 체코인들이 신앙고백 논쟁으로 체코 설교자들을 잃어버리고, 폴란드 칼뱅개혁교회 목사들이 그들을 섬긴 이후 체코인들은 다시 체코어 모임과 체코어로 어린이들을 가르치는 것을 갈망했다.
보라틴 보헤미아 정착촌 주민들은 오이겐 슈미트 형제단 설교자에게 도움을 청했다.
2월 2일 오이겐 슈미트는 공동 자문을 위해 여러 개혁교회들 출신 친구들 협의회를 프라하로 소집한다. 협의회는 지원 봉사의 적절한 방식과 활동을 인수할 사람을 찾아야 하는 운영 위원회를 구성한다. 위원회는 특별히 어린이 교육 이외에도 선교적으로 디아스포라 활동을 수행할 교사들을 보라틴에 파송하기로 결정한다. 위원회는 후보자로 니스키에서 형제단 교육학을 공부한 요세프 모틀Josef Motl을 선발했다. 카렐 모틀의 아들인 요세프 모틀은 제안한 직위를 수락했다.
9월에 그는 보라틴으로 떠난다. 쉬운 환경이 아니었다. 신앙고백 논쟁은 여전히 살아 있었다. 그는 보헤미아 식민 개척자

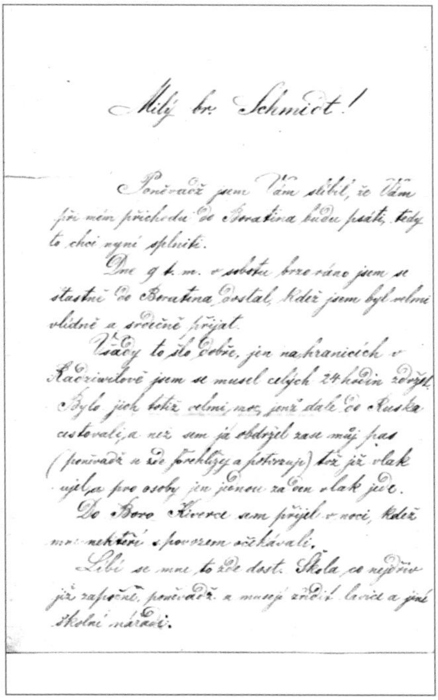
Milý br. Schmidt!

Poněvadž jsem Vám slíbil, že Vám při mém příchodu do Boratina budu psáti, tedy to chci nyní splniti.
Dne 9 t. m. v sobotu brzo ráno jsem se šťastně do Boratina dostal, kdež jsem byl velmi vlídně a srdečně přijat.
Všady to šlo dobře, jen na hranicích v Radziwilově jsem se musel celých 24 hodin zdržet. Bylo jich totiž velmi moc, jenž dále do Ruska cestovali, a než sem já obdržel zase můj pas (poněvadž se zde prohlížej a potvrzuje) tož již vlak ujel, a pro osoby jen jenou za den vlak jede.
Do Boro Kiverce sem přijel v noci, kdež mne někteří s povozem očekávali.
Líbí se mne to zde dost. Škola se nejdřív již započne, poněvadž se musejí zřídit lavice a jiné školní nářadí.

보우인에서 온 요세프 모틀 첫 편지

들을 정교회와 연결시키려는 노력들을 만났다. 보라틴 사람들은 요세프 모틀을 기쁘게 받아들이고, 최선을 다해 그를 돌보았다. 학교 건물은 없었으며, 그래서 양철공이며 지역 교회 수석 장로인 요세프 오포첸스키의 거실에서 가르쳤다. 이곳에서 예배 모임도 가졌다. 청장년을 위해 모틀은 주일학교를 준비하였으며, 그곳에서 가르쳤다. 그는 사심 없이 희생적으로 활동했을지라도 보라틴 사람들 일부는 그를 제거하길 원했다. 신앙고백의 적대감은 멀리까지 퍼졌다. 그러나 정착민 대다수의 사랑이 요세프 모틀을 계속 지켜주었으며, 그의 어려운 활동에서 힘을 불러일으켜 주었다.

1884 여름에 칼뱅개혁교회 교사이며, 후에 형제단 설교자이자 주교가 된 반추라

Vančura와 포트슈테인 지역 교회 설교자 오이겐 슈미트의 조력자인 바츨라프 메다체크가 체르므나에서 보라틴의 요세프 모틀을 방문한다. 그들의 방문은 요세프 모틀에게 힘든 교사와 디아스포라 활동에 새로운 추진력이 되었다. 그는 이곳에서 4년간 활동하였다. 그는 자신의 교사 직분뿐 아니라 디아스포라의 목회적 활동가의 사명도 충실히 수행했다.

1886 11월 20일 요세프 모틀은 보우인에서 고국으로 돌아온다.

우스티 나트 오를리치 지역 교회를 다시 재건

이미 구형제단이 이곳에서 16세기 전반부에 등장하였다. 우스티에서 활동이 매우 잘 성장하였지만, 폭력적으로 중단되었다. 그래서 형제들은 이곳에서 다시 활동을 재건하길 원하였다.

1882 우스티 나트 오를리치ÚSTÍ NAD ORLICÍ의 첫 회원이 형제회 연합에 가입했다. 1년 안에 더 많은 것이 추가되었고, 설교자 슈미트는 여기에서 새로운 일이 탄생하고 있음을 인식했다. 잘 성장하기 위해 그는 집을 사는 것을 고려했다.

1884 3월 6일 293호를 구입했다. 이곳에서 카렐 모틀이 전도와 선교 활동과 예배처를 위한 공간으로도 사용할 집을 장만했다. 5월 11일에 예배당이 엄숙하게 문을 열었다. 이 예배당은 우스티 나트 오를리치의 형제단 활동에 견고한 기반이 되었다.

1886 카렐 모틀은 우스티 나트 오를리치를 떠나 리흐노프 나트 크네슈노우로 갔다. 우스티 그룹은 당시 보우인 교사였던 그의 아들 요세프 모틀이 이어받았다. 그러나 1년 후 그는 프라하로 이사했으며, 1888년부터 영국성서공회의 활동으로 성서 반포 활동을 하였다.

초기 형제단 얀 아우구스타가 설교한 오늘날 우스티 나트 오를리치 지역 교회

우스티 지역 교회 첫 설교자로 요세프 미쿨라슈티크가 부임했다. 그는 발라슈스키 지방 야센나 출신이었다. 원래 그는 형제단 선교에 헌신한 열망이 있었다.

그러나 주님은 그에게 동보헤미아를 준비하였다. 요세프 미쿨라슈티크는 하나님의 부르심에 순종하였으며, 이 활동에 자신의 삶을 온전히 헌신했다. 쉽지 않은 활동이었다. 모욕, 마음의 완고함, 무관심이 종종 자신의 지역 교회 안에서 나타났다. 젊은 설교자는 이런 장애물을 그리스도에게 깊이 뿌리내린 오직 믿음의 확신으로 극복했다.

1895 설교자 미쿨라슈티크는 기존 교회 건물의 열악한 상태 때문에 더 적합한 건물을 찾고 있었다. 우스티 지방의 가톨릭 사회가 형제단에 우호적이지 않아서 그러한 건물을 찾기가 어려웠다. 그럼에도 260번지 건물을 구입할 수 있었다.

1901 한때 구형제단의 소유였던 53호 건물이 매물로 나왔다. 요세프 미쿨라슈티크는 주저하지 않고 그 건물을 구입하였다. 그것은 우스티와 그곳 지역 교회뿐 아니라 전체 교회에게 중요한 조치였다. 그리하여 얀 아우구스타도 한때 설교를 했던 구형제단의 건물을 소유하게 되었다. 이 건물을 교회가 오늘날까지 사용하고 있다.

1902 5월 4일 많은 시민들과 프란티쉐크 비체나 시장이 참석하는 가운데 예배당 문을 열었다. 시장의 관용적인 태도와 설교자 미쿨라슈티크의 조용하고 신실한 활동이 결국 형제단에 대한 도시의 긴장과 편견을 완화시켰다. 그것은 이어지는 전도활동과 교회 성장에 필요하였고, 대성공이었다. 요세프 미쿨라슈티크는 22년 동안 우스티 지역 교회에서 봉사하였다. 이곳에서 그는 굵직한 활동들을 하였다. 또한 당시 리토미슬 교수이며 소설가인 알로이스 이라세크Alois Jirásek나 「즐라타 프라하」 편집자인 프라하 출신 페르디난트 슐츠Ferdinand Schulz 등 많은 친구들이 생겼다.

요세프 미쿨라슈티크 가족, 왼쪽 장남 오토

1908 프라하로 부름받은 테오필 라이헬 설교자의 후임으로 임명되어 포트슈테인 지역 교회로 갔다. 요세프 미쿨라슈티크는 특별히 목회자였으며, 이러한 정신으로 새로운 일터에서도 활동하였다.

선교 활동의 발전

1889 5월 27일~7월 1일까지 열린 전체 시노드는 체코에 공식적으로 첫 지역 교회들이 세워질 수 있는 기초가 된 오스트리아-헝가리 안에서의 독립교회 승인에 대한 보고를 기쁘게 받았다. 시노드는 체코-모라비아 활동(ČMD)이 계속 체코-모라비아 위원회(ČMK) 권한 안에 그리고 형제단 장로협의회의 관리 안에 있음을 확인했다. 포트슈테인 설교자, 오이겐 슈미트가 시노드의 체코 대표가 되었다.
10월 11일에 물라다 볼레슬라프 예배당이 첫 문을 열다.

1894 설교자 바츨라프 베트카Václav Betka가 편집자였던 「브라트르스케 리스티 *Bratrské Listy*」 잡지가 출판되기 시작했다.

1895 9월 29일에 포트슈테인에서 칼렐 라이헬이 태어난다. 그는 후에 주교가 된다.

1896 5월 10일 야블로네츠 나트 니소우에서 활동이 시작된다.

1898 8월 15일 투르노프에 새로운 다른 교회가 세워졌다.

1899 5월 16일~6월 30일까지 열린 전체 시노드는 회의에서 특별히 체코-모라비아 활동의 계획에 대해 논의하여 실질적인 단계와 발전에 대한 결의안을 발표했다. 각각

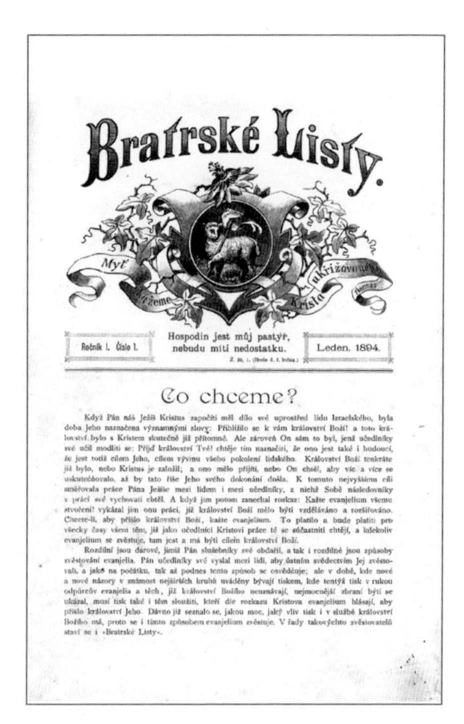
Bratrské Listy.

Myť kážeme Krista ukřižovaného

Ročník I. Číslo 1.

Hospodin jest můj pastýř, nebudu míti nedostatku.

Ž. 23, 1. (Bodo 4. t. ledna.)

Leden. 1894.

Co chceme?

Když Pán náš Ježíš Kristus započíti měl dílo své uprostřed lidu Izraelského, byla doba Jeho naznačena významnými slovy: Přiblížilo se k vám království Boží! a toto království bylo s Kristem skutečně již přítomné. Ale zároveň On sám to byl, jenž učedníky své učil modliti se: Přijď království Tvé! chtěje tím naznačiti, že ono jest také i budoucí, že jest totiž cílem Jeho, cílem vývinu všeho pokolení lidského. Království Boží tenkráte již bylo, nebo Kristus je založil; a ono mělo přijíti, nebo On chtěl, aby víc a více se uskutečňovalo, až by tato říše Jeho svého dokonání došla. K tomuto nejvyššímu cíli směřovala práce Pána Ježíše mezi lidem i mezi učedníky, z nichž Sobě následovníky v práci své vychovati chtěl. A když jim potom zanechal rozkaz: Kažte evanjelium všemu stvoření! vykázal jim onu práci, jíž království Boží mělo býti vzděláváno a rozšiřováno. Chcete-li, aby přišlo království Boží, kažte evanjelium. To platilo a bude platiti pro všecky časy všem těm, již jako učedníci Kristovi práce té se súčastniti chtějí, a kdekoliv evanjelium se zvěstuje, tam jest a má býti cílem království Boží.

Rozdílní jsou darové, jimiž Pán služebníky své obdařil, a tak i rozdílné jsou způsoby zvěstování evanjelia. Pán učedníky své vyslal mezi lidi, aby ústním svědectvím Jej zvěstovali, a jako na počátku, tak až podnes tento způsob se osvědčuje; ale v době, kde nové a nové názory v známost nejširších kruhů uváděny bývají tiskem, kde tentýž tisk v rukou odpůrcův evanjelia a těch, již království Božího neuznávají, nejmocnější zbraní býti se ukázal, musí tisk také i těm sloužiti, kteří dle rozkazu Kristova evanjelium hlásají, aby přišlo království Jeho. Dávno již seznalo se, jakou moc, jaký vliv tisk i v službě království Božího má, proto se i tímto způsobem evanjelium zvěstuje. V řady takovýchto zvěstovatelů staví se i »Bratrské Listy«.

"형제의 편지들(Bratrské Listy)" 잡지 창간호 표지

의 새로운 지역 교회 설립의 실제적인 절차, 재정 모금, 고아들에 대한 실천적 돌봄, 「형제의 편지들(*Bratrské Listy*)」 잡지 발간, 전도 활동 지원, 새로운 회원 수용과 신입 직원 교육에 대한 주제들을 주로 논의하였다. 특히 고아에 대한 실질적 돌봄은 시노드가 이미 운영 중인 형제단 고아원을 승인하고 지원한 중요한 사항이었다. 시노드는 두 명의 체코 설교자를 체코 활동을 관장하는 체코-모라비아 위원회에 초청하였다.
체코-모라비아 활동은 당시에 4개 지역 교회(포트슈테인, 두바, 프라하, 우스티 나트 오를리치/란슈크로운)와 8개 선교 지역에서 총 985명의 등록 교인이 있었다.
9월 10일 노바 파카에 형제단 교회당이 문을 연다.
10월 15일 포트슈테인에서 새로운 예배

당이 엄숙하게 문을 연다.

1900 헤르치발트* 지역 교회는 자신의 교회당과 4년 뒤에는 목사관을 건축했다. 교회는 21명의 등록 교인이 있었다. 처음에는 전도처로서 포트슈테인과 우스티 지역 교회에 속하였다. 물론 지역 교회로부터 멀리 떨어져 있고, 헤르치발트가 독일 마을이라는 사실은 변화를 필요로 하였다. 프란티세크 스피글러가 설교자로 초청받았으며, 그는 이곳에서 1907년까지 일하였다.

1902 9월 21일 프라하에 예배당이 처음 문을 연다.

1904 12월 1일 순회 설교자이며 체르므나 고아들의 아버지인 빌렘 하르트비크가 죽는다.

포트슈테인 교회당

1907 5월 9일에 믈라다 볼레슬라프 구형제단 지역 교회가 오랜 세월이 지나 다시 문을 연다.
젤제즈니 브로트와 두흐초바 지역 교회들이 성장한다.
6월 9일에 노바 파카에서 아돌프 울리히가 태어난다. 그는 후에 주교가 된다.

1909 5월 18일~7월 3일까지 열린 전체 시노드에서 새롭게 설립된 체코 소위원회(UžR)가 오스트리아 헝가리 지역의 형제단의 관심을 계속해서 대표할 것이며, 동시에 결정과 승인을 위해 위원들은 헤른후트의 체코-모라비아 위원회에 제출되어야 함을 결의하였다. 시노드는 이어서 재정, 예를 들어 지역 교회들의 독립을 위한 기금, 보험과 연금 기금 등의 중요한 문제들을 다루었다. 테오필 라이헬(프라하 설교자)가 체코-모라비아 위원회(ČMK) 서기이며 총무로서 시노드의 체코 형제단을 대표하였으며, 이 외에도 오이겐 슈미트(두바 설교자), 발터 오이겐 슈미트도 대표로 참석하였다.
9월 8일 테오필 라이헬, 요세프 미쿨라슈티크, 바츨라프 반추라가 소위원회(UžR) 첫 위원들로 선출되었으며, 설교자 가운데 가장 연장자인 오이겐 슈미트가 체코-모라비아 위원회(ČMK)에 대표로 파견된다.
체코 설교자들과 지역 교회들 대표들로 구성된 "전체 체코-모라비아협의회"(VČMK)가 정기적으로 모이기 시작했다. 교육 프로그램 외에도 형제들은 행정적인 문제들도 다루었다. 그러나 협의회는 어떤 의결권도 없었다.

1913 5월 12일 투르노프 교회당이 문을 연다.

* 헤르치발트: 독일어 지명은 헤르조그발트Herzogwald이며, 크루슈베르크Kružberk 댐으로 수몰되어 현재에는 사라진 마을이다. 현재 지명은 Lesy(Budišov nad Budišovkou)이다.

1914 5월 14일~6월 13일까지 열린 전체 시노드는 체코-모라비아 활동(ČMD)이 매우 힘든 재정적 상황에 놓여있는 것에서 비롯된 결의안을 채택한다. 시노드는 모든 관구에 "이 활동과 그의 새로운 지도력을 모든 진지함과 힘을 다해 지원하도록"* 촉구했다. 시노드는 새로운 체코-모라비아 위원회도 선출했다.

12월 20일 소위원회 의장이며 설교자였던 오이겐 슈미트가 죽는다. 테오필 라이헬이 의장이 된다. 그는 2년 뒤에 죽는다. 요세프 미쿨라슈티크, 인드르지흐 쉴러, 바츨라프 반추라, 코트프리드 슈미트(오이겐 슈미트의 아들), 보후밀 반추라(바츨라프 반추라의 아들)가 지도부에서 번갈아 교체된다.

양차 세계대전의 압박

오스트리아-헝가리 제국 해체 후 체코-모라비아 활동은 다음과 같은 사회적 변화의 압박을 받는다:

- 체코슬로바키아의 건국
- 소수 민족 차별
- 새로운 공화국에서 개혁교회들의 연합을 위한 노력
- "개종 운동"** 으로 인한 형제단 교인 숫자 대폭 증가

투르노프 지역 교회 교회당 헌당식(1913년)

---

* *Verlass der Genneral Synode der Evangelischen Brüder-Unität*(Gnadau, 1914).
** 제국으로부터 독립 후 오스트리아-헝가리 제국과 연합된 가톨릭교회로부터 이탈, 애국 사상의 앙양, 새로운 비가톨릭 교회의 출현을 시킨 반제국, 반가톨릭 경향.

- 독일 형제단의 정체성 위기
- 나치즘의 부상으로 체코와 독일 지역 교회들 간의 커져 가는 갈등

이러한 모든 상황으로 인해 성장하는 교회는 해외로부터 관리되는 것이 가능하지 않다는 것을 깨닫게 된다. 전체 체코-모라비아협의회(VČMK)는 더 큰 권한과 함께 더 큰 책임이 필요했다. 활동의 관리와 재정적 재구성을 수행하는 범주에서 새로운 더 자치적인 체제에 대한 논의가 필요하였다.

1918 11월 19일 포트슈테인에서 열린 전체 설교자들 모임에서 요세프 미쿨라슈티크, 바츨라프 반추라 그리고 인드르지흐 쉴러로 구성된 새로운 소위원회UžR가 조직되었다. 교회는 본래의 이름 형제단(Jednota bratrská)을 사용하기로 결정하였다.

1919~1920 새로 부상하는 공화국 내에서 형제단은 교회 연합의 가능성에 대한 다른 개혁교회들과의 회의에 참석하였다. 그러나 형제단은 계속해서 세계 UF의 연합에 남기를 원했다.
체코-모라비아 활동 내의 독일인 지역 교회들은 재정적으로 의존적이었고, 국가적 지원을 기대했던 헤른후트와 밀접한 관계를 모색했다. 체코 내에서 그들은 소수였으며, 체코 지역 교회들의 급속한 성장에 대해 다소 질투심도 있었다. 그럼에도 체코인 지역 교회들이나 독일인 지역 교회들도 UF와의 상호 연합과 유대를 깨고 싶지 않았다.
체코-모라비아 활동은 외국에 덜 의존하

소위원회(ÚR) — 왼쪽부터 요세프 미쿨라슈티크, 바츨라프 반추라, 인드르지흐 쉴러

며, 좀 더 유연한 독자적 지도력을 추구하며, 독일인 교회들과의 관계를 독자적으로 해결하고자 하였다.

1921 7월 31일 체코슬로바키아 정부는 역사적 이름인 형제단 사용을 승인했다.

1922 8월 11일~21일까지 독일 관구 협의회가 열렸으며, 여기서 오스트리아-헝가리 제국의 해체 이후 세워진 국가들의 형제단 활동에 관한 형제단의 규칙이 수정된다. 안건으로 체코-모라비아 활동의 조직이 새롭게 규정된다.

"체코와 모라비아의 지역 교회들은 계속 대표가 된다: 체코형제단 협의회와 체코 독일 형제단(대부분 수데텐 지역에서 세워진 지역 교회들) 협의회. 각 협의회는 자신의 소위원회(UžR)를 선출하며, 두 위원회는 체코 소위원 2, 독일 소위원회 1 비율로 공동 소위원회(ÚR)를 선출한다. 형제단 임원회는 계속해서 의장을 임명한다. 공동 소위원회는 체코슬로바키아 공화국 형제단의 최고 대표성을 갖는다."*

그러나 이 안건은 몇 년 더 논의된다.
1월 23일 프라하에서 체코 신학자이며 역사가인 아메데오 몰나르가 태어난다. 1944년~1945년간 잠시 형제단에서 활동했다. 1950년부터 그는 프라하 코멘스키 개혁 신학대학 부교수였다. 1990년 1월 31일 프라하에서 죽는다. 역사가로서 그는 "루카시 프라주스키, 형제단 2세대에 대하여, 볼레슬라프 형제들"과 같은 주제를 다루었다.

노바 파카 지역 교회 건물

* 1924년 8월 8일 형제단 체코 협의회 선언서(Prohlášení české konference Jednoty bratrské 8, srpna, 1924).

1924 8월 8일 체코 설교자 협의회가 프라하에서 열렸으며, 공동소위원회와 전체 체코-모라비아 협의회에 더 많이 위임하는 새로운 교회 제도 계획안을 만장일치로 찬성하였다. 이 안건은 보후밀 반추라와 인드르지흐 쉴러가 작성하였다.
체코-모라비아 위원회는 이 안을 거부했다. 두 개의 소위원회와 2개 지역 컨퍼런스와 하나의 공동 소위원회와 함께 체코 활동을 두 개의 지역(체코와 독일)으로 나누는 안을 다시 제안하였다. 그러나 체코인들은 의사 결정이 지나치게 복잡하다는 이유로 이 제안을 거부했다.

1925 7월 7일 오랜 기간의 불일치 끝에 전체 체코-모라비아 협의회 회의에서 위원회와의 협의 이후 결의안은 통과되었다.

"소위 헤른후트에 주소지를 둔 소위 체코슬로바키아 공화국 형제단을 위한 임원회가 체코 활동을 계속 관장한다. 체코에서 그것을 대표할 대표자를 임명한다.
임원회는 계속해서

- 지역 교회들의 재정을 파악하고, 지역 교회 예산과 재정 기금 변경 승인하는 것
- 공동 소위원회의 제안에 따라 소환하거나 해고하는 것
- 체코슬로바키아 공화국의 지역 교회들을 설립하거나 또는 폐쇄하는 것

체코인과 독일인 지역 교회들을 위한 다른 내부 관리는 전체 체코-모라비아 협의회에 책임을 지고 있는 공동 소위원회의 유일한 권한이다."*

임원회는 독일과 영국 관구의 회원으로

뒷줄: 보후밀 반추라, 고트프리트 슈미트
앞줄: 인드르지흐 쉴러, 발터 오이겐 슈미트

구성된다. 공동 소위원회 의장으로 지명된 발터 오이겐 슈미트가 체코슬로바키아 공화국을 위한 총무이며, 회계이며, 대표자로 임명된다. 공동 소위원회 임원이 선출된다. 체코인 지역 교회 대표로 바츨라프 반추라와 인드르지흐 쉴러 그리고 독일인 지역 교회 대표로 코트프리드 슈미트.
활동의 지도력이 특별히 슈미트 개인에게 집중되었다. 그러나 협상은 매우 지연되고 복잡하였으며, 독일인 지역 교회들도 이러한 상황에 만족하지 않았다. 협상은 계속되었다. 체코인 지역 교회들을 위해 쉴러와 보후밀 반추라가, 독일인 지역 교회 측을 위해 슈미트가 협상하였다.

* 1925년 7월 7일 전체 체코-모라비아 협의회 회의록(Zápis ze zasedání Všeobecné českomoravské konference 7, července, 1925).

10월 28일 도브르지프 교회당이 엄숙하게 문을 열었다.

1931 5월 28일~6월 22일까지 열린 전체 시노드는 체코-모라비아 활동에 대해 다음과 같은 결정을 승인하였다.

"이 체코 활동은 전체 교회의 사명을 받아들였으며, 가톨릭적으로 오리엔테이션된 체코슬로바키아를 복음화하는 것, 이 사명에 모든 교인이 참여하는 것, 체코슬로바키아 관구의 미래 설립을 위해 조건을 준비하는 것의 이러한 과제를 붙잡았다."*

전체 시노드는 체코-모라비아 활동을 형제단의 성장하는 지부로 선언하였으며, 체코슬로바키아 형제단을 위한 임원회의 특정한 책임을 보다 정확하게 규정하였다.

- 공동 소위원회와의 합의에 따라 체코-모라비아 활동의 설교자들을 소환하고 해고하는 것.
- 다른 관구에서 체코-모라비아 활동(ČMD)으로 보낸 기부금과 헌금을 관리하는 것.
- 지역 교회들과 전체 교회 재산 관리에 대한 감독 기능을 수행하는 것.
- 고아원과 디아코니아에 대한 최고 행정을 실행하는 것.

전체 체코-모라비아 위원회 회의(프라하 1931년)

* Allgemeine Kirchenordnung der EBU und Beschlüsse und Erklärungen Ihrer Generalsynode 1931.

회장 선출을 포함한 다른 모든 것은 공동 소위원회가 결정한다. 인드르지흐 쉴러와 발터 오이겐 슈미트가 형제단을 대표하였다.

11월 19~20일 프라하에서 전체 체코-모라비아 협의회가 열린다. 협의회는 인드르지흐 쉴러(의장), 오토 미쿨라슈티크, 보후밀 반추라를 공동 소위원회로 선출한다. 고트프리트 슈미트가 독일인 지역 교회를 대신해서 공동 소위원회로 선출된다.

1933 아돌프 히틀러가 권력을 장악하고, 독일국 수상이 되었으며, 파시즘이 급격히 부상했다. 체코슬로바키아에서도 특히 국경에서 독일 민족주의가 성장했다.

체코-모라비아 활동에 또다시 어려운 시험이 닥쳤다. 게다가 교회 상황은 전반적인 경제 위기로 더 악화되었다. 공동 소위원회와 발터 오이겐 슈미트도 무기력하고 무력해졌다.

체코인 지역 교회들과 독일인 지역 교회들이 분리되어야 하는 것이 분명해졌다. 형제들은 두 개의 별도 그룹 안에서 작동할 수 있는 길과 새로운 형태를 모색했다.

8월 20일 우이코비체에 지역 교회가 문을 열었다.

1934 전체 시노드 대표직을 사임하고 발터 오이겐 슈미트는 스위스로 떠났다. 그의 사임, 새로운 헌법 회의, 어려운 재정 상황은 체코 지역 교회 자체에 위기가 되었다. 이 선교 사업을 재정적으로 지속할 수 있을지에 대한 심각한 우려가 제기되었다. 계획된 행정 변화와 암울한 재정 상황으로 두 명의 설교자가 교회를 떠났다. 상황은 심각하였고, 설교자 가족들은 말 그대로 생계를 유지했으며, 자주 한 주 한 주 오직 주일 헌금으로만 생활했다. 그러나 결국 체코 지역 교회들은 힘을 합해 함께 위기를 극복하였다.

형제단 일반 협의회(우스티 나트 오를리치, 1936년)

1935 1월 1일 체코슬로바키아 공화국 형제단은 새로운 제도를 적용하기 시작했다. 증가하는 독일 민족주의와 두 민족 간의 적대감으로 교회는 체코와 독일 두 지역으로 나누어진다. 주어진 상황에서의 유일한 해결이었다. 그러나 두 그룹 간의 분리는 더 깊은 영적 연결을 갖게 된다.

체코 구역

이미 20세기 초부터 체코인 지역 교회들은 독일인 지역 교회보다 빠르게 성장했다. 체코어로 복음을 전파했으며, 빌라호라 전투 이전의 형제단의 유산을 선언했다. 체코슬로바키아 공화국 수립 이후 일부 지역 교회들은 개종 운동을 반대하지 않았다. 가톨릭교회를 집단적으로 떠난 사람들이 형제단으로 들어왔고, 그들은 하나님과의 내적 관계 없이 살았다. 따라서 교인들 기반은 다졌지만, 체코 구역은 대부분 소위 "민족교회"(Lidová církev, 독일어 Volkskirche)가 되었다.

1935 체코 구역인 홀레쇼프에 새로운 지역 교회가 세워졌다. 개혁교회의 프루시노비체 지역 교회 일부가 장기적인 의견 충돌 끝에 카렐 파블리네츠 목사를 포함해서 개혁교회(체코형제복음교회)를 떠났다. 이후 그 그룹은 다른 교회 가입 가능성을 모색했다. 홀레쇼프 지역 관청이 그들에게 형제단을 추천하였다. 공동 소위원회와 협상 후 그들은 형제단으로 받아들여졌다.

헤르치발트 지역 교회 교회당

독일 구역

개종 운동은 본래 19세기와 20세기 전환기에 체코 독일인들 사이에서 시작되었다. 사람들이 집단적으로 가톨릭교회에서 옮겨와서 새로운 독일 루터 개혁교회가 빠르게 성장했다. 경건주의적인 강조와 헤른후트의 개인적 신앙심 덕분에 체코-모라비아 활동의 독일인 지역 교회들은 부분적으로 이러한 개종을 경계했다. 체코슬로바키아 공화국 수립 이후 체코인과 소수 민족 독일인들 사이에 긴장이 고조되고, 전 세계적인 경제 위기의 상황에서 독일 민족주의 성장을 거부하지 못했다. 독일 구역에서 알프레드 프레거가 그것을 선전·선동하였다. 그의 민족주의적 사고는 나치주의로 발전하였다. 헤르치발트와 두바의 두 독일인 지역 교회들만이 이를 막았다. 헤르치발트 지역 교회는 결국 저항의 표시로 독일 구역을 떠났으며, 1939년에 헤른후트에서 열린 독일 관구 시노드에서 형제들은 그들을 자신의 관구로 받아들인다.

1936 로스바흐(오늘날 아시[Aš] 국경 근처) 지역 교회가 설립되다. 그곳에 있던 아우구스부르크 신앙고백 독일 개혁교회의 분쟁으로 지역 교회 설교자 오트마르 뷜너가 종교와 정치의 분명한 구분에 대한 토론에서 여론에 반대하는 입장에 서는 것을 주저하지 않았다. 많은 교인이 교회를 떠났고, 그들은 설교자와 함께 형제단의 독일 구역에서 도움을 구하였다. 처음

에 그들은 포드모클리 지역 교회의 선교 활동 그룹으로 있다가 후에 지역 교회로 독립한다. 오트마르 뮐너는 이곳에서 헤르치말트 지역 교회로 떠나는 1937년까지 봉사한다. 지역 교회는 1945년 체코슬로바키아의 독일인 강제 추방으로 없어진다.

1937 10월 26일 모든 체코 지역 교회가 동의한 "체코슬로바키아 형제단 헌법"이 승인된다. 이로써 위기가 해소되고, 체코 지부 행정의 독립이 완성된다.

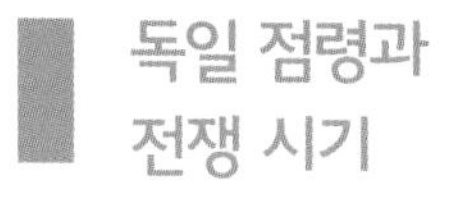

독일 점령과 전쟁 시기

제2차 세계대전 동안에 형제단은 점령자에 대항하여 일어나는 저항 운동의 지원을 주저하지 않았다. 예를 들어 투르노프 지역 교회의 파벨 글로스 설교자의 체스키 라이Český ráj의 저항 운동 센터이다. 우스티 지역 설교자 오토 미쿨라슈티크, 노바 파카 지역 미로슬라프

1937년 형제단 지역 교회 현황

	관구	지역 교회	성직자
1, 2	도브르지프, 두흐초프	설교자 없음	1927, 1912
3	홀레쇼프	카렐 파블리네츠(1902.10.17.)	1937
4	믈라다 볼레슬라프	인드르지흐 쉴러(1883.11.19.)	1907
5	노바 파카	스타니슬라프 체흐(1983.11.12.)	1899
6	포트슈테인	카렐 라이헬(1895.9.29.)	1879
7	프라하	보후밀 반추라(1894.5.2.)	1902
8	투르노프	파벨 글로스(1903.12.4.)	1898
9	우이코비체	요세프 코르벨(1883.4.16.)	1933
10	우스티 나트 오를리치(우스티)	오토 B. 미쿨라슈티크(1891.10.1.)	1884
11	제레즈니 브로트	프란티세크 T. 페트르(1900.12.6.)	1907
체코인 지역 교회 등록 교인 총 2,358명			
1	두바	요한 바이어	1872
2	헤르치발트 나 모라비에	오트마르 뮐너	1891
3	야블로네츠 나트 니소우	요아힘 볼켈	1910
4	포드모클리	알프레드 프레거	1936
5	로스바흐-아시 국경 근처	하인츠 슈미트	1932
독일인 지역 교회 등록 교인 총 1,960명			

플레하치, 홀레쇼프 지역 카렐 파블리네츠가 각자 자신의 지역에서 저항 운동을 하였다. 미쿨라슈티크, 플레하치, 파블리네츠 설교자들은 강제 수용소에 억류되었다. 반독일국 입장으로 카렐 라이헬, 구스타프 즈베르진 설교자들은 체포되었다. 이러한 상황에서 교회 관리는 매우 어려웠다.

당시에 형제단은 조상의 땅으로 돌아온 이후 처음으로 재정적으로 자립하게 되었다. 노바 파카의 야로슬라프 요흔이 이끄는 재정 위원회가 자립에 기여했다. 위원회는 모든 지역 교회들의 큰 헌신을 요구하는 계획을 세웠다. 교회 살림살이는 처음으로 예산의 균형을 이루었고, 심지어 오래된 부채를 갚을 수 있었다.

독일 점령과 공동의 억압은 각 개혁교회들 사이의 장벽을 허무는 데 도움이 되었다. 전쟁으로 개별 교회들의 열악한 생활 조건으로 인하여 몇몇 교회의 통합에 대한 의견이 대두되었다.

처음에는 형제단과 체코형제복음교회의 통합에 대한 의견이 나왔다. 그러나 주교, 연합교회의 명칭 그리고 우니타스 프라트룸(UF)과의 관계 유지 등의 문제들이 협상의 논쟁 안건이었다.

연합의 플랫폼에 세 번째 교회 복음 감리교회도 합류했다.

그러나 결국 이 논의는 실현되지 못했다. 전체 협상은 교회들을 서로 가깝게 하였고, 후에 보헤미아 종교개혁 유산을 고백하는 체코 기독교인들의 모임인 코스트니츠카 예드노타Kostnická jednota와 교회협의회(Ekumenická rada církve)로 발전한 협력을 심화시키는 데 큰 도움이 되었다.

1938 뮌헨 협정에 의한 공화국 영토 분할로 인해 형제단 체코 지부는 리베레츠(투르노프 지역 교회의 선교 스테이션) 활동과 체르므나 디아코니아 활동을 상실하게 된다. 도브르지프 지역 교회도 완전히 비어 버리게 된다. 교회의 내부 지도력은 지속적인 외부 개입으로 변경된 소위원회의 손에 남게 된다.

미로슬라프 플레하치, 파벨 글로스

1943 삼중적 교회 활동의 장래 계획이 준비된다. 선교 활동은 프란티세크 흘레보운의 지원으로 지속되며, 목회적 활동은 형제단 개혁의 토대에 대한 체계적인 연구를 담당하며, 이웃 사랑 활동은 고아원과 디아코니아를 돌보는 데 전념한다.

젤레즈니 브로드 지역 교회는 규모가 커서 점차 여러 지역 교회로 나뉘어졌다. 408명 등록 교인의 로우치키와 코베로비, 454명 등록 교인의 훈티르조프와 브라트르지코프. 프란티세크 폴마는 로우치키 지역 교회, 블라디미르 하브르는 훈티르조프 지역 교회 설교자가 되었다. 두 지역 교회들은 학교에서 모임을 가졌다.

1944 지금까지 체코 설교자들은 외국 주교에게 안수를 받았다. 안수는 독일이나 영국에서 시행되었다.
전쟁 중에 긴급히 새로운 목회자들을 안수할 필요가 있었다. 그러나 예외적 상황으로 헤른후트 주교 사무엘 바우더트가 형제들을 직접 안수할 수 없었다. 그래서 그는 가장 연장자인 체코 설교자 바츨라프 반추라에게 자신을 대신해서 안수를 하도록 위임했다.
8월 9일 믈라다 볼레슬라프에서 미로슬라프 플레하치, 라딤 칼푸스, 얀 두세크 형제들이 안수를 받았다.
9월에 로벤스코 포트 트로스카미에서 당회가 자신의 지역 교회를 관리하는 것을 소위원회(ÚR)가 결정한다.

1945 전쟁 이후 체코슬로바키아 형제단에 새로운 과제가 등장했다. 이들 과제들은 활동의 확대와 등록 교인 숫자의 급격한 증가와 관련이 있다. 독일인들이 추방된 지역이 대체로 국경 근처였고, 이들 지역으로 국가 정책에 의해 이주한 사람들이 가장 가까운 개혁교회 본당에 등록하였으나 그들 가운데 많은 사람들이 적극적으로 교회 생활에 참여하지 않았다.
6월 17일 리베레츠에 새로운 지역 교회의 첫 번째 설립 모임이 있었다. 그래서 1938년 강제로 중단되었던 전쟁 전 선교 활동이 이곳에 복원되었다. 지역 교회는 이전 루터교회 교회당을 제공받았으나 초기 활동을 위해 적합한 공간은 아니었다. 초기부터 이곳에 라딤 칼푸스와 보리스 우허가 활동하였다. 1950년부터 요세프 보트루베츠가 설교자가 되었다. 그는 이곳에서 총 36년간 활동했다.
7월 6일 형제단은 종전 기념일에 코베로비 근처 17세기 보헤미아 개혁파들의 비밀 예배처로 알려진 성찬잔 바위에 모였다. 이 기념을 통해 자신들이 태어나고 희로애락을 겪게 될 국가에 함께 속해 있음을 표명했다.

믈라다 볼레슬라프 지역 교회 건물

10월 28일 프르제로프에서 형제단 선교사 프란티세트 흘레보운이 죽는다. 그는 투르노프 묘지에 장례된다.

전후 시기

전쟁이 형제단에게 하나님과 그리고 서로 더 깊은 관계를 형성하는 데 도움이 되었던 것처럼 전후 시기와 시민 자유의 도래는 다시 형제단을 완전히 냉담함과 침체에 빠트렸다. 국가 인구 조사에서 드러난 많은 익명의 교인을 찾아내어서 교회 생활에 참여하도록 초청해야 했다. 공식 인구 조사 통계는 교회 활동에 참여하는 실제 숫자와 일치하지 않았다.
게다가 독일인 추방 이후 독일인이 대체

로 거주했던 국경 지역의 일부 교회 건물도 버려져 비어 있었다(두바, 야블로네츠 나트 나소우, 헤르치발트). 형제단은 이 장소들에서 활동을 복원하려고 시도했지만, 언제나 성공적이지 않았다.

1946 3월 1일 젤레즈니 브로트에서 열린 시노드에서 89세 바츨라프 반추라가 첫 체코 주교로 선출되었다.
7월 3일~7일까지 스위스 라 뗀느 몽미하일에서 우니타스 프라트룸(UF) 총회 협의회가 열렸으며, 이 협의회는 오랫동안 기다려온 전체 시노드를 대체한 회의였다. 협의회는 전후 UF의 상황을 한눈에 볼 수 있도록 전체적으로 조망하였다.
이 협의회에서 형제단 체코 지부의 상황을 보고한 보후밀 반추라가 체코 대표였다. 협의회는 선출된 첫 체코 주교 바츨라프 반추라의 축성을 청원하였다. 교회는 안수를 받아야 할 새로운 활동가들을 승락하고 임명하였다. 전체 협의회는 체코와 모라비아 형제자매들에게 메시지와 인사를 보내고 청원에 동의하였다.
7월 20일 믈라다 볼레슬라프 구형제단 교회에서 행사를 거행하였다. 영국의 클래런스 쉐이브, 조지 맥리비, 미국의 박사 사무엘 갭 주교들이 주교 축성을 하였다.
1945년 이후 형제단은 7개 지역 교회와 7개 선교 스테이션에서 활동하였다. 등록 교인 숫자는 급격히 증가했다.

두바 지역 교회 건물

바츨라프 반추라

전체주의 체제 시작

1948 2월 25일 체코슬로바키아 공화국에서 사회주의가 등장하였다. 교회와 국가의 상황은 새로운 이데올로기 마르크스-레닌주의에 의해 통치되었다. 국가와 교회의 관계를 결정하는 새로운 법이 제정되었다. 국가는 교회 재산을 몰수하고, 교회 재정 책임을 넘겨받았다. 성직자들의 급여는 평균 이하였다. 국가는 동시에 모든 사회복지 활동을 넘겨받았으며, 교회는 사회 참여의 가능성을 최소한으로 제한했다.

3월 1일 우스티 나트 오를리치에서 열린 시노드에서 두 번째 주교로 카렐 라이헬이 선출되었다. 주교 바츨라프 반추라가 우니타스 프라트룸(UF) 주교로부터 승인을 받은 장로들의 조력으로 축성을 집례하였다. 두 번째 주교 선출로 형제단은 체코 지부의 완전한 독립의 다음 단계로 나아갔다.

7월 1일 텅 빈 두비 교구 교회에 새로운 설교자 구스타프 즈베르지나가 부임했다. 그의 초기 활동은 순전히 선교였으며, 거의 맨손으로 시작했다. 점차적으로 스트르제지보유이체, 투한, 체스카 리파 인근 지역으로 선교 활동이 확산되었다. 특히 체스카 리파 활동이 확대되었으며, 지역 교회 교인들도 심지어 예배당 시설의 주택과 후에 설교자를 위한 아파트를 구입하였다.

1950 체스카 리파 지역 교회는 완전히 독립하였으며, 페트르 바움가르트너가 설교자가 되었다. 그러나 1957년부터 오랫동안 체스카 리파 지역 교회는 설교자가 없었다.

교회 행정 본부를 오랫동안 노바 파카로 이전하였다. 그때까지 소위원회(ÚR) 행정실과 기록 보관소가 계속해서 이곳저곳으로 이사하였기 때문에 이것은 중요한 결정이었다. 행정 본부는 이곳에 2008년까지 자리 잡고 있었다.

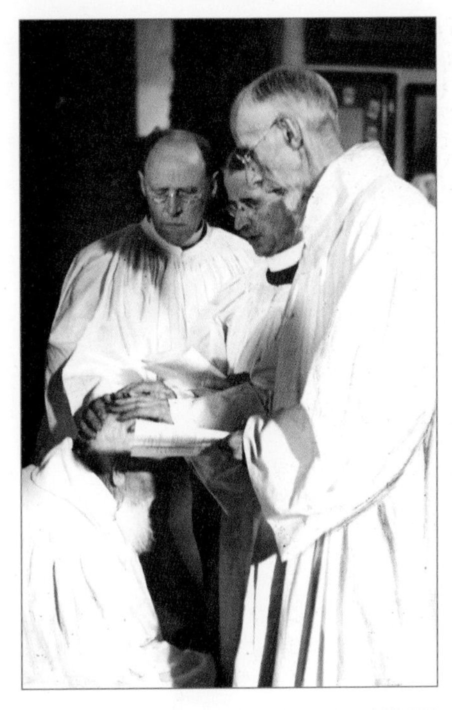

믈라다 볼레슬라프 구 형제단 교회에서의 반추라 주교 축성식

1951 12월 9일 코베로비의 새로운 교회당이 엄숙하게 문을 열었다. 루돌프 보르스키가 설교자였다.

1952 5월 26일 포데브라디에서 첫 번째 주교 바츨라프 반추라가 95세로 죽는다.

1953 3월 4일 얀 클라스가 이렘니체 나트 이제로우에서 태어나고, 후에 주교가 된다.

1955 3월 20일 시노드가 체코슬로바키아 사회주의 공화국 형제단의 새로운 헌법을 동의한다.

1956 탄발트 지역 교회가 새롭게 설립되고, 로스티슬라프 흐루브나가 교회 관리를 위임받는다. 교회를 위해 오래된 주택을 구입하여 점차 교회당으로 개조한다.

1957 5월 24일~26일까지 젤레즈니 브로트에서 축제적인 체코 형제단 시노드가 열렸다(후에 이 시노드가 제1차 대회로 지정된다). 교회 지도자로 주교 카렐 라이헬이 선출된다. 34명의 외국 대표들도 시노드를 방문했다.

독립
체코슬로바키아 관구

1957 8월 13일~9월 10일까지 26년 만에 다시 전체 시노드가 열렸다. 처음으로 해외, 베들레헴(미국 펜실베이니아)에서 개최되었으며, 이것은 체코 형제단의 현대사에서 매우 중요하다. 시노드 회의 중(9월 5일)에 조상의 땅의 형제단은 우니타스 프라트룸의 다섯 번째 독립 관구로 선언되었다.
이러한 결정은 체코슬로바키아 정부가 형제단을 당시에 설립 500주년을 기념하는 독립 교회로서 인정하고 존중하도록 하기 위함도 있었다.

젤레즈니 브로트 기념 시노드(1957년 5월)

1958 우니타스 프라트룸 독립 관구로서 2차 시노드가 우스티 나트 오를리치에서 개최된다.
소위원회 선출: 의장 – 주교 카렐 라이헬, 서기 – 라딤 칼푸스, 교육부 – 인드르지흐 할라마.

1959 1월 9일 프리데크 미스테크에서 에발트 루츠키가 태어나며, 후에 주교가 된다.
형제단은 교회협의회, 기독교 평화 컨퍼런스, 콘스탄츠 연합의 회원 교회가 된다. 당시 체코슬로바키아의 모든 교회들은 이미 공산주의 독재의 손아귀에 있었으며, 문화부와 문화부 교회 서기들에게 종속되어 있었다. 교회들은 체제의 권력 수단인 소위 국가보안경찰StB 시스템에 무기력했다. 이로 인해 교회는 자연적으로 발전할 수 없었으며, 교회의 힘, 에너지, 시간을 체제의 공적 요구에 바쳤다. 이러한 비자발적인 상태는 형제단에도 영향을 미쳤다. 소위원회 후보자들은 선거 전에 먼저 국가에 의해 점검을 받고, 사전에 국가 동의를 받았다. 그리고 당시에 형제단 내부적으로 교회의 공동 방향에 대한 유익한 논의도 일어나지 않았다. 설교자들 사이에 점차 긴장이 일어났다. 일부는 "전쟁 전 개종 운동"의 영향을 받았고, 또 다른 일부는 회심, 중생, 그리스도와의 개인적 관계 그리고 성화된 교회 내 헌신적 삶을 강조하는 복음적이고 경건주의적 영향 아래에서 성장하였다.

카렐 라이헬 부부

영적·사회적 위기

1961 3월 5일 노바 파카에서 제3차 시노드가 개최된다. 소위원회는 지난 기간 동안의 활동에 대해 보고했다. 3년 임기로 선출되는 소위원회\에도 변화가 일어났다. 블라드미츠 하브르가 의장에 선출되고, 주교 카렐 라이헬과 라딤 칼푸스가 위원이 되었다. 시노드는 1467년 첫 형제단 사제 선출 200주년을 기해 1967년 체코슬로바키아 사회주의 공화국에서 열릴 세계 시노드의 미래 회의에 초점을 맞추었다.
12월 25일에 트르제비체에서 페트르 크라스니가 태어나며, 그는 후에 주교가 된다.

1964 5월 22일~23일 노바 파카에서 제4차 시노드가 열렸다. 시노드에서 다시 소위원회를 선출하면서 이전 위원들을 그대로 유임시킨다. 카렐 라이헬 주교가 의장이 된다. 블라디미르 하브르는 교육 담당 총무, 라딤 칼푸스는 서기와 외국 교회와의 관계 총무가 된다. 그는 1967년 세계 시노드 회의 준비위원회를 구성하는 임무를 받는다. 카렐 라이헬도 다가오는 시노드를 강조했다. 동시에 주교 선출에 대한 안건도 제출한다. 시노드는 몇몇 설교자들이 활동하고 있는 실무 위원회 보고를 청취했다. 예를 들어 기도 위원회와 전도 위원회를 특별히 설교자 요세프 보트루베츠가 관여했으며, 소위 "언약의 성배(Kalich smlouvy)"* 회복을 시노드에 제안한 인드르지흐 할라마가 신학 위원회를 이끌었다. 시노드의 최종 결의는 오히려 당시 정신을 담았다. 시노드는 체코슬로바키아 사회주의 공화국에서 열린

형제단 표시 — 어린양 로고

에큐메니칼 기독교평화협의회의 평화와 전체 기독교평화회의의 평화를 위한 노력을 높이 평가하였다.
7월에 체코슬로바키아 사회주의 공화국에서 우니타스 프라트룸(UF) 지역 유럽 위원회 회의가 소집되었다. 지역 활동 모임은 전체 시노드 회기 중간에 언제나 개최되며, 점차적으로 4개의 지역—아프리카, 카리브, 미국, 유럽—에서 열린다. 유럽 지역 회의에서 3월 28일(코멘스키[코메니우스] 탄생일)을 전체 UF의 기념일로 선언했다. 형제단 주교단의 문제에 더 깊이 관심 가질 것을 권고했으며, 가능한 한 빨리 우니타스 프라트룸(UF)의 독립적인 완전한 권한의 관구가 되도록 이전

* 헤른후트 신앙 각성운동의 시기에서 비롯된 전통으로 각 관구 시노드나 전도처들 협의회 폐회 때 우니타스 프라트룸(UF)에서 관습이 되었다.

선교 지역(예를 들어 자메이카)에 대해 최대한 요구 사항을 충족시키는 것에 대한 강조를 상기시켰다.

1967 봄에 주교 카렐 라이헬은 당시 교회의 사명을 다음과 같이 정의했다.

1) 하나님 말씀의 권위를 존중하기

2) 믿음에 대한 순종

3) 공동체성

4) 질서와 규율

5) 교회의 자유

6) 세상과의 관계

당시에 공산정권은 1968년까지 일어난 내적 변화를 겪었음에도 교회는 정체 상태에서 뒹굴었다. 그해에 공산당 중앙위원회 총서기 알렉산더 두브체크와 공산당의 다른 개혁자들이 사회주의의 자유화를 위한 조치를 취했다. 언론의 자유가 선포되고, 교회들도 당시에 더 많은 자유를 가졌다. 그러나 형제단은 현행의 가능성을 충분히 활용하지 못했고, 내부 개혁도 이루지 못했다.

5월 26일 노바 파카에서 열린 특별 설교자협의회가 첫 주교 바츨라프 반추라의 제자 아돌프 울리흐를 주교로 선출했다. 울리흐는 당시 홀레쇼프에서 봉사하였다.

6월 25일 아돌프 울리흐는 주교 칼렐 라이헬과 두 명의 장로에게 주교 축성을 받는다.

7월 6일~8월 13일 포트슈테인에서 전체 시노드*가 개최된다. 이 시노드에 체코슬로바키아 관구 대표자들은 다음과 같다. 루돌프 보르스키, 인드르지흐 할라마, 라딤 칼푸스, 주교 카렐 라이헬과 부인 베드르지슈카, 아돌프 울리흐. 각 관구는 자신의 활동을 보고하였다.

아돌프 울리흐

4월 26일~28일 노바 파카에서 제5차 시노드가 열렸다. 소위원회 선출은 다음과 같다. 의장-아돌프 울리흐, 교회 재정 담당-플란티세크 폴마, 신학과 교육 관계 총무-인드르지흐 할라마.

1970 10월 29일 믈라다 볼레슬라프에서 주교 카렐 라이헬이 죽는다.

1971 9월 18일~19일 젤레즈니 브로트에서 6차 시노드가 열리고, 소위원회 선출에서 전회기 위원들을 그대로 유임시킨다.

* "세계 형제단의 시노드"는 본래의 명칭 "전체 시노드"를 대신하였다.

1974 6월 23일~7월 10일 우니타스 프라트룸 총회가 자메이카 킹스톤에서 열렸다. 이 총회에 체코슬로바키아 관구를 주교 아돌프 울리흐와 인드르지흐 할라마가 대표했다.
10월 18일~20일까지 홀레쇼프에서 형제단 시노드가 처음 시작된(1574년) 지 200주년을 기념하는 제7차 시노드가 열린다. 소위원회ÚR 위원 선출은 전 회기 위원들을 세 번째 그대로 유임시킨다.

1977 9월에 소위원회 위원 프란티세크 폴마가 63세로 죽는다.
10월 14일~16일까지 프라하에서 제8차 시노드가 열린다. 소위원회 위원들이 새로 선출된다. 교회의 수장으로 인드르지흐 할라마(의장), 1989년까지 교회 재정을 책임졌던 루돌프 보르스키(탄발트 지역 교회), 출판과 교육을 책임진 아돌프 바초브스키(포트슈테인 지역 교회) 등이 선출되었다. 형제단 교인들 기반이 점차 고령화되고, 지역 교회들 안에 젊은 세대가 부족하였고, 형제단은 젊은 목사가 부족했다. 그래서 시노드는 지역 교회들이 무기력함과 무관심에서 벗어날 것과 지역 교회들 내부의 내적 변화를 위해 기도할 것과 헌신적인 젊은 목회자들을 찾을 것을 촉구했다.

1980 10월 17일~19일까지 프라하에서 9차 시노드가 열린다. 소위원회는 3년 전 선출된 위원들이 그대로 유임되었다.

1981 8월 29일~9월 13일까지 우니타스 프라트룸 총회가 헤른후트에서 개최된다.
인드르지흐 할라마(소위원회 의장), 주교 아돌프 울리흐, 프라하 지역 교회 설교자 이레나 쿠젤로바가 이 총회에 참석하

홀레쇼프 시노드의 설교자들과 지역 교회 대표들(1974년)

였다.

1983 10월 7일~9일 프라하에서 제10차 시노드가 개최된다. 지도부의 상황은 변하지 않았다. 소위원회 위원들은 그대로 다시 유임된다. 안타깝게도 1년 뒤에 아돌프 바초브스키가 겨우 57세의 나이로 죽는다. 형제단은 형제단 역사 전문가이자 강사를 잃었다.

1984 10월 6일에 로벤스코 포트 트로스카미에서 임시 시노드로 모여 소위원회의 공석을 젤레즈니 브로트 지역 교회 설교자 미로슬라프 흘로우세크를 선출했다.
그는 아돌프 바초브스키의 후임으로 교육과 출판 총무직을 맡았다.
그러나 소위원회 안에 갈등이 있었다.
소위원회 의장 인드르지흐 할라마는 영적 봉사를 위한 새로운 후보자를 다른 기독교 교회들 안에서도 찾았다.

1986 10월 3일~4일 프라하에서 제11차 시노드가 열려 인드르지 할라마, 루돌프 보르스키, 믈라바 볼레슬라프 지역 교회 설교자 보후밀 케이시를 소위원회 위원들로 선출했다.

1987 7월 1일 본래 형제교회(Církev bratrská)를 섬기던 에발트 루츠키가 리베레츠 지역 교회에 합류했다. 국가 승인 이후 고故 요세프 보트루베츠 뒤를 이어 교회에 봉사하기 시작했다.
몇몇 젊은 설교자 봉사에 일부 다른 교회 출신들도 들어왔다. 일년에 여러 차례 열리는 설교자들의 공동 회의들(목회자, 연회협의회, 시노드)이 그다지 고무적인 관계가 아니었음을 의미한다. 특히 기성세대는 젊은 세대들이 교회 역사와 전통을 존중하지 않는다고 비난했다. 이러한 세대 위기는 1998년에 절정에 달했다.

소위원회—왼쪽부터 루돌프 보르스키, 인드르지흐 할라마, 아돌프 바초브스키 (1983년)

1988 7월 3일~16일까지 우니타스 프라트룸 총회가 카리브 해 앤티가에서 모였다. 체코슬로바키아 관구를 대표해서 인드르지흐 할라마 주니어(야블로네츠 지역 교회 설교자), 소위원회 위원들인 루돌프 보르스키와 보후밀 케이시가 총회에 참석했다.

1989 11월 17일~18일에 프라하에서 제12차 시노드가 개최되었다. 후에 "벨벳 혁명"이라 불린 정치적 변화의 시기에 총회가 진행되었다. 인드르지흐 할라마 시니어가 의장직을 사임하여 루돌프 보르스키는 의장, 온드르제이 할라마는 재정부, 보후밀 케이시는 교육부에 각각 소위원회 위원들로 선출되었다.

에필로그

오늘날 조상의 땅의 형제들

1620년 백산 전투 이후 체코 땅에서 형제들은 완전히 사라지는 듯했다. 이 암울한 시대를 뚫고 체코 땅에서 지하교회로 숨죽이던 형제들, 오늘날 폴란드 지역으로 망명을 간 형제들, 그리고 헤른후트에서 형제단을 재건한 형제들은 각각 자신들의 삶의 자리에서 형제단의 신앙 유산을 지키고 발전시켰다.

1781년 10월 13일 신성제국 황제 요세프 2세의 관용의 칙령으로, 드디어 체코 땅에 매우 제한적이지만 개혁 교도들에게 종교의 자유가 허용되자, 지하교회 개혁교도들이 지상에 자신의 교회를 세우기 시작했다. 비록 동네 밖에, 기독교 표식이 없이, 도로와 등지고 출구를 낸 볼품없는 건물일지라도 그 내부를 자신들의 조상 형제단의 신앙 유산을 상기시키는 예배당으로 장식하고, 주위에 학교와 공동묘지를 함께 세웠다. 한번 열린 신앙의 자유의 공간은 점점 더 넓어져 1861년 4월 8일 황제 프란츠 요세프 1세의 프로테스탄트 칙령이 발표되어, 개혁 교도들은 법적 기반까지 갖게 되자, 해외 교회들과 교류의 문까지 열리게 되었다. 그래서 1862년에 우니타스 프라트룸 독일관구는 형제들의 조상의 땅 선교를 계획하게 되었다. "체코-모라비아 활동(ČMD)" 선교부가 공식적으로 출범하면서 그 사역자들은 개혁교회 지역교회들과 멀리 떨어져 있는 체코 땅 밖에 흩어진 디아스포라 형제들 선교에 집중하였다.

이렇게 성장한 선교는 1874년 종교단체 법적 승인에 관한 오스트리아 제국법에 의해 형제단 교회(Jednota bratrská)로 설립을 추진하게 된다. 그러나 승인 절차는 형제단의 복잡한 역사와 관련하여 쉽지 않았다. 오스트리아 제국 내에서 형제단의 역사에 뿌리를 지니고 있는 신앙 그룹 간에 교회 통합이 논의되고 있었기 때문이다. 1918년 1차 세계대전이 끝나고 체코슬로바키아는 오스트리아 제국에서 독립이 되자, 체코 땅에 존재한 개혁신앙 그룹들은 "체코 형제복음교회" 이름으로 통합된 교회를 세웠다. 그러나 우니타스 프라트룸의 형제들은 "형제단(Jednota bratrská)" 이름으로 교회를 세워 계속해서 세계 우니타스 프라트룸의 연합에 남길 원했다.

1989년 벨벳혁명으로 사회주의 체제 아래에서 "집회에 관한 법"과 "교회 재정에 관한 법"으로 통제를 받았던 형제들은 완전한 종교 자유의 환경에 놓이게 되었다. 이때 특정한 기독교 신앙 경향이었던 카리스마 운동의 영향으로 교회들은 내적 갈등을 겪게 된다. 우니타스 프라트룸의 형제단 교회도 예외는 아니어서 교회는 두 그룹으로 분열되었다. 그 가운데 한 그룹이 2000년에 "헤른후트 노회"를 결성하였다. 이 노회는 체코종교개혁 신앙그룹들의 통합으로 세워진 "체코형제복음교회" 조직 안에서, 우니타스 프라트룸의 체코 선교관구로서 즉 우니타스 프라트룸의 교회 법에 의한 공동체의 삶과 교리를 보존하고 발전시키려고 노력하고 있다. 체코형제복음교회와 우니타스 프라트룸 체코관구인 형제단 교회(Jednota bratrská) 역시 체코 교회협의회에 속하여 종교개혁 교회의 전통에 서서 에큐메니칼 개방 공동체를 지향하고 있다. 그러나 "헤른후트 노회"와 "형제단 교회"는 특히 형제단 전통에 중점을 두고 있다. 형제단의 종교개혁 역사가 체코 민족의 정신과 문화를 형성시키는 데 기여하였음에도 불구하고, 체코는 유럽의 현대 탈기독교 현상에 더하여, 과거 30년 전쟁과 사회주의의 반기독교 캠페인 운동과 1989년 벨벳혁명 이후 교회와 국가 간의 교회 재산 반환의 법 제정 협상 등의 영향으로 유럽에서 가장 기독교 인구가 적은 나라 가운데 하나가 되었다. 10년마다 열리는 인구조사에서 기독교 인구가 점차 줄어들다가 2021년 인구조사에서, 총인구 10,524,167명 가운데 가톨릭교회 235,834명, 그리고 체코종교개혁의 형제단 역사에 뿌리를 둔 교회들인 체코형제복음교회 32,577명, 형제단 교회(Jednota bratrská) 1,257명으로 확인되었다.

이러한 선교 현장에서 저자는 번역서에 포함하지 않은 마지막 장 마지막 단락에서 다음과 같이 고백하고 있다.

"이제 우리 세대는 이전 과거처럼 신앙생활에 방해를 받지 않지만, 결국 다시 겸손해야 하며, 유일하신 최고 장로이신 주 예수 그리스도를 전적으로 의지하는 법을 배워야 할 것이다. 그는 565년 이상 이 교회를 인도하고 계신다. 우리 교회가 다른 교회들의 도움 없이 그분만을 의지하며, 그리고 선교와 사회 섬김을 지원할 수 있는 교회 자립을 노력했을 때, 교회의 목자로서 그는 억압과 박해의 시대뿐 아니라 18세기 선교 역사의 시대에도 우리 교회를 잘 돌보아 주셨다. 우리가 겸손하고 그분의 음성에 순종한다면, 왜 오늘도 우리 교회를 돌보지 않으시겠는가!"

이종실

부록

부록

1621년~1918년, 해외로 망명을 떠나지 않은 체코 내 형제(개혁 교도)들의 상황

에바 멜무코바 Eva Melmuková
(신학자, 역사가)

1620년 11월 8일 빌라 호라(백산白山) 전투 이후 루돌프 칙령은 무효화되었다. 그리고 보헤미아와 모라비아는 공식적으로 로마가톨릭을 유일하고 유효한 신앙으로 받아들이도록 강요당했다. 상호 존중 대신 이데올로기와 힘에 의한 독재가 지배하게 되었다. 보헤미아 종교개혁이 본국에서 사명이 끝날 것처럼 보였다.

그러나 그러한 일은 일어나지 않았다. 이어지는 세대들은 성숙한 희망을 간직하였고, 동시에 그것을 변화시켰다.

박해가 시작되었고, 공포 속에서 전쟁이 거듭 격렬해졌던 초기의 첫 시기에 변화와 반전에 대한 희망은 여전히 있었다. 상황은 결정적일 수 없었다. 그들은 1627년과 1628년에 강제로 시행된 왕국헌법이 폐지되고, 성직자들과 다른 친구들이 망명에서 돌아올 것이며, 교회당과 학교들, 기타 교회 건물들을 되찾게 되고, 루돌프 칙령은 다시 유효하게 될 것을 희망했다. 그들의 희망은 사라졌다가 다시 일어나고, 다시 소멸해갔다. 게다가 일반적으로 주요 전쟁터와 군사도로에서 멀리 떨어져 있는 지역에서 빌라 호라 전투의 승자들이 원하는 만큼 그렇게 빨리 변화는 진행되지 못했다. 당시에 많은 장소에서 이미 공식적으로 불법이 된 교회들의 사제들은 숨어버렸다. 전쟁 중에도 조직적으로 시행되었던 가톨릭화를 위한 조건들이 여전히 유리하지 않았다. 로마가톨릭 교구 네트워크도 매우 빈약했으며, 이 외에도 이 네트워크의 복구를 위한 성직자들이 부족했다. 이를 돕기 위해 외국에서 특히 폴란드에서 사제들이 초대되었다.

첫 번째 단계에서 (우리들이 이미 알고 있듯이) 달라진 상황들의 모든 억압이 주로 중앙 지역에서 일어난 귀족들 저항의 지도자들에게 그리고 순응하기를 거부하였던 비가톨릭교회들의 성직자들과 보헤미아와 모라비아의 자유 시민들에게 상당히 영향을 끼쳤다. 피지배층 주민들은 모든 금지에 저항하여 전쟁이나 가혹한 탄압에 굴복한 나머지 신앙적 양심의 문제로 견디지 못하자 자신들의 생활 터전을 떠나 도피하기 시작했다. 더 외딴곳에서 사람들은 더 주의를 기울이며 때를 기다렸다.

교구나 지역 교회들이 비밀리에 유지되었던 경우가 많았던 개혁교회들의 대부분 교인들은 이 전쟁의 시기에서도 정말로 한 번도 그리고 전쟁의 시기 이후의 삶에서도 개종하지 않았다. 그것은 1680년대부터 보헤미아의 소위 신앙 진술서 목록의 풍부한 보고서들이 증명하고 있다.

17세기와 18세기의 전환기에 성인이었던 세대는 더 힘들어졌다. 희망과 좌절이 교차하는 시련 이후 극도의 무기력함이 찾아왔다. 전쟁이 끝나고 전쟁과 함께 변화에 대한 희망도 확실히 사라져가는 것 같았다. 많은 사람이 인정하고 싶지 않았지만, 어느 정도 안정화가 일어나고 있었으며, 의도적이고 체계적인 재가톨릭화는 사실상 아무런 방해 없이 시작될 수 있었다. 언급한 신앙 진술서 목록은 재가톨릭화의 필수적인 부분이었다. 이 진술서는 사실상 보헤미아와 모라비아 주민들을 이념적으로 완벽하게 통제하려는 시도였으며, 자연스럽게 개인에 대한 탐문이 일어났음을 보여준다. 일 년에 한 번, 보통 부활절에 모든 성인은 신앙 진술을 해야 했으며, 그 진술 이후에 교구에서 영성체를 받아야 했다. 실행된 신앙 진술은 소위 신앙고백 표시로 인정되었다. 교구 관리자 또는 행정관은 자신의 교구 교인들이 어떻게 명령을 따랐는지 매년 보고해야 할 책임이 있었다. 신앙 진술을 하지 않은 사람들은 말하자면 소위 거부자로서의 가능성이 있어 별도로 구체적으로 표시되었다. 확고한 개혁신앙을 가지고, 심지어 다른 사람에게 영향을 주는 능력이 있는 사람들은 구체적으로 "이교도"(이단자)로 불렸다. 이러한 보고들은 1725년까지 정기적으로, 수십 년 동안 이루어졌다. 1740년부터 이 기록들은 19세기 중반까지 다소 다른 형태로 지속되었다. 신앙 진술 목록이 현대적인 의미의 정확한 통계도 아니고, 보헤미아 전역을 다루는 것도 아닐지라도, 그 문서들을 통해 일부 지역에서 재가톨릭화 과정을 파악하는 것이 가능하다. 당시에 개혁교회 본래의 교구와 지역 교회들의 구조가 지속적으로 점점 더 붕괴되었다. 불법(비밀)일지라도 활동을 멈추지 않았던 성직자들은 처음에는 제한되게, 후에는 더 넓은 지역으로 활동 범위를 넓혔다. 안수받지 않은 일꾼들이 점점 더 전면에 등장하였다. 신학 교육을 받지 않은 사람들이 자신들의 활동을 위해 공식적으로 일부 교회 공동체에 의해 파송(안수)받지 않았다. 반대로 일부 안수받은 성직자들은 그 지역에 남았으며, 그들은 일반 직업을 가지고 계속 은밀하게 활동했다.

보헤미아 종교개혁의 후예들은 이 시기에 점차 단결하기 시작했다. 후스파 운동, 형제단, 보헤미아 신앙고백 그리고 발표된 루돌프 칙령에 의한 현실을 의식적으로 추구하는 보헤미아 종교개혁의 지하교회가 형성되었다. 이 교회는 자체 조직이 있었고, 이 조직은 물론 불법적인 공동체의 조건에 맞게 조정되었다. 그들 사이의 협력은 1609년 이후 극한 상황 속에서 동반 성장과 놀라운 내부 연합으로 심화되었다. 이러한 사실은 이미 18세기 법정 기록에서 들려오고, 관용의 칙령 발표의 시기에 분명히 드러났다.

18세기 초에 이미 전환점이 분명하였다. 지하교회는 일부 지도자들이 최소한 어느 정도 종교의 자유 협상을 결정했을 때, 실레시아에 존재했던 것처럼 의도하지 않게 자신의 존재를 드러냈다. 베스트팔렌 조약에 따라 실레시아에서 개혁자들은 소위 몇몇 "협상 교회당Articular churches" 주변에서 활동할 수 있는 기회를 가졌다. 17세기에서 18세기로 접어들면서 이러한 협상이 위반되었을 때, 1697년 스웨덴에서 열린 제국의회에 왕 카렐 12세가 개혁 교도들이 억압을 받는 곳, 라인강과 헝가리, 실레시아 그리고 다른 지역에서 그들을 승인하도록 하는 제안이 제출되었다. 요세프 1세가 합스부르크 왕위에 오른 후 스웨덴 왕은 군대를 이끌고 실레시아를 침공했다. 1707년 9월 1일 알트란슈태트 조약은 요세프 1세가 베스트팔렌 평화조약을 준수하도록 그리고 개혁 교도들에게 1648년에 허락된 교회당을 돌려주도록 하게 하였을 뿐 아니라, 다른 몇몇 "자비의 교회당"을 지정했다. (보헤미아와 모라비아 개혁 교도들이 수십 년 동안 비밀리에 방문했던 테신과 옐레니 산에 있는 이곳들은 가장 중요한 교회당들이 되었다.)

이러한 상황이 자신들에게 유리하다고 판단하게 된 보헤미아와 모라비아에 있는 지하교회의 대표들이 공식적인 조치를 요구하기에 이르렀다. 그러나 그들의 요구는 성공하지 못했고, 성공할 수 없었다. 왜냐하면 스웨덴 왕은 보헤미아와 모라비아를 분명하게 휴전선 반대편에 세워놓은 베스트팔렌 평화조약을 엄격하게 존중하였기 때문이었다. 이러한 상황에서 초강대국이 자신의 그림자를 뛰어넘어 권력의 경쟁적인 영역에서 박해받는 자들을 수용할 것이라는 생각은 매우 순진했다.

그러나 비망록은 역사 연구에 매우 중요하며, 그 이유 중의 하나가 따로 있다. 서명자 가운데 한 사람은 원래 벨리미Velimi의 재단사 또는 직조공 마르틴 로흘리체크Martin Rohlíček였다. 그는 짧은 기간 슬로바키아를 떠나 있었으며, 브르보브체(이종성찬을 받기 위해서 특히 모라비아 출신의 많은 개혁 교도들이 갔던 곳)에서 살았으며 그리고 농민으로 일했다. 그러나 그는 돌아왔으며, 지하교회를 직접 섬겼다. 그는 신학을 공부하지 않았지만, 베를린에서 궁정 설교자인 얀 아모스 코멘스키의 손자인 다니엘 아르노슈트 야블론스키Daniel Arnošt Jablonský에게 안수를 받았다. 그래서 이미 1728년에 본래의 형제단의 주교 축성이 마르틴 로흘리체크에게로 이양되었다.

1735년에 이르러서야 헤른후트에서 모인 망명자들의 대표 다비트 니취만도 그런 방식으로 서품을 받았다. 2년 후 1737년에 축성이 새롭게 출현하고 있는 재건(헤른후트)형제단의 보호자 백작 미쿨라시 친첸도르프에게 이양되었다.

지하교회에 가담하는 사람들의 활동 범위는 매우 다양했다. 비록 자연스럽게 당회라는 명칭을 사용하지 않았을지라도 각각의 지역 모임은 당회 같은 그런 영적이고 조직적인 대표자들이 있었다. 이들 가운데는 경험 있는 사람들, 젊은이, 남성, 여성들이 있었다. 그들은 지역 모임의 "도서관"에서 책을 관리했고, 성인들과 어린이 그리고 새롭게 가입한 사람들(박해 시기에도 가입하는 사람들이 있었다)의 교육을 담당했으며, 더 큰 규모의 공동체 모임을 관리했고, 안수받은 설교자와 동행하였으며, 책 판매자와 접촉하고 서적을 구매하는 일 그리고 일회성 재정 비용을 담당하였다. 그들은 없어서는 안 될 협력자이자 조력자로서 지도자들의 편에 서 있었다(물론 기능의 직무일 뿐 직함, 호칭은 아니다). 그들은 삶에서 지도자들의 많은 생각, 도전, 지시를 실현시켰다. 그들은 그렇게 잘 알려져 있지 않았지만, 그들의 활동은 성공적이었다. 예를 들어 이들은 구입한 책의 "창고" 관리자, 각 개별 모임의 회계사, 안수받은 설교자들과 책 반포자들의 "선구자들"이었다. 관용의 칙령 발표 후에 귀족이나 더 높은 관청 그리고 기관과 협상하는 것을 위임받은 몇몇 지역 모임의 2인 대표가 일반적으로 구성되었다. 매우 엄격한 비밀에도 불구하고 법원 기록들이 공지되었을 때 우리는 자주 보헤미아와 모라비아의 여러 지역에서 온 개혁교도 대표들의 이름(활동 범위 포함)을 확인할 수 있다.

관용의 시대에 확실히 긍정적으로 편향되지 않고, 때론 부정적으로 편향된 증인인, 농장 관리자 코스텔르니 비드르시Kostelní Vydří가 책과 관련된 개혁교도들의 상징적 진술을 한다. 관용의 칙령 발표 이후 거의 전체가 개혁 교도로 신청을 한 브란들린Brandlín 마을 위원회에 대한 보고서에서 그는 지역 당국에 다음과 같이 쓴다: "그들은 책에 많은 것을 지불한다. 많은 사람이 다섯, 여섯, 일곱 권도 가지고 있고, 예를 들어 곡식과 빵이 떨어져도 그들은 책 구입에 많은 비용을 사용한다."

1720년대에 보헤미아 종교개혁의 지하 공동체는 급격히 약화되었고, 중대한 위협을 받았다. 1725년 12월 28일 카렐 6세 황제가 이단에 반대하는 명령을 발표하였다. 그것은 이단 범죄로 기소된 사람들을 심문하는 절차, 유죄 판결, 형량과 종류에 관한 것이다. 같은 날짜에 두 번째 칙령은 조사 중인 절차를 자세히 다루고, 동시에 세 번째 그리고 마지막 칙령을 발표하며, 황제는 이단 범죄의 조사와 평가에 유일한 권한을 가진 프라하 항소법원에 지시를 내린다. 2~3세대의 삶에 영향을 미친 중요한 법률 문서이다.

여섯 법령을 간단하게 정리하면 다음과 같다.

1. 농촌 지역에서 이단 활동(예를 들어 이종성찬)의 유죄 판결을 받은 모든 피지배층은 제일 먼저 1년간의 강제 노동에 처한다. 그가 자신을 교정한다면, 즉 자신의 잘못된 길을 버리면 집으로 풀려날 것이나 교회와 공공행정의 주의 깊은 감시를 받게 된다.
2. 계속해서 이단에 머물러 있으면 강제 노역에 1년 더 처하기로 하고,

경우에 따라서 3년도 처한다. 만약 그래도 고쳐지지 않는다면 추방이 그를 기다리고 있고, 만약 그가 돌아오면 처형을 받게 된다.

3. 로마가톨릭교회의 모태로 돌아온 자가 다시 떨어져 나가면 배교의 이중 죄로 형벌을 받게 된다. 신체적으로 충분히 건강한 남성은 노예선 노역에 무기한 선고된다. 노예선에서 노를 젓지 못하는 사람은 신체적으로 처벌을 받게 되며(매질을 당한다), 재산 손실의 처벌을 받게 되며(경우에 따라 영주에게 속함) 그리고 합스부르크의 세습 영지에서 영원히 추방된다.
4. 피지배층 도시와 통치자 도시의 주민들은 피지배층의 시골 주민들과 같은 방식으로 처벌된다.
5. 자유 도시민들도(자유로운 왕의 도시 시민) 1년에서 최대 3년까지 강제 노동의 처벌을 받게 되며, 다시 교회에서 떨어지면(이단이 되면) 노예선과 사유재산 몰수로 처벌을 받게 된다. 법정은 귀족들, 평의회 의원들 또는 왕실 직원들에게 판결을 내리기 전 왕의 결정을 요구해야 했다.
6. 비밀 이단 모임을 개최하고, 금지된 책을 배포하는 사람들처럼 이단적인 설교자들, 그들의 지지자들과 수호자들은 칼로 참수형 처벌을 받게 된다. 누구든지 발견하고 신고하면 100즐라티를 공적기구를 통해 보상받게 된다. 법정으로 데리고 오는 사람은 200즐라티를 받게 된다. 제보자의 이름은 비밀이 보장된다. 레이스, 실, 옷감 구매자, 운송자, 상인들이 만약 해외에서 금지된 책을 수입하다 적발되면 화형을 당하고, 그들의 물품은 압수된다. 압수된 물품의 1/3은 제보자의 몫으로 돌아간다.

이 규정이 보헤미아와 모라비아에서 공식 칙령으로 발표되었다.

카렐 6세의 조치는 두 가지 이유로 중요하다. 그중 하나는 합스부르크 왕가와 로마가톨릭교회 사이의 분명한 변화이다.
이 규정에 따르면 조사, 처벌, 비국교회 교도 재산 처분에 대한 주요 주도권과 권한이 더 이상 교회에 속하지 않으며, 교회는 실제 활동(신학적 전문성 측면에 따른 심문, 이단 유형에 따른 전문가 평가 등)에서 정확하게 규정된 과제만을 수행해야 한다. 물론 주교부터 직접 본당을 관리하는 사제에 이르기까지 일반적으로 성직자들은 이러한 이데올로기적 독점(로마가톨릭의 가르침)의 왜곡이 일어나지 않도록 할 책임이 있다. 현장의 경각심을 높이고, 부적절함을 방지해야 했다. 반국가적 범죄의 관점으로, 유죄 판결을 받은 이단자들에 대한 특정한 조치들의 자체 관리를 분명히 국가와 그의 기관이 담당한다. 국가는 또한 운영 비용과 제보자 보상비도 지원한다.
보헤미아 땅에서 이단을 근절하기 위한 노력의 일환인 카렐 6세의 조치는 그러나 무력감의 표현이기도 하였다. 카렐6세가 느리고 힘들지만, 시민사회의 길로 여기저기서 뚫고 나아가기 시작한 유럽, 18세기 유럽을 놀라게 한 칙령을 공포한 것은 불편한 결정이었다. 100년의 박해 끝에 그리고 얀 네포무츠키의 시성 전날 황제는 보헤미아 땅의 정상화도 통합도 자신의 생각과 일치하지 않음을 인정해야 했다. 칙령의 서론에, 보헤미아 땅의 피지배층들에 의해 특히 농부들 사이에서 이단적 궤변이 다시 나타나기 시작했음이 언급되었다. 그래서 황제는 조상들의 전례에 따라 과거에 이미 많은 재난과 불행이 발생하였던 해로운 악과 최대한 진지하게 대항하기로 결정했다고 전해진다. 슬로건은 요구 조건인 "뿌리 뽑는 것"이었다.
실천에 앞서 몇 가지 준비 조치가 이루어졌다. 1707년부터 이단은 국가에 대한 범죄crimen contra statum로 선포되었다. 1721년에 세속 당국만이 피고인을 투옥시킬 권한이 있다고 결정되었다. 프라하의 항소법원은 심문 후 추가 조치를 취해야 했다. 이러한 발전은 1725년에 법률로 완성되었다. 이때부터 모든 이단 관련 행정 업무가 이 항소법원의 독점적 권한 안에 있게 되었다.

그래서 새로운 제도가 바로 작동되기 시작한 것을 우리는 알고 있다. 프라하에서 보헤미아 종교개혁의 후손들의 비밀 모임이 포도원에서 열렸다. 1728년과 1729년에 조사가 있어 참석자들이 체포, 투옥되었다. 탄원한 사람들은 석방이 되었으며, 다른 사람들은 감옥에 갇혔다. 이때부터 당시 프라하 도시들(구도시, 신도시)과 이웃 지역의 515명이 조사를 받은 목록이 보존되어 있다. 항소법원의 활동 범위는 보헤미아와 모라비아 전체를 포함해서, 다양한 장소의 기록이 발견된다. 당시 이르시 예헬카Jiří Jehelka의 경우는 1740년의 대표적인 다음의 박해 사례이다. "재발하기"(relapsus, 다시 되돌아가기), 즉 탄원 이후 다시 이단에 빠진 사람 그리고 이미 이전에(탄원 전에) 3년 강제 노역 처벌받은 사람은 모든 제국의 영토에서 추방되어야 한다. 그러나 그전에 먼저 글자 "R"(재발자[relapsus] 또는 상습범[recividista]) 자를 불에 달구어 죄수의 등에 문신을 해서 먼지로 뒤집어 씌우고, 목에 칼을 채워 구경거리로 세워놓게 된다. 1741년 5월 4일 이단에 대한 비슷한 유죄 판결이 있었으며, 이르시 흐르지나 Jiří Hrzina는 신성모독죄 판결을 받았다. 그는 목에 칼을 차는 형벌로 처형되고 몸은 불태워졌다.

"이단적 불법"을 조사하는 서류들이 매우 많았으며, 거의 불분명한 많은 이름과 생애들이 기록되어 있었으며, 이 조사는 관용의 칙령 발표 때 일반적으로 끝이 난다. 관용의 칙령 발표 당시 복종하지 않은 것이 유일한 죄였던 사람들이 지하 감옥에서 착고를 차고 있었다.

이렇게 관용의 시대로 접어들었다. 관용의 칙령 전후의 사건들이 내부적으로 상호 연관성을 가지고 있음을 인지할 수 있다. 이에 대해 다음의 사례가 증언한다:

농부 보르실라 코우보바Voršila Koubová는 라들리체Radlice 마을에 살았다. 첫 번째 결혼에서 1760년대에 이미 청소년들인 세 명의 자녀가 있었다. 과부가 된 후 그녀는 재혼해서 두 명의 어린아이를 더 낳았다. 1763년에 자신의 남편과 세 명의 성장한 자녀들과 많은 친척들과 이웃들이 발견된 책들 때문만이 아니라 비밀 개혁 교도들의 공동체에서 했던 활동들 때문에 체포되어 조사를 받았다. 이 공동체의 주요 인물 가운데 한 사람으로서 그녀는 조사받는 구금 외에 올로모츠 요새 건설에 1년간 강제 노역의 판결을 받았다. 그녀는 1765년 11월에 집으로 돌아왔다. 남편은 강제 노역에서 곧바로 군대로 끌려갔고, 반년 노역을 선고받았던 성인이 된 자녀들은 어머니를 집에서 기다렸다. 한 달 뒤인 1765년 크리스마스 전 보르실라는 옥중 생활을 견디지 못하고 죽었다. 그녀의 장남은 1782년 이후 고통받는 교회(당회) 첫 공식 자치 기구의 위원이 되었다. 보르실라가 생전에 보지 못했던 자신의 손자이자 그의 아들의 아들인 보르실린은 벨카 르호타 우 다치츠에 있는 칼뱅개혁교회 학교의 첫 번째 교사가 되었다.

그렇다면 관용의 칙령 발표는 어떻게 이뤄졌을까? 공식적으로 보헤미아와 모라비아는 1781년 이전에는 특수한 위치에 있었던 유대인 인구를 제외하고 완전히 로마가톨릭이었다. 경제적으로 필요한 활동을 위해 체류하는 외국인들은 예외적으로 출신 지역 종교의 개인 신앙고백 권리를 가졌으나 이것이 주위 사람들에게 영향을 끼쳐서는 안 된다. 관용의 적용은 명백한 이유로 군대에서도 유효하다. 군대의 전문성은 신앙고백의 논쟁에 의해 방해받아서는 안 된다. 또한 많은 외국 고위 장교들이 군대에서 복무했다.

당시 지도자들과 로마가톨릭교회의 정통한 관리들은 실제 상황의 문제를 분명하게 인식하였다. 가장 전문적인 사람들 가운데 한 사람이며 1782년 제도적이고 의례적인 요청서에 대한 성직자 감독으로 활동했던 프라하 법률가 얀 네포무크 크비즈Jan Nepomuk Kvíz가 매우 명확하게 표현하고 있다. 이 기회에 개혁 교도들은 개별적으로 임명된 위원회 앞에서 매우 까다로운 질문들에 대답해야 했다(예를 들어 로마가톨릭 신앙과 어떤 점에서 다른지, 누가 그곳으로 인도했는지, 얼마나 오랫동안 그렇게 믿었는지 등등). 크비즈는 공식 보고서에서 다음과 같이 말한다: "그들로부터(즉, 개혁 교도의 신청자들) 로마가톨릭 신앙을 반대하는 음모가 보헤미아에 광범위하게 도처에 퍼져 있다는 믿음을 나는 확신한다." 그것은 새로운 지식이 아니라, 중요한 관료가 이미 이전에 가졌던 정보를 강화하였다. 실제로 빌라 호라 전투 이전 시기에 이미 로마가톨릭 인구 구성이 강했던 지역과 원주민보다 새로운 정착민들이 들어온 지역을 제외하고, 의식적으로 보헤미아 종교개혁(후스파와 형제단)과 관련된 사람들은 보헤미아와 모라비아의 전 영역에 분포해 있었고, 150년이 지난 후에도 불법적으로 끊임없이 위협받는 사람들이었다.

가장 큰 위기의 시기부터(1725년 카렐 6세 명령) 교회 당국의 기대와 달리 보헤미아 종교개혁의 여러 갈래의 후손들이 점차 연합하여 관용의 칙령 발표 전 시기에 보헤미아와 모라비아의 여러 지역에서 자신의 역사 발전과 관련하여 놀랍게도 일치된 방향을 만나게 된다. 이 지하 공동체는 관용의 칙령 발표 바로 직전에 몇 가지 중요한 청원(종교의 자유에 대한 청원)에 의해 드러났다. 이것은 특별히 흐루딤 지역(1774), 발라슈스코 지역(1780), 지들로초비체 영지의 노시슬라프 지역(1781년 5월), 쿤슈타트 영지의 올레슈니체 지역(1781년 9월)의 개혁 교도들의 청원이었다. 마지막 신청은 거부되지 않았고, 한 달 후 관용의 칙령이 발표되었다. 프랑스 혁명 직전 시기에 합스부르크 왕가의 경제적 정치적 군사적 문제 해결에 대한 요세프 2세 황제의 관심은 보헤미아 종교개혁의 지하 공동체에게 그들의 노력을 실현시키는 데 있어서 유리한 상황을 조성하였다. 마찬가지로 "아래로부터"의 지속적이고 조직적인 압박은 의심할 여지없이 요세프 2세에게 개혁의 필요성 요인으로 작용하였으며, 그뿐만 아니라 개혁을 막으려는 현 노선의 지지자들에 반대하여 이념적 독점을 폐지하려는 움직임도 개혁을 시행해야 할 필요성의 요인으로 작용하였다.

관용의 칙령은 어떤 경우에서도 신앙의 자유를 가져오지 않았다. 관용한다는 것은 이념적 차이의 존재를 용인하는 것, 차이를 힘으로 제거하지 않는 것, 가능한 모든 수단을 동원하여 차이를 폐기하지 않는 것을 의미한다. 물론 이것도 감사함으로 받아들였으며, 사람들은 더 이상 자신이나 자신의 가까운 사람들의 삶에 대한 두려움을 갖지 않아도 되었다.

큰 장점은 확실히 관용의 칙령에 따라 사람들은 군대에서처럼 시민 생활에 종사하는 사람들도 마찬가지로 자신의 종교적 신앙고백에 따라 평가되지 않는다는 것이다. 이론적으로 비가톨릭 교도도 수공업, 무역, 공직에서 마찬가지로 동일한 기회를 그의 로마가톨릭 동료처럼 가져야 한다. — 물론 실제로는 주어진 상황에서 법을 해석하는 사람들에게 달려 있다.

그러나 로마가톨릭교회는 물론 통치하는 교회로 남아 있고, 개혁주의 성직자는 목사(farář 파라르시)로 불려서는 안 되고 파스토르pastor라고 불러야 했으며, 개혁 교도들은 교회당을 가질 수 없었으나 탑과 종이 없는 예배당은 가질 수 있었다. 관용에 의해 공식화된 개혁파 지역 교회들의 교인들은 자신들의 예배당을 스스로 지어야 했으며, 자신의 파스토르(목사)와 교사를 재정 지원해야 했다(모든 학교들은 당시 기독교 학교였다). 이외에도 그들이 로마가톨릭 사제로부터 어떤 영적 섬김을 받지 않았을지라도 해당 교구의 사제에게 수수료를 지불해야 했다. 혼인의 경우 비가톨릭 아버지의 아들들은 비가톨릭이 되고, 딸들은 로마가톨릭의 어머니를 따른다. 로마가톨릭 아버지라면 비로마가톨릭 어머니는 어떤 자녀에 대해서도 권리가 없었다. 물론 그 외에 여러 제약이 있었지만, 단지 기본 방향을 위한 부분만을 제시한다.

중요한 법률과 칙령의 공표의 일반적인 방법은 가장 낮은 지역 단위들에서, 즉 빈Wien에서부터 지역 주로, 지역 당국으로 또는 프라하 시 시장으로 그리고 통치자의 사무소로(영주지 그리고 농장, 왕실 도시의 의회로) 전달되는 공적인 의사소통 과정에 기초하였다. 마지막으로 언급한 행정 단위들은 중요한 메시지들의 명령을 일반적으로 업무 시간에 각각 개별 지방의 이장(시골 마을 책임자)들이 정보를 해당 지역에서 확산시켜야 했다. 이장들은 자신의 지역에 알릴 의무가 있다.

관용의 칙령이 발행되었을 때 이 절차는 지켜지지 않았다. 빈에서 칙령 문서가 지체 없이 보헤미아와 모라비아 최고 지방 행정 지역으로 전달되었으며, 불필요한 지원 없이 각 지역으로의 정보 전송도 모니터링할 수 있다. 그러나 거기에서 모든 소식들은 중단되었다. 예외는 차슬라프Čáslav 지역으로, 필요한 경우 해당 지역의 모든 행정 단위가 이에 대해 알 수 있도록 충분한 숫자의 칙령 사본을 제때에 확보했다. 다른 지역 당국은 추가 정보를 아래 지역 단위로 내려보내는 것을 의도적으로 중단했다. 보헤미아와 모라비아의 어느 지역에도 관용의 칙령(자유가 아닌 묵인일 뿐)에 대해 알려져서는 안 되었다. 종교의 자유에 대한 마지막 두 요청을 빈으로 보낸 브르노 지역을 제외하고, 즉 그 지역과 관련된 행정 단위(Židlochovice와 Kunštát)에서만 두 청원에 대한 응답으로 관용의 칙령이 선포되었다. 개혁 교도들이 갑자기 요구하기 시작했던 1781년~1782년 겨울과 1782년 봄이 되어서야 행정 부서에 공식 문서가 신속하게 추가적으로 배포되었다. 그들이 그렇게 하지 않으면(그들이 그것에 대해 몰랐기 때문에) 칙령은 여전히 그들에게 보류되었을 것이다.

이러한 근본적인 방해 외에도 관용의 칙령이 내국인이 아닌 국가 경제발전에 이바지하도록 허용된 외국 전문가를 위해 발급되었다는 식으로 칙령의 본래의 취지를 모호하게 만들었다.

이러한 상황에서 지들로호비체와 쿤스타트 영지 출신의 요청자들 외에 일부 사람들이 관용의 칙령의 존재에 대해 어떻게 알았으며, 그 문서 전달을 요구할 기회를 어떻게 갖게 되었는가? 어떻게 관용의 개혁교회 지역 교회들이 합법적으로 브르노 남쪽, 북쪽 이외에 다른 곳에서 형성될 수 있었는가?

관용의 칙령 발표 시기에 이미 여러 곳에서 정보 통신 구조가 무너졌지만, 보헤미아 종교개혁의 지하교회의 기능적이고 실행 가능한 조직이 이에 대한 설명을 가능하게 한다. 그러나 실제로 브르노 지역에서 보헤미아-모라비아 고원을 경유해서 폴라비(엘베)까지의 중요한 경로가 거의 온전하게 보존되었다. 당시 사람들은 이에 대해 알고 있었고, 그래서 다음과 같이 상세하게 설명했다. "모라비아에서 비스트레Bystré, 폴리츠카Polička, 리토미슬Litomyšl, 리흠부르크Rychmburk, 흐로우스토비체Chroustovice, 파르두비체Pardubice, 포데브라디Poděbrady를 거쳐 체스키 브로트Český Brod까지" 이 경로를 따라 브르노 지역으로부터 정보가 빠르게 퍼졌고, 공문서들은 개별 연결 이름도 보존되었다.

1782년 초 관용의 칙령은 이미 전체 체코에 알려졌고, 법적 가능성을 충족시키기 위한 조치가 시작되고 있었다. 주요 경로 외에 다른 주요 경로(예를 들면 포드크르코노시, 남 체코-모라비아 고원[비소치나] 남부 지역)에서 소식을 접했던 특정한 인물들 덕분에 우연한 기회에 원래의 네트워크가 이미 파괴되었던 지역의 몇몇 센터로 정보가 전달되었다. 슬로바키아 개혁자들과 지속적인 접촉이 유지되었던 동 모라비아의 상황은 다소 달랐다.

그해에 흥미로운 발전이 있었다. 등록하길 원하는 개혁 교도들이 참석해야 하는 공식적인 등록 신고식들은 1782년 전반기에 특히 발라슈스코, 브르노 지역, 비소치나 그리고 라베(엘베) 강 지역들이 상대적으로 밀집된 중심지로 나타났다. 그러나 그것이 끝이 아니었다. 당국은 크게 놀랐다. 전혀 예상 밖으로 정보가 침투한 곳에서 다른 추가적인 신청이 나타나기 시작했기 때문이었다(예를 들면 베네쇼브 남쪽, 사자바 강 지역, 슬라니 지역, 토스모노스 지역, 세밀리 지역). 동시에 정보가 가장 먼저 도착한 지역들 대부분은 완전히 또는 거의 개혁 교도 마을들인 것이 드러났다. 국가가 계몽적이라 할지라도 또 다른 지역들에서 신앙고백이 인구 구조의 근본적인 변화를 초래하는 이러한 위협적인 발전 상황을 오랫동안 방치할 수 없었다. 그러나 "자비의 해"는 뜻밖의 막을 내렸다. 1782년 12월 15일 법령이 발표되어 1783년 1월 1일부터 더 이상의 신청을 금지했다. 법령은 공식적으로 크리스마스 무렵에 최고 당국에 도착했다. 이 법령을 당연히 알지 못했던 개혁 교도들이 선한 믿음으로 새해에 당국 사무실에 와서 등록 신청을 했을 때, 그들은 단칼에 거절당했다. 그들은 이해할 수 없는 결정에 복종하길 원치 않았으며, 상황은 거의 해결하기 어려운 상태로 발전하였다. 신청자들을 배교자처럼 법령에 규정한 대로 다룰 것인가? 강제로 감옥에 가두고 추방을 선고할 것인가? 그러나 전 유럽에 관용의 칙령이 알려진 이후에 이것은 실현 가능하지 않았으며, 국가는 의심의 여지 없이 신뢰를 잃게 되었다. 칙령을 취소하는 것도 불가능했다. 이러한 당혹감에서 매우 논쟁적인 타협안이 만들어졌다. 이른바 6주간 훈련이다. 개혁 교도로 개종하길 원했던 사람은 임의로 연장될 수 있는 6주 동안의 로마가톨릭 종교의 가르침에 참석해야 했다. 교육 기간에 참석자들은 자신들이 원하는 교회 예배에 참석하는 것이 허용되지 않았다. 그가 모든 "교육"을 받은 후에도 "확고한 신앙" 상태를 유지했을 때만 그는 자신의 확신에 따라 고백하기 위해 석방되었다.

이것은 관용 기간에(19세기 중반까지 모든 제한을 가한) 개혁 교도가 될 수 있는 유일한 방법이었다. 한 번뿐이었던 "자비의 해"에 관용의 칙령에 대한 소식을 알고 제때 신청할 기회를 가진 7만 개혁교도(현대 통계에 따르면)만이 남게 된 것이 확인되었다. 그렇게 하지 못한 사람들은 대부분 로마가톨릭으로 남았다. 가장 강한 인물들만이 "6주 훈련"의 순교의 시기를 감내할 수 있었다.

관용의 칙령은 크리스천들을 체코 종교개혁으로 인해 뒤따랐던 생존에 대한 직접적인 위협으로부터 벗어나게 해주었고, 그들이 인내할 수 있었고 (단순히 황제의 자비로 인해 가능했지만, 언제든지 취소될 수 있수 있었다), 그들은 그것에 대해 상대적으로 높은 대가를 치러야 했다. 보헤미아 후스파 종교개혁(특히 타보르 신학의 관점에서)과 형제단 종교개혁은 16세기 종교개혁의 두 분파인 루터파와 칼뱅파와 달랐는데, 그 이유는 그것이 100년 더 오래되었고, 16세기 종교개혁 이전에 있었기 때문만은 아니다. 그것은 또한 17세기, 특히 18세기에 뿌리를 뽑힌 운명적인 공동체의 어려운 상황에서도 보존되고 발전되어 온 자신의 특별한 신앙고백적 특징을 지니고 있었기 때문에 가능하였다. 지식이 있고 상황에 대해 오리엔테이션이 되어 있던 사람들은 관용의 칙령이 발표된 당시 이 사실을 근본적으로 알고 있었다. 그래서 제국 당국은 가급적이면 전체를 나누어서 두 개의 다른 외국 신앙고백의 공식적 멤버들로 만듦으로써 위에서 언급한 연속성을 깨려고 했다. 1782년에 모든 지하 공동체를 헬베티크 신앙고백 조직의 우산 아래 하나의 공동체로 바꾸려는 당국의 의도가 알려지는 것에 쐐기가 박혔다.

1783년부터 1782년의 "자비의 해"에 이미 등록된 "비가톨릭 신자"들의 신청 숫자가 많지 않은 곳에 새로운 지역 교회들이 세워지는 것은 사실상 불가능했다. 이 진술에 대한 약간의 예외는 아무런 영향이 없다. 물론 60년 이상 관용의 시대의 개혁 교도들은 두 개의 신청한 신앙고백의 범위 이외에 행동할 수 없었다. 그러나 그들은 자신의 연속성을 잊지 않았다.

체코 개혁 교도들의 요구는 칼뱅개혁교회 목사 베드르지흐 빌렘 코슈트와 루터교리 교사 요세프 루지츠카에 의해 처리되고 있었다. 1848년 프라하에서 열린 민족 위원회에서 체코 개혁 교도들을 대표한 잘 어울리는 두 사람이었다. 요구 사항은 주로 루돌프 칙령에 따른 종교의 자유, 1575년 체코 신앙고백, 관용을 제한하는 것의 폐지, 프라하 개혁 신학부와 보헤미아 최고 종교감독회 콘시스토리konsistoř 설립, 아우구스부르크 신앙고백과 헬베티크 신앙고백 합병을 언급하였다.

요구 사항은 제국 의회로 이관되었다. 한편 코슈트Košut와 루시츠카Růžička는 그사이에 계속 활동했다. 개혁교회 협의회들은 민족 위원회와 합의하여 개최되었으며, 빈의 제국 의회에 신청서가 작성되었다. 그러나 실질적인 결과는 소위 황제에 의해 내려진 임시 명령이었다. 임시 명령에 의해 물론 가장 엄격한 관용의 제한만 제거되었다. 1849년부터 황제 칙령은 이 임시 명령이 뒤따랐다(각 국가에 의해 승인된 교회는 자신의 종교의 공개적인 고백의 권리가 있고, 자신의 문제들에 대해 자치의 권리를 가진다). 그러나 이 명령은 2년 만에 취소되었고, 오스트리아는 한동안 로마 교황에게 복종하기 위해 협정을 맺었다.

이와 관련해서 1849년 4월 7일에 믈라다 볼레슬라프 주지사가 내무부 장관에게 보낸 흥미로운 편지도 있다. 이 주지사는 자신의 지역에 있는 개혁 교도들에 대해 알리고 주의를 환기시킨다. "… 볼레슬라프 지역에서 후스파 추종자로서 체코 국적의 개혁 교도들이 살고 있으며, 대부분은 농부이며, 그들 중의 많은 사람이 부자이며, 서로 사랑하며, 자신들의 영적 지도자들을 좋아한다. 그래서 마을들에서 큰 영향을 미치고 있지만, 장기간의 박해로 정부를 불신하고, 빌라 호라 이후 그들에 대한 말살을 잊을 수 없으며, 황제 요세프 2세의 관용의 칙령도 이러한 그들의 태도를 전혀 바꾸지 못했다. 그들은 체코어로 예배를 드렸고, 그들의 성직자들은 대부분 슬로바키아 출신이었으며, 매우 열성적인 체코슬로바키아인들이며 민주주의자들이다."

체코 종교개혁의 이 "곰팡이"는 10년이 넘는 절대주의 시대에도 사라지지 않았다.

개혁교회들에게 로마가톨릭교회와 형식적인 평등을 보장하는 1861년의 프로테스탄트 칙령은 품위 있게 받아들여졌다. 오랫동안 기다려온 정의의 표현인 국가 행위로 간주되었다.

특히 칼뱅개혁교회에서 기존의 임시 교회를 대신할 새로운 교회 설립을 위한 투쟁이 곧바로 시작되었다. 여러 우여곡절 끝에 1877년에 명백한 노회-총회 특징이 있는 소위 차슬라프 의회 형식(차슬라프 의회[Čáslavský sněm]는 후스파들의 첫 신앙고백이라고 할 수 있는 '프라하 4개조항'을 협상하기 위해 후스파 내의 다양한 노선들은 물론 가톨릭교회, 왕실, 귀족 등 다양한 계층들 대표들이 1421년 차슬라프에서 모인 모임으로써 체코 개혁교회는 이 모임을 자신들의 교회 대의정치의 출발로 여기고 있다.)의 제안이 등장하였다. 차슬라프 시스템의 제안이 포함한 원칙을 실현시키는 것은 다음 1918년까지 기다려야 했다.

전반적으로 프로테스탄트 칙령 이후 상황은 불분명했다. 한편으로는 지배하는 교회와 외적으로 타협하려는 노력이 있었고, 다른 한편으로 다른 활동과 때로는 직접적으로 존재하는 다른 활동의 증가로 인해 교회 생활에서 어떤 이탈이 있었다(노동운동과 관련된 민족적 · 정치적 · 사회적 활동). 다양한 곳에서 공식적인 교회 생활에서의 이탈도 목격되었는데, 체코 종교개혁의 고유한 유산으로부터의 이탈은 아니었다.

20세기 초에 상호 연합을 모색했던 아우구스부르크 신앙고백과 헬베티크 신앙고백 교인들과 대표들의 통일된 접근을 위한 기반이 마련되었다. 1903년 후스 동상의 초석을 놓을 때 후스 기념식에 참석한 대부분의 사람들은 체코 종교개혁과 관련된 사람들이었다. 구체적으로 1575년 보헤미아 신앙고백의 재복구 요구 사항으로 표현되었다. 1903년에 체코 디아코니아를 위한 기초가 마련되었고, 1904년에 두 신앙고백을 위한 공동의 체코 성직자 협회가 설립되었다. 1905년에 공식적으로 콘스탄츠 연합(Kostnická Jednota)이 세워졌고, 「콘스탄츠 불꽃」 정기 간행물이 발간되었다.

제1차 세계대전 전 시기에 체코 종교개혁과 인위적으로 분열된 교회들의 연합을 회복하기 위한 노력이 충분하게 발전하기 시작했다. 이러한 노력의 주도적 역할은 관용의 칙령 이전 개혁교회 가문의 훔폴레츠 출신, 프라하 아우구스부르크 신앙고백의 감독이자 목사인 페르디난트 흐레이사에게 돌아갔다. 프라하에 새롭게 설립된 후스 신학대학교(1919년)의 교수가 된 그는 1575년 보헤미아 신앙고백에 대한 연구와 그에 대한 출판들에 의해 공통된 토대에서 일반적인 지식을 형성시키는 큰 기여를 했다.

전쟁으로 힘든 시련의 시기였던 1915년에 프라하에서 후스 행사들이 열렸다. 그들은 오스트리아 제국 경찰 감시 아래에서 완전히 통제되었다. 그럼에도 불구하고 이 행사들은 체코 개혁 교도들의 연합의 표현으로서 이미 연합적이었다. 7월 6일 두 신앙고백 그룹의 50명 이상의 성직자들이 클리멘트 교회에서부터 살바토르 교회까지 걸어가면서 상징적으로 프라하 구시가 광장에 있는 후스 동상 주위를 침묵으로 행진했다. 신앙고백과 관련 없이 사람들은 다양한 장소에서 연합예배와 다른 활동에 참여했다.

같은 해에 콘스탄츠 불꽃은 체코 개혁 교도들의 연합에 대한 설문 조사도 시행했다.

여러 차례의 예비 협상 후에 1917년 5월 16일 클리멘트 교회(이전에 언급한 코슈트의 활동 장소) 목사관에서 두 신앙고백의 대표자 그룹, 목사, 평신도가 모여 결의안을 작성했다. 같은 날 오후에 콘스탄츠 연합의 총회에서 비슷한 결의안이 채택되었다. 첫 번째 회의에서 콘스탄츠 연합 위원회는 개혁교회의 전국적인 연합을 촉구하는 선언문을 민족들에게 발표했다. 이외에도 교회 연합을 위한 위원회는 체코 대표단에게 프라하 개혁신학대학 설립 요구를 하는 각서를 제출했다.

1917년 6월 28일 프라하 클리멘트에서 교회위원회 요세프 소우체크Josef Souček 수석 회장(헬베티크 신앙고백), 흐레이사Dr. Ferd. Hrejsa 부회장(아우구스부르크 신앙고백), 보하츠Dr. Ant. Boháč 교수 겸 회계, 인드르지흐Dr. Jindřich 서기로 각각 인선하였다. 연합에 대한 준비 상황 보고는 긍정적인 반응과 구체적인 행동(공동 예배, 상호 방문, 스미호프의 프라하에 있는 연합 전도처)으로 지역 교회들에 전해졌다.

토대는 마련되었다. 1918년 10월 28일 독립된 체코슬로바키아 공화국 수립 직후 체코 개혁교회들의 총회가 시민회관에서 12월 17일~18일 열렸다. 체코 개혁 교도들의 연합에 대한 주요한 보고는 흐레이사와 공동 감독 프린타가 했다. 프린타는 연합에 대한 결의문을 작성하였고, 그것은 엄숙하게 승인되었다.

체코 종교개혁의 기본적이고 대체할 수 없는 방향(단지 타인의 신앙고백에 대한 인내[관용]가 아니라, 살아 있는 공동체, 존경, 즉 진정한 에큐메니즘)은 역사상 많은 위협에 있었지만, 폭력이나 무관심에 의해 파괴되지 않았다. 그의 가치는 콘스탄츠 화형대의 작은 빛나는 불꽃들로 남아 있다.

미주

1 보헤미아 귀족은 통치 귀족-고급 귀족-하급 귀족으로 나뉘고, 기사(rytíř), 자유농(zeman), 부족장(vladyka), 향사(panoš, 鄕士, 견습 기사) 등이 하급 귀족에 속한다.

2 또는 "바젤 협정"이라고 하며, 1433년과 1435년 사이에 바젤 공의회와 후스파 대표 간의 협정의 결과이다. 이 협정은 후스파와 로마교회 간의 관계를 조정하였다. 1436년 7월 5일 이흘라바Jihlava에서 선포되었다. 협정의 가장 중요한 점은 보헤미아에서 이종성찬이 인정된 것이다.

3 기도하는 사람, 일하는 사람, 싸우는 사람.

4 피카르트파는 16세기에 프랑스 북부 피카르디Picardie 지방에서 활동하던 분파로 체코 역사학자 바브르지네츠Vavřinec에 따르면, 1418년 신앙의 자유를 찾아 보헤미아로 왔다. 그들은 성체의 그리스도 임재를 부인했다.

5 지역 의회는 신성로마제국의 개별 왕국 또는 지역에서 각각의 사회 계급들 대표들이 참여하여 의견을 수렴 결정하는 공식 국가 기관이다. 보헤미아에서 13세기 말에 사회적 계급 공동체와 지역 의회가 형성되기 시작했다. 보헤미아에서는 처음에 고급 귀족과 성직자 그리고 후스파 운동 때 하급 귀족과 통치자 계급이 추가되었고, 성직 계급은 정치 생활에서는 제외되었다. 그리고 16세기에 영주, 기사, 도시민의 세 계급으로 정착된다. 1620년 백산 전투 이후 합스부르크 절대 권력이 통치하면서 성직 계급이 왕국 의회에서 중요한 위치로 부상하게 된다. 이들 사회적 계급은 전통과 법적으로 규정되었으며, 일반적으로 유전적이다. 지역 의회는 이들 계급 대표들의 모임이다.

6 형제단은 주로 가족 단위로 흩어져 있는 지역 공동체를 "sbor"(스보르)라고 불렀다. 공동체 또는 단체의 의미를 갖는 이 단어를 형제단은 로마교회와 후스파 교회와 구별하는 자신들의 교회 표현으로 사용하길 원했다.

7 프레헨스코Prácheňsko. 이 지명 이름은 13세기부터 공식 문헌에 출현하여 1849년~1850년 지방 행정구역 개편까지 존재하였다. 이 지역은 현재 부데요비체와 플젠 두 주로 나누어졌다.

8 1490년 브란디스 나드 오를리치Brandýs nad Orlicí에서 열린 형제단 의회(bratrský sněm)가 소위원회에게 위임한 사항. "1490년" 참고.

9 Kumpera, Jan, *Jednota bratrská–Odkaz evropské duchovní kultuře 1457~2011* (Plzeň, 2012). "형제단이 세속 권력과 공존할 수 있도록."

10 당시 형제단은 직업과 직업에 따른 윤리에 제한을 두고 있어서 때론 형제단 의회나 소위원회의 결정과 안내가 필요하였다.

11 JanKumpera, Ibid. 여기서 "위원회"는 "소위원회"와 달리 기성세대와 젊은 세대에서 각 두 명씩으로 구성된 조직.

12 형제단이 여행가들을 파송한 이유는 사도 전통의 올바른 교회를 찾아보기 위해서였다.

13 야고보의 칙령(Svatojakubský mandát)은 형제단에 반대하는 보헤미아 왕 블라디슬라프 야겔론스키Vladislava Jagellonský의 조치였다. 그것은 원래 1508년 7월 25일 성 야곱 의회에서 선포되고, 이후 8월 10일에 왕이 명령을 내렸다. 그는 형제단 지역 공동체(sbor)들을 폐쇄하고, 형제단 저술들을 파괴하고, 사제들 교사들을 보헤미아에서 공식적으로 인정하는 로마교회와 우트라퀴스크(이종성찬) 교회 중 하나로 개종하도록 명령했다. 이 명령은 보헤미아인들에게만 유효했고, 모라비아에서는 지역 귀족 공동체들의 저항으로 이행되지 못했다.

14 토지대장(Zemské desky): 토지등록대장의 전신이다. 지역 의회에 재산을 등록함으로써 소유권을 증명하고, 그 재산은 가족에게 상속된다. 토지 외에 의회에서 결정한 구속력 있는 조항들도 기록하였다.

15 당시 주교는 보헤미아 2인, 모라비아 2인이었으며, 결원이 생길 때 선출하였다.

16 크랄리츠카 성경(Kralická bible)은 원래 형제단의 번역가와 신학자들이 성경의 언어(히브리어, 아람어 및 그리스어)를 번역하여 인쇄된 체코어 성경이다. 인쇄소가 있던 마을 남모라비아 크랄리체의 이름에서 성경 이름이 비롯되었다. 라틴어 (Vulagte)에서 간접적으로 번역된 것이 아니라 원어로 된 최초의 체코어 번역본이다.

17 správce(스프라브체): 지역 교회 공동체(sbor[스보르])에서 영적 지도뿐 아니라 공동체의 모든 일들을 돌보는 직책.

18 소폴란드(폴란드어 Małopolska, 독일어 Kleinpolen, 라틴어 Polonia Minor)는 폴란드 남동부, 실레시아, 시에라츠, 렌치차 동쪽, 마조비아 남쪽, 볼히니아와 할리치 서쪽에 있는 역

사적인 국가로, 오늘날 말로폴스키, 포드카파츠키, 루블린스키에, 시비엥토크스키에, 마조비에츠키에, 로드즈키에 및 실레시아 주로 나누어졌고, 그 대도시는 크라쿠프이다. 1569년 폴란드 왕국과 리투아니아 대공국의 합병 이후(루블린 연합), Rzeczpospolita(폴란드-리투아니아 국가)의 창설, 폴란드의 3분할까지 우크라이나의 폴란드 지역 대부분은 행정적으로 그것에 합병되었다. 이렇게 새로 생성된 큰 지방을 소폴란드(Malopolska)라고 불렀다. 역사적인 소폴란드가 면적의 약 1/8을 차지했지만, 가장 인구가 많고 경제적으로 부유했다.

19 대폴란드(폴란드어 Wielkopolska, 라틴어 Polonia Maior, 독일어 Großpolen)는 수도 포즈나뉴가 있는 폴란드 중서부의 역사적 영토이며, 포즈나뉴는 또한 폴란드의 역사적인 수도였다.

20 파우세르(Johann Sebastian Pfauser, 1520~1569): 루터교 신학자. 트렌트 주교의 추천으로 페르디난트 1세 황제의 궁정 설교자로 비엔나에 왔으나 반로마적 성향 때문에 사직. 황제의 아들 막스밀리안의 고해 신부이자 설교자로 고용. 후에 라우잉겐Lauingen 지역 감독. 막스밀리안이 그의 영향으로 프로테스탄트 영향을 받았지만, 개종은 하지 않음.

21 16세기 후반, 선제후 프리드리히 3세 치세 중 하이델베르그는 유럽 과학과 문화의 중심지가 되었고, 칼뱅주의 대학의 소재지로서 특별한 중요성을 갖게 되었다. 하이델베르그는 유럽 전역의 교수와 학생들을 끌어들인 칼뱅주의 교육의 중심지인 "독일 제네바"가 되었다. 유명한 하이델베르그 요리문답은 신학부의 공동 연구로 1563년에 나왔다.

22 브레스트 연합은 정교회와 가톨릭교회의 연합으로, 루츠크의 시릴 텔레츠키Cyril Terlecki z Lutsk 주교와 블라디미르의 히파츠 포체이 Hipac Pocej z Vladimiru 주교를 대표로 파견한 브레스트(오늘날 벨라루스)의 정교회 주교들이 가세했다. 교황 클레멘스 8세는 연합의 제안을 받아들여 1595년 12월 23일에 교황을 교회의 수반으로 인정하고, 모든 가톨릭 신앙을 받아들이는 조건으로 율리우스력 사용의 기존 교회 조직의 연합 정교회 고대 슬라브 언어 동방 전례를 보장하는 교황칙서(Magnus Dominus et laudabilis nimis)를 발표했다. 1596년 10월 9일 브레스트에 있는 성 니콜라스 교회에서 소집된 총회가 이 연합을 엄숙히 받아들였다. 그러나 이를 거부한 반대 총회도 있었다. 충돌은 1623년 폴란드 대주교 요사파트 쿤체비치Josafat Kuncevič의 순교로 절정에 달했다. 이러한 브레스트 연합에 따라 폴란드-리투아니아 연방 내에서 시작된 역사적인 교회를 "루테니아 합동 동방 가톨릭교회"(라틴어 Ecclesia Ruthena unita)라고 부른다. 폴란드 대주교 요사파트 쿤체비치의 순교로 루테니아인들 사이에 대립이 계속되다가 폴란드-리투아니아 연방의 분할(1772~1795) 이후 러시아 제국에 의해 합병된 영토 내의 교회는 강제로 러시아 정교회로 개종된 교회 교구들로 대부분 해산되고, 오스트리아 제국에 의해 합병된 영토에 있던 교회는 계속 운영되었으나 갈리시아 수도 대주교의 그리스 가톨릭교회로 재조직되었다. 오늘날 루테니아 합동 동방가톨릭 교회(Ecclesia Ruthena unita)는 우크라이나 그리스 가톨릭교회와 벨로루시 그리스 가톨릭교회로 남아 있다.

23 보헤미아 고위와 하위 귀족 신분의 각 그룹 대표자들로 구성된 보헤미아 왕국 의회(Český zemský sněm)는 1471년 폴란드의 블라디슬라프 2세 야겔론스키(Vladislav Jagellonský)를 왕으로 선출했다. 1500년에 보헤미아 왕국 의회에서 왕의 이름을 따라 블라디슬라프 체제 왕국(Vladislavské zřízení zemské)으로 승인되었다. 보헤미아 왕국 의회는 체코의 영주들과 지주들에게 정치적 공동 결정에 대한 광범위한 지분을 부여한 가장 오래된 성문화된 체코 헌법이다. 의회의 의장은 성주(체코어 Nejvyšší purkrabí, 독일어 Oberstburggraf)로 불렸다. "보헤미아 왕국의 성주"는 원래는 "프라하 시장"(pražský purkrabí) 또는 프라하 성 시장(라틴어 supremus burgravius 또는 supremus Regni Bohemiae burgravius)이었으며, 사회 고위 하위 귀족 신분의 각 그룹 대표자들이 통치하던 국가 시기에 보헤미아 왕국의 가장 높은 왕국 관리였다. 그는 보헤미아 왕국 의회 의장, 보헤미아 왕국 법원 의장, 보헤미아 왕국 재정 책임자였다. 의장은 각각의 신분 그룹에서 2명씩 대표로 선출된 8명의 의회원과 협상을 주도한다. 보헤미아에서 30년 전쟁이었던 1621년 백산 전투에서 보헤미아 귀족들이 패배한 후 페르디난트 2세는 1627년에 보헤미아를 1628년에 모라비아를 선언하였다. 이 의회 제도는 정치 체제로

서 시대를 따라 19세기까지 지속적으로 발전하였다.

24 보헤미아의 귀족 신분은 동일하지 않고 계급으로 나뉘었다. 12세기부터 보헤미아의 귀족은 두 개의 신분으로 나뉘어졌다. 군주: 보헤미아 왕(český král), 모라비아 후작(변경백, moravský markrabě), 실레시아 왕자(slezská knížata). 상위 귀족: 왕자(kníže) 신분, 백작(hrabě) 신분, 자유 영주(svobodný pán) 신분, 영주(pán). 하위 귀족: 기사(rytíř), 자작농(소지주, zeman), 하급 관리(vladyka), 기사 또는 고관의 하인(panoš). 16세기 이후 영주(상위 귀족)와 기사(하급 귀족) 두 신분으로만 구별된다.

25 이슈트반 보츠커이(1557~1606)는 헝가리 사람으로 부유한 트란실바니아의 유력한 가문의 일원이며, 헝가리 반합스부르크 트란실바니아 봉기의 지도자 가운데 한 사람으로서 헝가리의 반왕反王으로 불린다. 그의 봉기는 여섯 번의 반합스부르크 봉기 가운데 첫 번째 봉기이며, 1604~1606년에 일어났다. 1596년 메조케레스츠테스Mezőkeresztes 전투에서 패배한 후 오스만 제국 측의 트란실바니아에 대한 압박이 커졌고, 바토리Báthory는 군주를 사임하고 트란실바니아는 루돌프 2세 황제에게 맡겨졌다. 그러나 트란실바니아 귀족은 합스부르크 왕가와의 동맹에 대한 터키의 복수를 두려워했고, 따라서 비밀리에 그들과 동맹을 맺고 그들의 제국과 봉건 관계를 인정했다. 이에 대해 합스부르크 왕가는 트란실바니아 귀족들의 재산 몰수로 트란실바니아에 대한 군사적 통제를 위한 투쟁을 시작하였다. 합스부르크 왕가는 중앙집권화와 재가톨릭화 사상을 촉진하기 위해 반터키 전쟁을 이용했다. 교회당들과 재산들은 헝가리 개혁교회에 몰수되었다. 혐오감을 느낀 이슈트반 보츠커이는 자신의 소유지가 있는 폴란드로 가서 정치적으로 고립되어 살았다. 합스부르크 왕가는 여전히 터키와 전쟁 중이었으므로 전쟁 비용을 충당하기 위해 끊임없이 세금을 인상했다. 따라서 불만을 품은 개혁 교도들은 브라티슬라바에서 열린 의회에 항의했고, 그의 형제 루돌프 2세를 대표하는 마티아스 대공은 그들에게 유사한 반개혁 활동은 반복되지 않을 것을 약속했다. 그러나 황제 루돌프 2세는 그들의 항의를 거부하고, 의회에서 종교 문제를 논의하는 것을 금지했다. 세케이Székely의 봉기가 실패로 돌아간 후 그들은 터키 영토로 도망하였으며, 터키의 도움으로 트란실바니아 공국을 회복할 적절한 기회를 기다리면서 1604년에 그들은 가까스로 보츠커이를 설득하여 그들의 편으로 만들었다. 1604년 9월 트란실바니아의 합스부르크 군대 사령관은 보츠커이가 봉기의 지도자가 될 것이라는 사실을 비밀리에 알게 되어 황제는 보츠카이 재산을 몰수하도록 명령했다. 따라서 제국 장군 바르비아노 디 벨기오이오스Barbiano di Belgioios 백작은 1602년부터 1604년까지 트란실바니아를 황폐화시켰다. 그러자 보츠커이는 터키인들이 직전에 잃어버린 영토(페슈트, 에스테르곰) 일부를 재정복하도록 허용한 합스부르크 왕가에 대항하여 슬로바키아에서 대규모 봉기를 일으켰다. 봉기의 직접적 원인 중 하나가 세금 인상과 헝가리 합스부르크 왕가의 개혁 교도들 재산 몰수였다. 몰수는 특별히 1603년 폴란드로 도피하였고, 후에 보츠커이를 도왔던 슬로바키아의 슈테판 일레샤지Štěpán Illesházy와 관련되었다. 두 번째 이유는 슬로바키아 자유 왕실 도시들에서의 개혁 교도 탄압이었다. 예를 들어 코시체에서 대성당을 빼앗아 가톨릭에 그것을 기부하였으며, 루돌프 2세 황제는 브라티슬라바에서 열린 의회에서 오래된 반개혁교도법을 갱신하였다. 세 번째 이유는 트란실바니아에 있었다. 1597~1598년과 1602~1604년에 전통적으로 합스부르크 왕가보다 터키족을 더 선호했던 이 나라는 헝가리(당시 합스부르크 영토)의 일부가 되었으며, 이로 인해 지역 귀족들이 폭동을 일으켰다. 그 후 군사적으로 비엔나를 공격하는 보츠커이를 누구도 막을 수 없었고, 1604년 10월 15일 그는 대부분이 용병인 3천명의 군대로 제국 장군 바르비아노 디 벨기오이오스Barbiano di Belgioios를 물리치고 합스부르크를 상대로 동부 슬로바키아 전역을 정복하기 시작했다. 보츠커이는 코시체를 정복한 후 동부 슬로바키아 전체를 점령하고 코시체를 본부로 삼았다. 1604년 12월 보츠커이는 터키와 슬로바키아 귀족의 지원을 받아 슬로바키아 중남부에 있는 마을(Fiľakovo, Krupina, Ďarmoty)들을 정복했다. 겨울이 끝난 후 1605년 4월부터 10월까지 보츠커이는 헝가리(Uhersko)의 수도 브라티슬라바를 제외한 슬로바키아 전역을 거의 정복했으며 5월과 6월에는 오스트리아와 모라비아를 급습했다. 서쪽에서는 모라비아 귀족들과 합스부르크 군대에 의해

저지되었다. 그러나 일찍이 1605년 11월 봉기에 가담한 귀족들은 합스부르크 왕가와 평화 협상을 시작했다. 왜냐하면 귀족들은 보츠커이의 동맹국인 터키인들 손에 정복한 도시와 요새들이 넘어갈 수 있다는 두려움 때문이었다. 귀족들의 의견을 무시할 수 없었던 보츠커이는 평화협상에 동의하게 된다. 양측은 마침내 1606년 6월 23일 비엔나에서 종교 자유 보장과 봉기 참가자 서면으로 평화 조약을 체결한다. 제네바 "종교개혁의 벽"(Reformation Wall) 한가운데 놓인 칼뱅을 포함하여 5미터 높이로 세워진 주요 칼뱅 지지자 동상 4인을 중심으로 좌우 편으로 높이 3미터 지지자 동상들이 각각 3인씩 서 있다. 오른편 가장 바깥쪽 동상이 이슈트반 보츠커이이다.

26 마토우시 코네츠키는 루돌프 2세가 보헤미아 왕국에 가톨릭 외의 다른 신앙고백을 인정하는 칙령에 관한 협상에 참여했던 인물이다. 1609년에 발표된 루돌프 칙령은 1620년 30년 전쟁인 프라하 근교 빌라호라 전투에서 승리한 신성제국 황제 페르디난트 2세가 1620년에 루돌프 칙령을 취소한다.

27 부도프의 바츨라프 부도베츠(1551~1621)는 보헤미아 정치가, 외교관, 소설가, 16세기 후반과 17세기 초 보헤미아 귀족의 정치적 종교적으로 중요한 인물이다. 귀족 가문의 기사 출신으로 비텐베르크대학을 비롯하여 네덜란드 프랑스 영국의 개혁교회 대학에서 12년간 교육을 받았다. 그는 전 유럽을 광범위하게 여행했고, 당대 가장 중요한 칼뱅주의자인 테오도르 베자와 교제를 나누었다. 콘스탄틴노플을 방문한 합스부르크 제국 사절단의 보좌관이 될 만큼 그는 터키어와 아랍어를 포함한 많은 외국어에 능통하였다. 1607년에 그는 영주로 귀족 신분이 상승했다. 형제단의 영향력 있는 교인이었으며, 형제단에 대한 외부의 공격을 용감하게 옹호하였다. 황제 루돌프 2세의 제국의회 위원으로 활동하였다.

28 얀 예센스키(1566~1621, 프라하)는 슬로바키아의 의사, 정치가, 철학자이다. 그는 당시 보헤미아 왕국의 영토에 속한 오늘날 폴란드 브로츠와프에서 태어났으며, 브로츠와프에서 알슈베트 김나지움을 다녔고, 비텐베르크, 라이프치히 아카데미에서 그리고 파도바의 유명한 의과대학에서 각각 철학과 의학을 공부하였다. 가톨릭 교도가 아니면서 이탈리아 파도바대학에서 직접 박사 학위를 받지 않았지만, 제국의 대자선가 야콥 치마라에 의해 프라하 교수들의 추천으로 프라하에서 철학과 의학박사가 되었다. 1594년에 비텐베르크대학에서 외과 및 해부학 교수직으로 연구를 시작하여 의과대학 학장을 거쳐 총장까지 되었다. 재임 기간 동안 그는 비텐베르크 의과대학의 수준을 크게 높였다. 그는 철학과 의학 외에도 공공 생활과 문학에도 관심이 있었다. 1600년 프라하를 처음 방문했을 때 보헤미아에서 첫 교수형 시신을 공개적으로 부검하였다. 의사 얀 예센스키의 부검은 시신을 4등분하는 방식이었다. 그는 1621년 빌라호라 전투 이후 보헤미아 개혁교회 귀족 27인 가운데 한 사람으로 처형되었다. 이때 그의 주검도 4등분으로 잘려 참혹하게 맞이한 최후를 연결시켜 믈라다 볼레스슬라프 연대기는 그를 "사람을 4등분하였고 자신도 결국 4등분이 된 사람"으로 묘사해 기록할 정도로 당시 그의 부검은 사회적 논란을 불러일으켰다. 이 부검 과정은 비텐베르크에서 해부 보고서로 발표되었다. 1601년 그는 프라하로 이주하여 학생들에게 해부학을 가르치고, 과학과 의학 저술을 하였다. 개혁파들을 탄압하는 반종교개혁 운동에 루돌프 2세 황제가 지원하는 것에 불만을 품고 정치에 대한 관심을 갖기 시작하였다. 가톨릭 제국중심주의와 개혁교회 귀족 반대의 충돌이 당시 중부 유럽에서 절정에 달하였다. 개혁교회 지향, 학자적 명성, 정치적 경험이 있는 예센스키는 1617년에 당시 개혁교회 귀족의 관리 안에 있었던 카렐대학의 총장으로 선출되었다. 그래서 그는 반합스부르크 봉기의 주요 인물 가운데 한 사람이 되었다.

29 얀 라네츠키(1554~1626)는 형제단에게 칼뱅주의의 영향을 끼친 인물이다. 그는 1579년에 제네바에서 공부했고, 1587년부터 형제단 사제로 일했다. 1592년 리프니크Lipník 총회에서 그는 하인리히 블링거의 저작물을 열정적으로 소개해 질책을 받는다. 당시 형제단은 칼뱅주의화 되어가는 문제를 심각하게 경계하였다. 프르제로프 거주 5인 장로 가운데 한 사람으로 선출되어 동시에 프르제로프 형제단 학교 관리자로서 활동한다.

30 보헤미아 왕국 갱신대전大典은 보헤미아와 모라비아 왕국에서 보헤미아 왕과 모라비아 후작 페르디난트 2세에 의해 강행된 법전이다. 1621년 빌라 호라 전투의 승리로 보헤미아 귀족의 권리를 몰수하고, 그들의 동의 없이 발표되었다. 헌법의 최종 교정에 올로모츠 주교 프란티세크 추기경

과 프라하 추기경 아르노슈트 보이테흐가 참여하였다. 법의 주요 조항은 다음과 같다: 당시 귀족 신분제의 대표들로 구성된 의회 시스템 대신 군주 절대 왕국이 제정된다. 보헤미아 왕국 영토는 합스부르크 유산으로 선언되었다. 가톨릭 종교는 보헤미아 왕국에서 유일하게 허용된 종교로 선언되었다. 기존의 의회는 성직자가 첫 번째 위치를 차지하고, 영주, 기사와 왕실이 그다음 순이며, 각 한 표의 투표권을 갖는다. 프라하 대주교는 보헤미아에서 가장 높은 교회 권위자이며, 프리마스 보헤미아Primas Bohemiæ 명예 칭호를 받는다. 독일어는 체코어와 동등한 위치를 갖는다. (그러나 실제 독일어가 우대되었다.) 귀족들은 세금의 허가·조정·징수의 권한이 있고, 군주들은 지방 관리 임명 권한이 있다. 모든 행정의 구두 절차는 서면 절차로 대체된다. 왕국 갱신헌법은 국가법 개인법 형법에 대한 규정을 포함한다. 사법과 토지법 규정을 왕과 귀족들 간의 협약인 1517년 성바츨라프 조약과 1534년 산과 광물에 대한 협약과 연결시켰다. 보헤미아 왕국 갱신헌법은 합스부르크 절대 왕정에게 보헤미아 왕국의 종속을 확인하였다. 이 법은 1848년까지 지속되었다.

31 칼뱅주의에 대한 입장에서 폴란드 형제단은 폴란드 지부, 보헤미아-모라비아 지부로 나뉜다.

도서

Bartoš, František M.: *Biskupství v Jednotě bratrské*(형제단의 감독직), Praha 1944.

Bidlo, Jaroslav: *Akty Jednoty bratrské*(형제단 기록들), Brno 1915.

Bílek, Jakub: *Jan Augusta v letech samoty* 1548~1564(1548~1564년 고독한 시기의 얀 아우구스타), Praha 1942.

Bray, John: *A History of the Moravian Church in India, The Himalayan Mission*(모라비안교회의 인도 히말리야 선교 역사), Leh 1985.

Brown, M. T.: *Jan Blahoslav – humanista, filolog, muzikolog, Boží muž*(얀 블라호슬라프 – 인문주의자, 문헌학자, 음악학자, 하나님의 사람), Praha 2010.

Dworzaczkowa, Jolanta: *Bracia czescy w Wielkopolsce w XVI i XVII wieku*(16,17세기 대폴란드의 형제단), Wydawnictwo Naukowe Semper 2001.

Glos, Pavel: *Misie Františka Chlebouna*(프란티세크 흘레보운의 선교), KEBF 1995.

Hamilton J. Taylor und Kenneth G.: *Die Erneuerte Unitas fratrum 1722~1957*(재건형제단 1722~1957), Band I, Herrnhuter Verlag 2001.

Hamilton J. Taylor und Kenneth G.: *Die Erneuerte Unitas fratrum 1722~1957*(재건형제단 1722~1957), Band II, Herrnhuter Verlag 2003.

Hrejsa, Ferdinad: *Sborové Jednoty bratrské*(형제단의 회중들), Praha 1939.

Hrejsa, Ferdinad; Bednář, František a Hromádka J. L.: *Zásady Jednotyčeských bratří*(체코형제들의 일치의 원칙들), Praha 1939.

Hýbl, František a Szymańska, Kamila: *Jan Amos Komenský a Polsko*(얀 아모스 코멘스키와 폴란드), Leszno 2009.

Jednota bratrská, knížka o vzniku, učení, řádech a zřízení(설립, 교리, 제도와 법에 대한 형제단 소책자), Úzká rada 1947.

Kalfus, Radim: *Jednota bratrská v obrazech 1457~1957*(1457~1957년 형제단 화보), Praha 1957.

Kaňák, Miloslav: *Význačné postavy Jednoty bratrské a jejich dílo*(형제단의 빛나는 인물들과 그들의 업적), Praha 1957.

Karczyńska, Helena: *Odnowiona Jednota Braterska w XVIII-XX wieku*(18~20세기의 재건형제단), Wydawnictwo Naukowe Semper 2012.

Knihovna Bratrských listův IX.(형제들 저널 총서 9권): *Obrazy z dějin Jednoty bratrské, díl druhý*(형제단 역사 그림들, 2권), Praha 1911.

Knižnice Biblické Jednoty, číslo 2. (성서적 형제단 총서 2호):*Česká emigrace v Polsku a na Volyni*(폴란드와 볼리네의 체코 망명), Brno 1924.

Komenský, Jan Amos: *Smutný hlas zaplašeného hněvem Božím pastýře k rozplašenému, hynoucímu stádu, ostatní již rady dáním se všemi se žehnající*(겁에 질려 죽어가는 양떼를 향한 하나님의 분노로 두려워하는 목자의 슬픈 목소리, 모든 사람을 축복하며), Vyškov 1946.

Kumpera, Jan: Jednota bratrská – *Odkaz evropské duchovní kultuře, 555. výročí vzniku (1457~2011)*(유럽정신문화 유산을 형성시킨 형제단 유산, 555주년(1457~2011)), Plzeň 2012.

Kybal, Vlastimil: *M. Matěj z Janova. Jeho život, spisy a učení*(야노프의 마데이. 그의 삶, 저술들과 교리),

Brno 2000.

Loula, David: *Studna lásky k pravd*(진리를 위한 사랑의 샘물), Praha 2012.

Loula, David: *eské studny aneb hloubání o české identit*(체코 정체성에 대한 체코 원천들 또는 숙고들), Praha 2007.

Malínský, František: *Život Jana Blahoslava – jubilejní vzpomínka*(얀 블라호슬라프의 생애 – 기념일의 회상), Praha 1923.

Mannsbart, Claus: *David Nitschmann. První biskup obnovené Jednoty bratrské*(다비트 니치만. 재건형제단의 첫 주교), Suchdol nad Odrou 1995.

Molnár, Amedeo: *Boleslavští bratří*(볼레슬라바의 형제들), Praha 1952.

Molnár, Amedeo: *Bratr Lukáš bohoslovec Jednoty*(형제단 신학자 브라트르 루카시), Praha 1948.

Molnár, Amedeo: *eskobratrská výchova před Komenským*(코멘스키 이전 체코형제 교육), Praha 1956.

Molnár, Amedeo: *ešti bratří a Martin Bucer, Listy kritického přátelství*(형제들과 마르틴 부처, 비판적 우정의 편지들), Praha 1972.

Müller, J. Th.: *O souvislosti obnovené církve bratrské se starou Jednotou bratří českých*(재건형제단의 구 체코형제단과의 연결에 대하여), Český Hus 1885.

Müller, J. Th. a Bartoš, F. M.: *Dějiny Jednoty bratrské I*(형제단 역사 1), Praha 1923.

Müller, Karl: *200 Jahre Brüdermission, I. Band*(형제단 선교 200년, 1권), Herrnhut 1931.

Niebauer, Jan: *August Gottlieb Spangenberg biskup obnovené Jednoty*(재건형제단 주교 아우구스트 고트리프 스팡겐베르크), 1980.

Padesát zastavení. Jednota bratrská 1457~1957(쉰 번의 멈추어 생각하기 – 형제단 1457~1957), určeno pro vnitřní potřebu Kostnické jednoty(코스트니츠카 예드노타 단체 내부 문서), 1957.

Pěnčík, Josef: *Prsten věrnosti*(충성의 반지), Třebíč 2008.

Přeloučský, Tůma: *O původu Jednoty bratrské a o chudých lidech*(형제단의 기원에 대하여 그리고 가난한 자들에 대하여), Praha 1947.

Reichel, Hellmut: *David Nitschmann Syndikus a první archivář Jednoty bratrské*(형제단 법적 대리인 그리고 첫 기록 보관자 다비트 니치만), Suchdol nad Odrou 2003.

Rokyta, Jan: *Doba a dílo Petra Chelčického*(페트르 헬치츠키의 시대와 업적), Brno 2013.

Říčan, Daniel: *David Zeisberger – Apoštol indián*(다비트 차이즈베르거 – 인디언의 사도), Suchdol nad Odrou 2008.

Říčan, Gustav Adolf: *Moravští bratři ze Suchdolu*(수흐돌 출신 모라비아 형제들), Suchdol 2012.

Říčan, Rudolf: *Dějiny Jednoty bratrské*(형제단 역사), Praha 1957.

Říčan, Rudolf; Molnár, Amedeo a Flegl, Michal: Bratrský sborník. Soupis prací přednesených při symposiu konaném 26. a 27. září 1967 k pětistému výročí ustavení Jednoty bratrské(형제단 선집.1967년 9월 26~27일 열린 형제단 설립 5백주년 심포지움에서 발표된 논문 목록), Praha 1967.

Říčan, R.; Bartoš, F. M.; Molnár, A.; Smolík, J.; Čapek, J. B.; Ďurďovič J. P. a Hromádka, J. L.: *Jednota bratrská 1457~1957. Sborník k pětistému výroční založení*(1457~1957년, 5백주년 형제단 설립 기념 선집), Praha 1956.

Schiller, Jindřich: *Vypravujme si o obnovené Jednot*(재건형제단에 대해 이야기하자), Železný Brod 1945.

Schulze, Adolf: *200 Jahre Brüdermission, II. Band*(형제단 선교 200년, 2권), Herrnhut 1931.

Smolík, Josef: *Bratr Jan Augusta*(형제 얀 아우구스타), Praha 1984.

Srba, Ondřej: *David Schneider 1693~1755*(다비트 슈나이더), Suchdol nad Odrou 2006.

Szymańska, Kamila: *Bracia Czescy w Lesznie Przewodnik po zbiorach Muzeum Okręgovego w Lesznie*(레스노 체코 형제단 – 레스노 지역 박물관 소장품 안내), Leszno 2007.

Štěříková, Edita: *Jak potůček v jezeře. Moravané v obnovené Jednotě bratrské v 18. Století*(호수의 실개천처럼 – 18세기 재건형제단의 모라비아인들), Praha 2009.

Štěříková, Edita: *Christian David zakladatel obnovené Jednoty bratrské*(재건형제단 설립자 흐리스티안 다비트), Suchdol nad Odrou 2008.

Štěříková, Edita: *Matouš Stach moravský misionář v Grónsku*(그린란드 모라비안 선교사 마토우시 스타흐), Suchdol nad Odrou 2012.

Vacovský, Adolf: *Obnovení Jednoty bratrské v zemi otc*(조상의 나라에서의 재건형제단), (v rámci časopisu JB), ÚR Jednoty bratrské 1997.

Weinlick, John R.: *Hrabě Zinzendorf*(친첸도르프 백작), Jindřichův Hradec 2000.

형제단 문서들

The Moravian Church: Handbook for Bishops(주교들을 위한 핸드북), Unity Board 1996.

The Moravian Church: Church Order of The Unitas Fratrum(우니타스 프라트룸의 교회 직제), Unity Synod, Hoddesdon 2009

형제들 편지 (잡지)

Ročníky 16 a 17(연감 16, 17호), Praha 1910 a 1911.

Jednota bratrská (roky 1921~1986) (형제단 1921~1986년)

시노드 문서들

Verhandlungen des Synodus der evangelischen Brüder-Unität 1836(1836년 형제단 회의), Gnadau, 1838.

Verlass des Synodus der evangelischen Brüder-Unität 1848(1848년 형제단 회의), Gnadau 1848.

Verlass der Allgemeinden Synode der Brüder-Unität 1857(1857년 형제단 회의), Gnadau 1857.

Verlass des Allgemeinden Synode der Brüder-Unität 1879(1879년 형제단 회의), Gnadau 1880.

Verlass der General Synode der Evangelischen Brüder-Unität(형제단 회의), Gnadau 1914.

Synodní materiály a zápisy z jednání generálních synodů a Unity synodů z let 1914~2009. (1914~2009년 총회와 우니타스 프라트룸 총회 회의의 시노드 문서와 회의록들)

Synodní materiály a zápisy z jednání obecných konferencí a synodů Jednoty bratrské z let 1922~2012. (1922~2012년 형제단 체코관구의 일반 컨퍼런스들과 시노드 회의의 시노드 문서와 회의록들)

Reichel, L. Th.: Missions-Atlas der Brüder-Unität(형제단 선교지도), Herrnhut 1860.

Missions-Atlas der Brüdergemeinde(형제단 선교지도), Herrnhut 1907.

주교 리스트

	형제단 주교 이름		주교 축성일	축성 장소	사망일
1	Matěj z Kunvaldu	쿤발트의 마테이	1467	르호트카 우 리흐로바	1500
2	Tůma Přeloučský	투마 르제로우츠스키	1499	프로스테요프	1517
3	Eliáš z Chřenovic	흐르젠노비체의 엘리아시	1499		1503
4	Lukáš Pražský	루카시 프라쥬스키	1500.4.19	리흐노프 나트 크네슈노우	1528
5	Ambrož ze Skutče	스쿠테치의 암브로시	1500.4.19	리흐노프 나트 크네슈노우	1520
6	Martin Škoda	마르틴 슈코다	1517.8.15		1532
7	Václav Bílý	바츨라프 빌리	1529.9.21	브란디스 나트 오를리치	1533
8	Ondřej Ciklovský	온드르제이 치클로브스키	1529.9.21	브란디스 나트 오를리치	1529
9	Jan Roh z Domažlic	도마주리체의 얀 로흐	1592.9.21	브란디스 나트 오를리치	1547
10	Jan Augusta	얀 아우구스타	1532.4.14		1572
11	Beneš Bavoryňský	베네시 바보린스키	1532.4.14		1535
12	Vít Michalec	비트 미하레츠	1532.4.14		1536
13	Martin Michalec	마르틴 미할레츠	1537		1547
14	Mach Sionský	마흐 시온스키	1537		1551
15	Jan Černý	얀 체르니	1553.6.8	프로스테요프	1565
16	Matěj Červenka	마테이 체르벤카	1553.6.8	프로스테요프	1569
17	Jiří Izrael	이르시 이즈라엘	1557.8.24	슬레자니	1588
18	Jan Blahoslav	얀 블리호슬라프	1557.8.24	슬레자니	1571
19	Ondřej Štefan	온드르제이 슈테판	1571.10.11	이반치체	1577
20	Jan Kálef	얀 칼레프	1571.10.11	이반치체	1588
21	Jan Lorenc	얀 로렌츠	1571.10.11	이반치체	1587
22	Zachariáš Litomyšlský	자흐리아시 리토미숄스키	1577.8.30	홀레쇼프	1590

23	Jan Eneáš Boleslavský	얀 에네아시 볼레슬라브스키	1577.8.30	홀레쇼프	1594
24	Jan Abdiáš	얀 아브디아시	1587	리프니크 나 모라베	16431588
25	Šimon Teofil Turnovský	시몬 데오필 투르노브스키	1587	리프니크 나 모라베	1608
26	Jan Efraim	얀 에프라임	1589.6.5		1600
27	Pavel Jessen (Jessenius)	파벨 예센(예세니우스)	1589.6.5		1594
28	Jakub Narcissus	야쿱 마르치수스	1594.7.14	프르제로프	1611
29	Jan Němčanský	얀넴찬스키	1594.7.14	프르제로프	1598
30	Samuel Sušický	사무엘 수시츠키	1599.7.6		1599
31	Zachariáš Ariston	자흐리아시 아리스톤	1599.7.6		1606
32	Jan Lanecius	얀 라네시우스	1601.5.11?	믈라다 볼레슬라프	1626
33	Bartoloměj Němčanský	바르토로메이 넴찬스키	1601.5.11?	믈라다 볼레슬라프	1609
34	Jan Cruciger	얀 크루치거	1609		1612
35	Matěj Rybinski	마데이 리빈스키	1608	리프니크 나 모라베	1612
36	Martin Gratianus	마르틴 그라티아누스	1608	리프니크 나 모라베	1629
37	Matouš Konečný	마토우시 코네츠니	1609		1622
38	Matěj Cyrus	마테이 치루스	1611		1618
39	Jan Turnovský	얀 투르노브스키	1612		1629
40	Jiří Erastus	이르시 에라스투스	1612		1643
41	Jan Cyrill Třebíčský	얀 치릴 트르제비츠스키	1618	브란디스 나트 라벰	1632
42	Daniel Mikolajewski	다니엘 미콜라예브스키	1629.7.6	레슈노	1633
43	Pavel Paliurus	파벨 팔리우루스	1629.7.6	레슈노	1632
44	Vavřinec Justýn	바브르지네츠 유스틴	1632.10.6	레슈노	1648
45	Matěj Prokop	마테이 프로코프	1632.10.6	레슈노	1636

46	Jan Amos Komenský	얀 아모스 코멘스키	1632.10.6	레슈노	1670
47	Pavel Fabricius	파벨 파브리치우스	1632.10.6	레슈노	1649
48	Martin Orminus	마르틴 오르미누스	1633.4.17		1643/1644
49	Jan Rybinski	얀 리빈스키	1633.4.17		1638
50	Martin Gertich	마르틴 게르티흐	1644.4.15		1957
51	Jan Bythner	얀 비트너	1644.4.15		1675
52	Mikuláš Gertich	미쿨라시 게르티흐	1662.11.5	밀렌친	1671
53	Petr Figulus Jablonský	페트르 피굴루스 야블론스키	1662.11.5	밀렌친	1670
54	Adam Samuel Hartman	아담 사무엘 하르트만	1673.10.28		1691
55	Jan Zugehör	얀 추게회르	1676.8.13		1698
56	Joachim Gulich	요아힘 굴리히	1692.6.26		1703
57	Daniel Ernest Jablonský	다니엘 에르네스트 야블론스키	1699.3.10		1741
58	Jan Jakobides	얀 야코비데스	1699.3.10		1709
59	Salomon Opitz	살로몬 오피츠	1712.7.11		1716
60	David Cassius	다비드 차시우스	1712.11.4		1716
61	Paul Cassius	파울 차시우스	1725.2.26		?
62	Kristian Sitkovius	크리스티안 시트코비우스	1734		1762
	1735년부터 재건형제단과 세계 모라비안교회(Unitas Fratrum) 주교				
63/1	David Nitschmann	다비드 니치만	1735.3.13	베를린	1772
64/2	Mikuláš L. Zinzendorf	미쿨라시 친첸도르프	1738.5.20	베를린	1760
65/3	Polycarp Müller	폴리캅 뮐러	1740.7.9	마리엔본	1747
66/4	Johann Nitschmann	요한 니치만	1741.7.22	헤른하아그	1772

67/5	Friedrich von Watteville	프리드리히 폰 바테빌레	1743.8.25	그란덴네크/실레시아	1777
68/6	Martin Dober	마르틴 도버	1744.6.15	헤른하아그	1748
69/7	August G. Spangenberg	아우구스트 G. 슈팡엔베르크	1744.7.25	마리엔본	1792
70/8	David Nitschmann - syndikus	다비트 니치만 -신디쿠스	1746.6.14	자이스트/네덜란드	1779
71/9	Friedrich Wenzel Neisser	프리드리흐 벤젤 나이서	1746.6.14	자이스트	1761
72/10	Christian Frederick Steinhofer	크리스티안 프레데릭 슈타인호퍼	1746.6.14	자이스트	1777
73/11	Joh. Frederick Cammerhof	요한 프리데릭 캄머호프	1746.9.25	런던	1751
74/12	Johannes von Watteville	요한네스 폰 바테빌레	1747.6.4	헤른하아그	1788
75/13	Johann Leonhard Dober	요한 네론하르트 도버	1747.6.4	헤른하아그	1766
76/14	Albert Anton Vierort	알베르트 안톤 비오르트	1747.6.4	헤른하아그	1761
77/15	Frederick Martin	프레데릭 마르틴	1748.1.10	헤른하아그	1750
78/16	Peter Böhler	페터 뵐러	1748.1.10	헤른하아그	1775
79/17	Georg Waiblinger	게오르그 바이브링어	1750.12.6	헤른후트	1774/1775?
80/18	Matthew Hehl	마테오 헬	1751.9.24	런던	1787
81/19	John Gambold	존 감볼트	1754.11.14	런던	1771
82/20	Andreas Grassmann	안드레아스 그라스만	17556.7.5	헤른후트	1783
83/21	Johann Nitschmann ml.	요한 니치만 주니어	1758.5.12	헤른후트	1783
84/22	Nathanael Seidel	나타나엘 사이델	1758.5.12	헤른후트	1782/1784?
85/23	Martin Mack	마르틴 마크	1770.10.18	베들레헴/미국	1784
86/24	Michael Graff	미하엘 그라프	1773.6.6	베들레헴	1782
87/25	Johann Friedrich Reichel	요한 프리드리흐 라이헬	1775.10.8	바르비/독일	1809
88/26	Paul Eugene Layritz	파울 오이겐 라이리츠	1775.10.8	바르비	1788
89/27	Philipp Heinrich Molther	필리프 하인리히 몰터	1775.10.8	바르비	1780

90/28	Heinrich von Bruiningk	하인리히 폰 브루이닝크	1782.10.2	헤른후트	1785
91/29	Gottfried Clemens	고트프리트 크레멘스	1782.10.2	헤른후트	1788
92/30	Johann Jeremias Risler	요한 예레미아스 리슬러	1782.10.2	헤른후트	1811
93/31	George Traneker	게오르크 트래네커	1783.8.14	자이스트	1802
94/32	John Ettwein	존 에트윈	1784.6.25	베들레햄	1802
95/33	Gustavus Ewald Schaukirch	구스타부스 에발트 샤우키르히	1784.6.25	베들레햄	1805
96/34	Burghard George Müller	부르크하르트 게오르게 뮐러	1786.1.11	헤른후트	1799
97/35	Christian Gregor	흐리스티암 그레고르	1789.8.25	헤른후트	1801
98/36	Samuel Liebisch	사무엘 리비슈	1789.8.25	헤른후트	1809
99/37	Jacob Christoph Duvernoy	야콥 흐리스토프 두버노이	1789.8.25	헤른후트	1808
100/38	Christian David Rothe	흐리스티안 다비트 로트	1789.8.25	헤른후트	1802
101/39	Johannes Andreas Hübner	요한네스 아드레아스 휘브네어	1790.4.11	베들레햄	1809
102/40	John Daniel Koehler	존 다니엘 쾨흘러	1790.5.9	리티츠/미국	1805
103/41	Thomas Moore	토마스 무어	1801.8.26	헤른후트	1823
104/42	Chritian Salomon Dober	크리스천 살몬 도버	1801.8.26	헤른후트	1827
105/43	Samuel Traugott Benade	사무엘 트라우고트 베나더	1801.11.13	풀네크/잉글랜드	1830
106/44	Charles Gotthod Reichel	샤를 곧프리드 라이헬	1801.12.6	베들레햄	1825
107/45	Georg Heinrich Loskiel	게오르그 하인리히 로스키엘	1802.3.14	헤른후트	1814
108/46	Johann Gottfried Cunow	요한 고트프리트 쿤노	1808.12.26	헤른후트	1824
109/47	Hermann Richter	헤르만 리흐테어	1808.12.26	헤른후트	1821
110/48	John Herbst	존 헤르프스트	1811.5.12	리티츠	1812
111/49	Lorenz Wilhadus Fabricius	로렌츠 빌하두스 파브리치우스	1814.8.24	헤른후트	1825
112/50	Christian Gottlieb Hüffel	흐리스티안 고트리브 휘펠	1814.8.24	헤른후트	1842

113/51	Carl August Baumeister	카를 아우구스트 바우마이스테어	1814.8.24	헤른후트	1818
114/52	Johann Baptist von Albertini	요한 밥티스트 폰 알버티니	1814.8.24	헤른후트	1831
115/53	Jacob van Vieck	야콥 반 비크	1815.5.7	베들레햄	1831
116/54	Gottlob Martin Schneider	고틀로브 마르틴 슈나이데어	1818.9.2	헤른후트	1849
117/55	Frederick William Foster	프레데리크 빌리암 포스테어	1818.9.2	헤른후트	1832/1835?
118/56	Benjamin Reichel	벤야민 라이헬	1818.9.27	헤른후트	1835
119/57	Andreas Benade	안드레아스 베나드	1822.9.15	리티츠	1859
120/58	S Hans Wied	한스 위드	1825.8.18	헤른후트	1837
121/59	Johann Ludolf Fabricius	요한 루돌프 파브리치우스	1825.8.18	헤른후트	1838
122/60	Peter Friedrich Curie	페터 프리드리히 쿠리	1825.8.18	헤른후트	1855
123/61	John Holmes	존 홈스	1825.8.18	헤른후트	1843
124/62	John Daniel Anders	존 다니엘 앤더스	1827.9.26	헤른후트	1847
125/63	Frederick Louis Kölbing	프레데릭 루이스 쾰빙	1835.3.13	헤른후트	1840
126/64	Johann Christian Bechler	요한 흐리스티안 베흘레어	1835.5.17	리티츠	1857
127/65	Charles August Pohlmann	찰스 어거스트 폴만	1836.9.5	헤른후트	1842
128/66	Hans Peter Hallbeck	한스 피터 할베크	1836.9.5	헤른후트	1840
129/67	Jacob Levin Reichel	야콥 레빈 라이헬	1836.9.5	헤른후트	1853
130/68	Daniel Friedrich Gambs	다니엘 프리드리히 감브스	1836.9.5	헤른후트	1854
131/69	William Henry van Vleck	빌리암 헨리 반 블레크	1836.11.20	베들레햄	1853
132/70	John King Martyn	존 킹 마틴	1836.12.23	오크브룩/잉글랜드	1849
133/71	John Ellis	존 엘리스	1836.12.29	풀네크	1855
134/72	Johann Martin Nitschmann	요한 마르틴 니치만	1843.9.17	헤른후트	1862
135/73	Christian Conrad Ultsch	흐리스티안 콘라트 울치	1843.9.17	헤른후트	1862

136/74	John Stengord	존 스텐고드	1843.9.17	헤른후트	1848
137/75	William Wisdom Essex	윌리암 위스돔 에식스	1844.3.30	헤른후트	1852
138/76	Peter Wolle	피터 불리	1845.9.28	리티츠	1871
139/77	John Gottlieb Hermann	존 코트립 헤르만	1846.9.27	헤른후트	1854
140/78	Benjamin Seifferth	벤야민 자이페르트	1846.10.26	헤른후트	1876
141/79	Christian Wilhelm Matthiese	크리스티안 빌헬름 마티에세	1848.9.5	헤른후트	1869
142/80	Franz Joachim Nielsen	프란츠 요아힘 니일센	1848.9.5	헤른후트	1867
143/81	John Rogers	존 로저스	1852.9.19	헤른후트	1862
144/82	Johann Christian Breutel	요한 흐리스티안 브로이텔	1853.6.26	헤른후트	1875
145/83	Heinrich Theodor Dober	하인리흐 테오도르 도베어	1853.6.26	헤른후트	1867
146/84	George Wall Westerby	조지 월 웨스터비	1853.7.5	풀네크	1886
147/85	John Christian Jacobson	존 크리스천 제이콥슨	1854.9.20	리티츠	1870
148/86	Gottfried Andreas Cunow	코트프리트 안드레아스 쿤노	1857.8.30	헤른후트	1866
149/87	William Edwards	윌리엄 에드워드스	1857.8.30	헤른후트	1879
150/88	Carl Wilhelm Jahn	카를 빌헤름 얀	1857.8.30	헤른후트	1858
151/89	Heinrich Rudolf Wullschlägel	하인리히 루돌프 불슈레겔	1857.8.30	헤른후트	1864
152/90	Samuel Reinke	사무엘 라인케	1858.10.3	리티츠	1875
153/91	George Frederick Bahnson	게오르그 프레데리크 반손	1860.5.13	베들레헴	1869
154/92	Ernst Friedrich Reichel	에른스트 프리드리히 라이헬	1862.7.13	헤른후트	1878
155/93	Ernst Wilhelm Cröger	에른스트 빌헤름 크뢰게어	1862.8.31	니스키	1878
156/94	James La Trobe	제임스 라 트롭	1863.7.18	오크브룩	1897
157/95	David Bigler	다비트 비그레어	1864.7.31	베들레햄	1875
158/96	Henry August Schultz	헨리 아우구스트 슐츠	1864.7.31	베들레햄	1885

159/97	Gustav Theodor Tietzen	구스타프 테오도르 티첸	1866.4.22	헤른후트	1882
160/98	Levin Theodore Reichel	레빈 테오도르 라이헬	1869.7.7	헤른후트	1878
161/99	Augustus Clemens	아우구스투스 클레멘스	1869.7.7	헤른후트	1874
162/100	Gustav Bernhard Müller	구스타프 베른하르트 뮐레어	1869.7.7	헤른후트	1898/1899?
163/101	John England	존 잉글랜드	1869.7.7	헤른후트	1895
164/102	Edmund A. de Schweinitz	에드문트 데 슈바이니츠	1870.8.28	베들레햄	1887
165/103	Amadeus Abraham Reinke	아마데우스 아브라함 라인케	1870.8.28	베들레햄	1889
166/104	Emil Adolphus de Schweinitz	에밀 아돌푸스 데 슈바이니츠	1874.10.11	세일럼/미국	1879
167/105	Johann Friedrich Wilhelm Kühn	요한 프리드리히 빌헬름 퀸	1878.7.7	헤른후트	1890
168/106	William Taylor	윌리엄 테일러	1878.7.10	페어필드/잉글랜드	1900
169/107	Heinrich Levin Reichel	하인리히 레빈 라이헬	1879.6.29	헤른후트	1905
170/108	Heinrich Müller	하인리히 뮐레어	1879.6.29	헤른후트	1912
171/109	Theobald Wunderling	테오발트 분더링	1879.6.29	헤른후트	1893
172/110	Henry J. van Vleck	헨리 반 블레크	1881.9.18	베들레햄	1906
173/111	Alexander Cossart Hassé	알렉산데어 코사르트 하세	1883.7.5	풀네크	1894/1895?
174/112	Marc Théophile Richard	마르크 테오필 리하르트	1888.6.25	헤른후트	1893/1894?
175/113	Konrad August Beck	콘라트 아우구스트 베크	1888.6.25	헤른후트	1908
176/114	Louis Theodor Erxleben	루이스 테오도어 에륵스레벤	1888.6.25	헤른후트	1894
177/115	Hermann Friedrich Jahn	헤르만 프리드리히 얀	1888.6.25	헤른후트	1899
178/116	Clement Leander Reinke	클레멘트 레안데어 라인케	1888.9.30	베들레햄	1922
179/117	Henry Theophilus Bachmann	헨리 테오필루스 바흐만	1888.9.30	베들레햄	1896
180/118	Joseph Mortimer Levering	요세프 모르티메어 레버링	1888.9.30	베들레햄	1908
181/119	George Henry Hanna	게오르그 헨리 한나	1889.8.31	브리스톨/잉글랜드	1901

182/120	Benjamin Romig	벤야민 로미그	1890.8.3	헤른후트	1903
183/121	Charles Edward Sutcliffe	찰스 에드워드 서트클리프	1890.8.7	오크브룩	1913
184/122	Edward Rondthaler	에드워드 론드셀러	1891.4.12	세일럼	1931
185/123	Henry Matthew Weiss	헨리 마테우 바이스	1891.5.28?	그레이스힐/앤티가	1895
186/124	Charles Buchner	찰스 부흐너	1892.8.21	헤른후트	1907
187/125	Henry Edwards Blandford	헨리 에드워드스 블랜드포드	1894.8.8	베일던/잉글랜드	1899
188/126	Friederick Ellis	프리데리크 엘리스	1894.8.8	베일던	1920
189/127	Hermann Otto Padel	헤르만 오토 파델	1896.9.28	헤른후트	1906
190/128	Edmund Adolphus Oerter	에드문트 아돌푸스 오에르테어	1898.9.18	리티츠	1920
191/129	Charles L. Moench	찰스 묀히	1898.9.18	리티츠	1927
192/130	Reinhold Becker	라인홀드 베커	1899.6.30	헤른후트	1929
193/131	Paul Leonhard Dober	파울 네온하르트 도베어	1899.6.30	헤른후트	1917
194/132	Ernst Arved Senft	에른스트 아베드 센프트	1899.6.30	헤른후트	1903
195/133	Friedrich Stähelin	프리드리히 스테엘린	1899.10.22	헤른후트	1922
196/134	Paul Otto Hennig	파울 오토 헤닝	1899.10.22	헤른후트	1928
197/135	Ernest van Calker	에른스트 반 칼케어	1899.10.22	헤른후트	1929
198/136	Albert Martin	앨버트 마르틴	1899.10.22	헤른후트	1934
199/137	Edwin Carpenter Greide	에드윈 카펜터 그라이드	1900,6,27	나사렛/미국	1933
200/138	John Herbert Edwards	존 헐버트 에드워드스	1900,10,16	런던	1906
201/139	Benjamin La Trobe	벤자민 라 트로브	1901,2,25	헤른후트	1917
202/140	Peter Larsen	피터 라슨	1901,4,18	스프링필드/자메이카	1904
203/141	August H. Berkenhagen	아우구스트 베르켄하겐	1902,11,19	세일럼	1931
204/142	August Westphal	아우구스트 베스트팔	1903,9,27	베들레햄	1939

205/143	Evelyn Renatus Hassé	에벨린 레나투스 하세	1904,8,4	호턴/잉글랜드	1918
206/144	John Taylor Hamilton	존 테일러 헤밀턴	1905,2,19	헤른후트	1951
207/145	Hermann Theodor Bauer	헤르만 테오도르 바우어	1905,6,4	헤른후트	1919
208/146	Hermann Walter Reichel	헤르만 발테어 라이헬	1905,6,4	헤른후트	1924
209/147	Paul Adolf Asmussen	파울 아돌프 아스무센	1907,6,13	더블린/잉글랜드	1939
210/148	Morris William Leibert	모리스 윌리엄 라이베르트	1907,6,13	리티츠	1919
211/149	Karl Anton Mueller	칼 안톤 뮐러	1907,6,13	리티츠	1962
212/150	Clement Hoyler	클레먼트 호일러	1907,6,13	리티츠	1957
213/151	Paul Marx	폴 마르크스	1911,8,14	헤른후트	1945
214/152	Richard Voullaire	리처드 볼레르	1911,8,14	헤른후트	1944
215/153	Herbert Russell Mumford	헐버트 러셀 멈퍼드	1914,10,28	런던	1937
216/154	John Edwin Zippel	존 에드윈 지펄	1919,8,8	풀네크	1936
217/155	Arthur Ward	아서 워드	1919,8,8	풀네크	1935
218/156	Paul Theodor Jensen	파울 테오도르 옌센	1922,5,22	헤른후트	1938
219/157	Leonhard A. Bourquin	레온하르트 보르크윈	1922,5,22	헤른후트	1931
220/158	Theodor Marx	테오도르 말르크스	1922,5,22	헤른후트	1963
221/159	John Emanuel Weiss	존 엠마우엘 바이스	1924,5,16	세인트존스/앤티가	1936
222/160	Guido Grossmann	구이도 그로스만	1925,6,21	베들레햄	1945
223/161	Hermann Georg Steinberg	헤르만 게오르그 스타인베르그	1926,5,11	헤른후트	
224/162	Friedrich Eugen Peter	프리드리히 오이겐 페테어	1927,2,20	클라인벨카	1945
225/163	Richard Johannes Marx	리하르트 요한네스 마르크스	1928,5,17	헤른후트	1958
226/164	Samuel Libbey Connor	사무엘 리비 코너	1928,7,5	런던	1947
227/165	Samuel Baudert	사무엘 바우데르트	1929,4,7	헤른후트	1956

228/166	Edward Shober Crosland	에드워드 쇼버 크로스랜드	1930,6,19	베들레햄	1940
229/167	John Kenneth Pfohl	존 케네스 포흘	1931,4,26	윈스턴-세일럼/미국	1967
230/168	Felix Oskar Gemuseus	펠릭스 오스카 게무즈외스	1932,8,21	헤른후트	1959
231/169	Clarence Harvey Shawe	클레런스 하비 셔어	1934,10,16	런던	1957
232/170	Nils Hansen Gaarde	닐스 한센 가르더	1936,2,23	호턴	1938
233/171	Paul de Schweinitz	파울 데 슈바인니츠	1937,3,14	베들레햄	1940
234/172	John Henry Blandford	존 헨리 블랜드포드	1937,10,20	브리스톨	1959
235/173	Walter Vivian Moses	발터 비비안 모세스	1942,5,10	베들레햄	
236/174	Samuel Henry Gapp	사무엘 헨리 개프	1942,5,10	베들레햄	1962
237/175	John Kneale	존 닐	1942,10,4	베들레햄	1967
238/176	Herbert Pearce Connor	헐버트 피어스 코너	1943,5,19	킹스턴/자메이카	1961
239/177	George William M. MacLeavy	조지 윌리엄 맥리비	1944,7,4	브리스톨	1963
240/178	Soeren Haahr Ibsen	쇠렌 하르 입센	1946,6,26	런던	1978
241/179	Václav Vančura	바츨라프 반추라	1946,7,20	믈라다 볼레슬라프	1952
242/180	Kenneth Gardiner Hamilton	케네스 가디너 해밀턴	1947,2,16	베들레햄	1957/1975?
243/181	Immanuel Richard Mewaldt	임마누엘 리하르트 메발트	1947,6,4	워터타운/미국	1981
244/182	Willy Senft	윌리 센프트	1947,8,21	바드 볼	1976
245/183	Johannes Christian Vogt	요한네스 흐리스티안 보그트	1947,9,21	헤른후트	
246/184	Howard Edward Rondthal	하워드 에드워드 론탈	1948,1,11	윈스턴-세일럼	1956
247/185	Karel Reichel	카렐 라이헬	1948,3,1	우스티 나트 오를리치	1970
248/186	Paul Willibald Schaberg	폴 윌리볼드 샤버그	1948,9,19	쾨니히스펠트	1999
249/187	Johannes Raillard	요한네스 라일라르트	1949,5,22	바젤/스위스	1953/1954?
250/188	Peter Madson Gubi	피터 매드슨 구비	1951,4,10	세인트존스/앤티가	1981

251/189	Walther Baudert	발터 바우데르트	1951,10,21	니즈키	1952
252/190	Paul Gerhard Reichel	파울 게르하르트 라이헬	1951,11,18	노이비에트	1953
253/191	Carl John Helmich	카를 존 헬미히	1952,4,27	리티츠	1972
254/192	Ernest Walter Porter	어니스트 월터 포터	1955,10,4	브리스톨	1982
255/193	Edmund Paul Schwarze	에드문트 파울 슈바르츠	1956,12,30	윈스턴-세일럼	1959
256/194	Elmo Knudsen	엘모 크누센	1957,8,18	베들레헴	1980
257/195	Theodor Siebörger	테오도르 시뵈르거	1959,4,27	바드 볼	1992
258/196	Walther Herbert Spaugh	발터 허버트 스포	1959,12,27	샬럿/미국	
259/197	Adolf Hartmann	아돌트 하르트만	1960,6,19	음베냐네/남아공	1964
260/198	Frederick Wolff	프레데리크 볼프	1961,10,8	레이크 밀스/미국	1971
261/199	Selwin U. Hastings	셀윈 헤이스팅스	1961,10,11	킹스턴	1991
262/200	Allen W. Schattschneider	알렌 샤트슈나이더	1961,11,5	뉴 돌프/미국	1997
263/201	Rudolf E. C. Doth	루돌프 도트	1962,2,11	파라마리보/수리남	1980
264/202	Hedley Ewart Wilson	헤이들리 어트 윌슨	1962,3,25	빌바스카르마/니카라과	1987
265/203	John Humphrey Foy	존 험프리 포이	1964,9,30	런던	1999
266/204	George G. Higgins	조지 히긴스	1966,1,1?	윈스턴-세일럼	1994
267/205	Sigurd Nielsen	시구르드 닐슨	1966,7,7	음베냐네	
268/206	Edwin Wunderly Kortz	에드윈 운더리 코르츠	1966,10,23	베들레헴	2002
269/207	Edward Wilde	에드워드 와일드	1966,11,13	위스콘신/미국	1977
270/208	Percival R. Henkelmann	퍼시벌 헹켈만	1966,11,20	에드먼턴/캐나다	2007
271/209	Teofilo Hiyobo Kisanji	테오필로 히요보 키산지	1966,11,27	타보라/탄자니아	1982
272/210	Adolf Ulrich	아돌프 울리히	1967,6,25	홀레쇼프	2002
273/211	Samuel Jones Tesch	사무엘 존스 테쉬	1968,12,12	윈스턴-세일럼	1983

274/212	Bernhard Krüger	베른하르트 크뤼거	1969,7,13	게나덴달/남아공	1997
275/213	G. Oliver Maynard	올리버 메이너드	1969,7,17	세인트존스	2005
276/214	Milo Alvin Loppnow	밀로 알빈 로프나우	1970,10,4	레이크 밀스	
277/215	James Gordon Weingarth	제임스 고든 와인가스	1970,10,25	베들레햄	1989
278/216	Günther Hasting	퀸터 하스팅	1970,12,6	헤른후트	1978
279/217	Wilbur William Behrend	윌버 윌리엄 베렌트	1974,11,10	위스콘신	2003
280/218	James C. Hughes	제임스 휴즈	1974,11,17	리티츠	
281/219	John Knight	존 나이트	1975,10,12	앤티가	1990
282/220	August Wilhelm Habelgaarn	아우구스트 빌헬름 하벨가른	1976,10,17	랜스돈/남아공	1980
283/221	Joseph Henry Cooper	조셉 헨리 쿠퍼	1976,11,10	벨파스트/북아일랜드	2005
284/222	Edward T. Mickey	에드워드 미키	1977,6,5	윈스턴-세일럼	1986
285/223	Hellmut Reichel	헬무트 라이헬	1977,6,26	쾨니히스펠트	
286/224	John Franklin Wilson	존 플랭크린 윌슨	1977,8,14	블루필즈/니카라과	
287/225	Anosisye Jongo	아노시셰 종고	1979,7,29	룬퀘/탄자니아	1981
288/226	Theodor Gill	테오도르 길	1980,3,2	헤른후트	
289/227	Joseph R. Kalindimya	조셉 칼린딤야	1980,4,27	타보라/탄자니아	2000
290/228	Clayton H. Persons	클레이턴 퍼슨스	1980,6,15	윈스턴-세일럼	1988
291/229	Albert Andreas Cloete	알베르트 안드레아스 클로에테	1980,11,16	브릿지타운/남아공	2005
292/230	Guillaume Emile E. Polanen	기욤 에밀 폴라넨	1980,11,30	파라마리보	1982
293/231	Emile Cornelis Ritfeld	에밀 코르넬리스 리트펠트	1980,11,30	파라마리보	
294/232	Geoffrey Edward Birtill	제프리 에드워드 비르틸	1982,10,27	풀네크	2004
295/233	Stanley Fitz-Roy Thomas	스탠리 피츠-로이 토마스	1982,11,14	뉴 돌프	
296/234	Stephen Mwakasyuka	스티븐 므와카시우카	1983,1,9	룬퀘	2008

297/235	Neville S. Neil	네빌 닐	1983,1,16	세인트엘리자베스/자메이카	2009
298/236	Jacob Nelson	야콥 넬슨	1983,3,13	베설/알래스카	2014
299/237	Yohana Wavenza	요한나 와벤자	1983,7,24	음베야/탄자니아	1999
300/238	A. A. Breeveld	브레벨트	1983,11,20	파라마리보	1991
301/239	Johannes Jacobus Ulster	요한네스 야코부스 울스터	1984,11,18	마므레/남아공	
302/240	Victor N. Mazwi	빅토르 마즈비	1985,2,17	음베냐네	2005
303/241	Edwin A. Sawyer	에드윈 소여	1986,9,14	베들레햄	
304/242	Warren A. Sautebin	워렌 소테빈	1986,10,5	위스콘신	2014
305/243	Henning Schlimm	헤닝 슐림	1988,1,31	베른/스위스	
306/244	Walter Navarro Allen	월터 나바로 알렌	1988,10,28	코코빌라/온드라스	1989
307/245	Emmanuel Martin Temmers	엠마누엘 마르틴 템머스	1988,10,30	케이프타운/남아공	
308/246	Robert A. Iobst	로버트 아이옵스트	1989,5,14	뉴 필라델피아/미국	2012
309/247	Arthur James Freeman	아서 제임스 프리만	1990,11,11	베들레햄	2013
310/248	Paul A. Graf	폴 그라프	1991,5,5		
311/249	Burton Jones Rights	버튼 존스 라이트스	1992,6,7	클레몬스/미국	2000
312/250	Neville Brown	네빌 브라운	1993,11,11	앤티가	
313/251	Robert Godfrey Foster	로버트 가드프리 포스터	1994,9,11	맨더빌/자메이카	2015
314/252	Isaac Robert Nicodemo	이삭 로버트 니코데모	1994,9,18	타보라	
315/253	Alexander Theodor Darnoud	알렉산더 테오도르 다른노우트	1994,12,4	파라마리보	
316/254	Graham H. Rights	그레이엄 라이트스	1996,7,16		
317/255	Theodor Clemens	테오도르 클레멘스	1996,11,17	베를린	
318/256	Lusekelo B. Mwakawila	루세켈로 므와카윌라	1997,9,28	룬퀘	
319/257	Stanley Goff	스탠리 고프	1997,10,26	브루스 라구나/온드라스	2002

320/258	C. Hopeton Clennon	호피턴 클레논	1998,10,25	쉬넥	
321/259	Kay Ward	케이 워드	1998,1,1	리티츠	
322/260	Kingsley Lewis	킹슬리 루이스	1999,11,13	앤티가	
323/261	William Webster	윌리엄 웹스터	2001,5,6	푸에르토카베사스/니카라과	
324/262	Walter Oliver Hodgson	월터 올리버 호지슨	2001,5,13	블루필즈	
325/263	Alinikisa Cheyo	알리니키사 체요	200,8,12	음베야	
326/264	Bernhard Ch. Petersen Lottring	버나드 피터슨 로트링	2001,9,16	마므레	
327/265	Eagle Mzuvelile Ndabambi	이글 음주벨리레 은다밤비	2002,10,21	에루옌퀘니/남아공	
328/266	Lane Sapp	레인 사프	2002,7,7	윈스턴-세일럼	
329/267	Jonas David Kasitu	조너스 데이빗 카시투	2002,7,14	숨바왕가/탄자니아	
330/268	D. Wayne Burkette	웨인 버켓	2002,7,21	윈스턴-세일럼	
331/269	John McOwat	존 맥왓트	2002,9,21	풀네크	
332/270	Douglas H. Kleintop	더글라스 클라인톱	2002,10,13	파머 타운쉽/미국	
333/271	M. Blair Couch	블래어 카우치	2002,11,3	베들레헴	
334/272	John Kent	존 켄트	2003,2,2	파라마리보	
335/273	Humbert Hessen	훔베르트 헤센	2004,11,21	자이스트	
336/274	Errol Sydney Moos	에롤 시드니 무스	2004,12,5	포트엘라자베스/남아공	
337/275	Samuel Gray	사무엘 그레이	2006,6,25	윈스턴-세일럼	
338/276	Elizabeth Torkington	엘리자베스 토킹턴	2006,12,2	옥스포드/잉글랜드	
338/276	Wincap Cassy	윈캡 캐시	2007,1,14	온드라스	
340/278	Stanley G Clarke	스탠리 클라크	2007,9,16	킹스타운/자메이카	
341/279	William Nicholson	윌리엄 니컬슨	2008,5,4	앵커리지/알래스카	
342/280	Volker Schulz	폴커 슐츠	2010,10,17	바젤	

343/281	Chris Giesler	크리스 기슬러	2010,11,13	베들레햄	
344/282	Frieder Waas	프리더 바스	2010,11,14	헤른후트	
345/283	Evald Rucký	에발트 루츠키	2011,3,28	리베레츠	
346/284	Petr Krásný	페트르 크라스니	2011,3,28	리베레츠	
347/285	Jan Klas	얀 클라스	2012,3,4	프라하	
348/286	C. M. Tschimanga	치망가		다르에스살람/탄자니아	
349/287	Peter Green	피터 그린	2013,5,26	베설	
350/288	Augustine Joemath	어거스틴 조매스	2013,6,16	랜스돈/남아공	
351/289	Lennox Mcubi	레녹스 음추비	2013,7,7	남아공	
352/290	Sithembiso Ngqakayi	시템비소 은콰카이	2013,8,4	요하네스버그/남아공	
353/291	Eveilo Romero	에빌로 로메로	2013,8,18	브루스 라구나	
354/292	Sandoval Maetinez	산도발 매티네츠	2013,10,13	온드라스	
355/293	Conrad Nguvumali	콘라드 은구부말리	2014,5,25	숨바왕가	
356/294	Joachim Kreussel	요아힘 크로우셀	2014,11,29	런던	

(* 이 리스트는 다양한 사료를 참고해 정리하였기에 다소 부정확할 수 있습니다.)